范仲淹

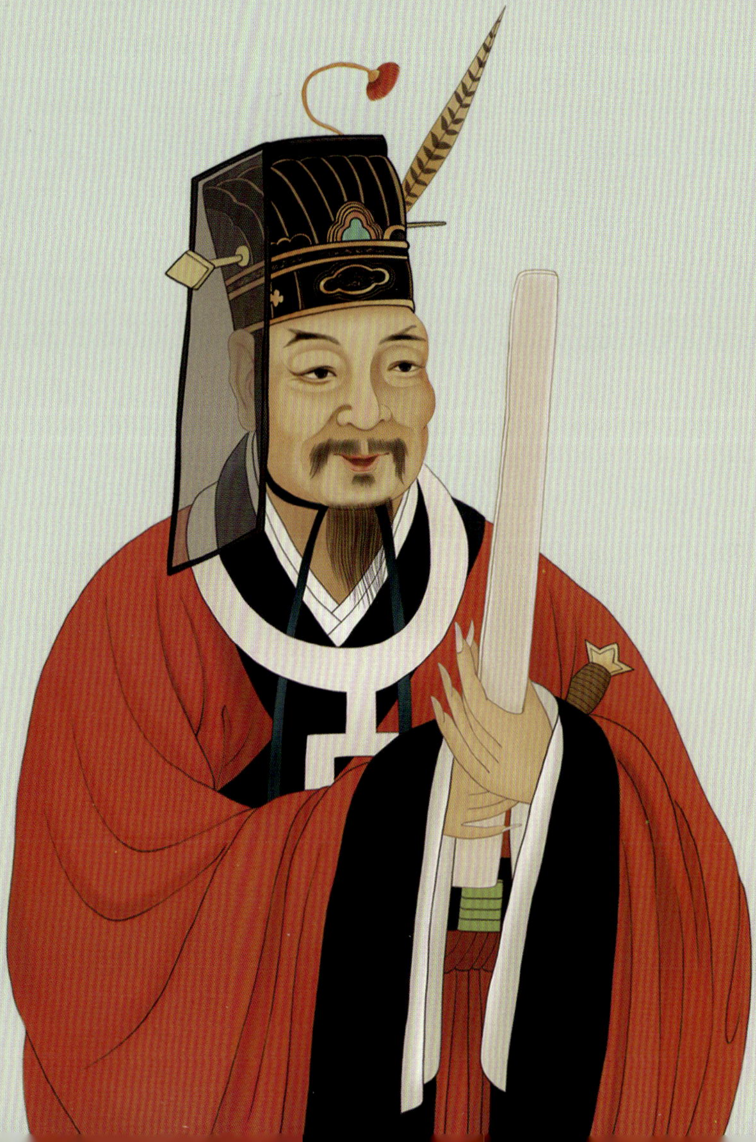

范仲淹十讲

符海朝 著

河南文艺出版社
·郑州·

图书在版编目(CIP)数据

范仲淹十讲/符海朝著. --郑州:河南文艺出版社,2021.12
ISBN 978-7-5559-1172-2

Ⅰ.①范… Ⅱ.①符… Ⅲ.①范仲淹(989—1052)-人物研究 Ⅳ.①K827=441

中国版本图书馆CIP数据核字(2021)第208432号

选题策划　王淑贵　刘　宏
责任编辑　王淑贵
责任校对　梁　晓
书籍设计　吴　月

出版发行　河南文艺出版社
本社地址　郑州市郑东新区祥盛街27号C座5楼
邮政编码　450018
承印单位　河南瑞之光印刷股份有限公司
经销单位　新华书店
纸张规格　735毫米×1040毫米　1/16
印　　张　18
字　　数　271 000
版　　次　2021年12月第1版
印　　次　2021年12月第1次印刷
定　　价　42.00元

版权所有　盗版必究
图书如有印装错误,请寄回印厂调换。
印厂地址　河南省武陟县产业集聚区东区(詹店镇)泰安路
邮政编码　454950　电话　0371-63956290

《范仲淹十讲》序言

张希清

范仲淹(989—1052年),字希文,谥文正,史称"范文正公",苏州吴县(今苏州)人。他的《岳阳楼记》一文,传诵千古,名扬天下;其"先天下之忧而忧,后天下之乐而乐"的名言,家喻户晓,妇孺皆知。他不仅是一位伟大的文学家,而且是一位伟大的政治家、思想家、军事家、教育家。宋仁宗、英宗、神宗三朝宰相韩琦(1008—1075年)称赞他:"公之所存,包夔蹈禹。雄文奇谋,大忠伟节。充塞宇宙,照耀日月。前不愧于古人,后可师于来哲。固有良史直书,海内公说,亘亿万世,不可磨灭。"宋神宗朝宰相王安石评论他:"呜呼我公,一世之师。由初迄终,名节无疵。"北宋大诗人、大书法家黄庭坚则称:"范文正公,当时文武第一人,至今文经武略,衣被诸儒,譬如蓍龟,而吉凶成败不可变更也。"

范仲淹从宋真宗大中祥符八年(1015年)进士及第,到宋仁宗皇祐四年(1052年)殉职于赴知颍州(治今安徽阜阳)任上途中的徐州,先后为官从政三十七年。他既历知州县,又数任朝官;既出宋夏战争前线为将,又入朝廷为相(参知政事即副宰相)。在范仲淹的从政生涯中,蕴含着极为宝贵的政治思想和智慧,也蕴含着极为丰富的经验和教训。范仲淹作为一位伟大的政治家,其为政之道最为突出的,则是"以天下为己任"。宋朝理学集大成者朱熹说:"范公平日胸襟豁达,毅然以天下国家为己任。"又说:"且如一个范文正公,自做秀才时便以天下为己任,无一事不理会过。一旦仁宗大用之,便做出许多事业。"

范仲淹"以天下为己任"的为政之道,首先表现在他"有忧天下之心",即具有非常强烈的忧国忧民忧天下的忧患意识。他不但像一般士大夫那样"穷则独善其身,达则兼善天下",而且像他在《岳阳楼记》中所说,"进亦忧,退亦忧","居庙堂之高,则忧其民;处江湖之远,则忧其君"。这是他的思想境界远远超出一般士大夫之处。宋真宗乾兴元年(1022年)十二月,时任监泰州西溪镇盐仓的范仲淹,即上书尚书右丞、枢密副使张知白,渴望有机会"言天下之道",以便"有益于当时,有垂于将来"。宋仁宗天圣三年(1025年)四月,范仲淹又直接向垂帘听政的刘太后和宋仁宗上了一封《奏上时务书》,直言极谏,"欲倾臣节,以报国恩"。他提出了救文弊、讲武备、选贤俊、抑侥幸、崇圣德、少巡幸、纳远谋、勿独断等八项建议,着重指出要"外防夷狄、内防奸邪","防之于未萌,治之于未乱"。"监泰州西溪镇盐仓"是一个掌管盐税的从八品小官,泰州西溪镇位于今江苏省东台市,当时尚在海边。范仲淹身在海隅,心忧天下,真可谓"退亦忧","处江湖之远,则忧其君"。宋仁宗庆历三年(1043年)八月,范仲淹入朝为参知政事,相当于副宰相;九月,即上《答手诏条陈十事》,奏言:"我国家革五代之乱,富有四海,垂八十年。纲纪制度,日削月侵;官壅于下,民困于外;夷狄骄盛,寇盗横炽,不可不更张以救之。"其忧国忧民之情,溢于言表。遂提出十项改革措施,绝大多数被宋仁宗采纳,是为"庆历新政"。可谓"进亦忧","居庙堂之高,则忧其民"。

范仲淹在《岳阳楼记》中又写道:"然则何时而乐耶?其必曰:'先天下之忧而忧,后天下之乐而乐。'噫!微斯人,吾谁与归!""先忧后乐"正是范仲淹"以天下为己任"的又一突出表现,也是他的思想境界远远超过一般士大夫之处。"先天下之忧而忧,后天下之乐而乐"的名言虽然在他五十八岁时才见诸文字,但却是他一贯的思想。欧阳修在《资政殿学士户部侍郎文正范公神道碑铭并序》中说:"公少有大节,于富贵、贫贱、毁誉、欢戚,不一动其心,而慨然有志于天下,常自诵曰:'士当先天下之忧而忧,后天下之乐而乐也。'"说明"先忧后乐"是范仲淹经常"自诵"的格言;他之所以有"先忧后乐"的思想,正是因为他具有"慨然有志于天下"的"大节"。范仲淹不但是这样说的,也是这样做的。黄庭坚《跋范文正公诗》说:"所谓'先天下之忧而忧，后天下之乐而乐'，此文正公饮食、起居之间先行之，而后载于言者也。"

范仲淹"以天下为己任"的为政之道，还表现在他具有士大夫与天子"共治天下"的主体意识。随着士大夫主体意识的逐步觉醒，北宋中期出现了士大夫与天子"共治天下"的政治思潮和政治局面。汉宣帝曾说："与我共治天下者，其良二千石乎！""共治天下"一词因为避唐高宗李治的名讳，后改作"共理天下"。范仲淹文集中说到天子与士大夫"共理天下"者，至少有十处之多。如庆历三年（1043年）九月，他在《答手诏条陈十事》的"择官长"中就说："臣闻先王建侯，以共理天下。今之刺史、县令，即古之诸侯。"北宋的皇帝也大多是认可天子与士大夫"共治天下"的。如雍熙二年（985年）十二月，宋太宗曾对宰相李昉等说："天下广大，卿等与朕共理，当各竭公忠，以副任用。"宋仁宗在《戒励臣僚奏荐敕》中也说："朕制临天下，思与贤材而共治之，故开荐举之路。"历史发展到宋代，天子不再是神，而是人。正如五代后晋大臣安重荣所说："天子，兵强马壮者当为之，宁有种耶！"天子既然不是神，就会犯错误，就不应该一人独裁。另外，由于儒学的复兴，宋朝士大夫们认识到在天子之上还有一个儒家的"圣人之道"。要治理好国家，天子的言行必须合于"圣人之道"。而这个"道"往往掌握在宗经学古的士大夫手中。士大夫有责任、也有能力与天子"共治天下"。沈括《续笔谈》记载：宋太祖曾问宰相赵普："天下何物最大？"赵普说："道理最大。"宋太祖认为说得很对。南宋孝宗、光宗、宁宗三朝宰相留正说："天下惟道理最大，故有以万乘之尊而屈于匹夫之一言，以四海之富而不得以私于其亲与故者。"这里的"道理"就是儒家的"圣人之道"。范仲淹一生都是用"圣人之道"与天子"共治天下"的。士大夫与天子"共治天下"，在北宋中期已经形成一种共识。范仲淹的门人张载所说的"为天地立心，为生民立道，为去圣继绝学，为万世开太平"，也就是士大夫与天子"共治天下"。与天子"共治天下"这一为政之道是北宋士大夫的一种主体意识和社会责任感。范仲淹就是其中最为典型的代表人物。

范仲淹"以天下为己任"的为政之道，更表现在他具有"左右天子谓之大忠"的担当精神。宋真宗景德元年（1004年）九月，契丹发兵号称二十万，大举南下，十一月，兵临澶州（治今河南濮阳）城下，直接威胁北宋京城开封。宰相寇准力促宋真宗御驾亲征，渡过黄河，登上澶州北城门楼。宋朝将士望见皇帝仪仗，皆呼万岁，声震原野，勇气百倍。此前二日，契丹统军使萧挞览在澶州城外被宋军伏弩射死，士气大挫。经过多次往返交涉，宋辽双方遂订立"澶渊之盟"。副宰相王钦若认为："澶渊之役，（寇）准以陛下为孤注，与虏博耳。"说澶渊之战是寇准把宋真宗当作最后的筹码孤注一掷，与辽朝赌博。范仲淹则认为："寇莱公（准）当国，真宗有澶渊之幸，而能左右天子，如山不动，却戎狄，保宗社，天下谓之大忠。"范仲淹以天下为己任，主张士大夫与天子"共治天下"，自然就会把寇准为了"却戎狄，保宗社"而"左右天子"看作最大的忠诚了。而他自己为官从政也正是这样做的。

一是直言极谏，三迁三黜，愈黜愈奋。范仲淹认为："儒者报国，以言为先。""事君有犯无隐，有谏无讪，杀其身有益于君则为之。"立志要像灵乌一样："警于未形，恐于未炽。""虽死而告，为凶之防。""宁鸣而死，不默而生。"他三次入朝为官，都因为上书言事而三次被贬黜，但他并不气馁，反而愈黜愈奋。

宋仁宗天圣六年（1028年）十二月，范仲淹以御史中丞晏殊推荐，入朝升迁为秘阁校理。天圣七年（1029年）冬至，宋仁宗欲率百官于会庆殿为垂帘听政的章献刘太后拜寿，范仲淹上疏谏言不可，又上疏请章献刘太后还政。刘太后颇不悦，遂出为河中府（治今山西永济）通判。

宋仁宗明道二年（1033年）二月，章献刘太后崩。四月，范仲淹由陈州（治今河南淮阳）通判被召入朝，升迁为右司谏。十二月，宋仁宗废郭皇后，范仲淹上疏并与御史中丞孔道辅等伏阁门极谏，遂再次被贬知睦州（治今浙江建德），并遣使立即押解出城。

宋仁宗景祐二年（1035年）八月，范仲淹由知苏州第三次被召入朝，以礼部员外郎、天章阁待制为判国子监，后又权知开封府，跻身侍从之列。当时吕夷简（979—1044年）为宰相。他三度入相，把持朝政达十一年之久，"进者往往出其门"。范仲淹上书言官人之法，人主不宜全委宰相，不然就会发生韩赵魏三家分晋、王莽篡汉、李林甫专权之祸。吕夷简大怒,指责范仲淹越职言事,荐引朋党,离间君臣。次年五月,范仲淹第三次被贬,出知饶州(治今江西鄱阳)。

范仲淹虽然三迁三黜,但他却愈黜愈奋,正如他在谢表中所说:"臣非不知逆龙鳞者掇齑粉之患,忤天威者负雷霆之诛,理或当言,死无所避。""不以毁誉累其心,不以宠辱更其守。""徒竭诚而报国,弗钳口以安身。"也正如韩琦在《文正范公奏议集序》中所说:"公以王佐之才,遇不世出之主,竭忠尽瘁,知无不为,故由小官擢谏任,危言鲠论,建明规益,身虽可绌,义则难夺。"

二是出将入相,敢作敢当。宋仁宗宝元元年(1038年)十二月,宋闻西夏主李元昊称帝,遂命知永兴军(治今陕西西安)夏竦、知延州(治今陕西延安)范雍负责抵御西夏。宋仁宗康定元年(1040年)正月,元昊于延州的三川口(今陕西安塞县东延川、宜川、洛川三川汇合处)大败宋军,主将刘平被俘,几乎全军覆没,延州被围七日,朝野震惊。三月,范仲淹因韩琦推荐,由知越州(治今浙江绍兴)赶赴宋夏战争前线,与韩琦同为陕西经略安抚副使、同管勾都部署司事,抵御西夏。当时延州新败,人心惶惶,范仲淹主动请求兼知延州。他选将练兵,严明号令,很快稳定了局势。面对西夏,是攻还是守?宋朝大臣展开了激烈的讨论。宋仁宗最后决定采用韩琦所提攻策,诏鄜延、泾原两路于庆历元年(1041年)正月上旬共同进兵,讨伐西夏。范仲淹请求他所在鄜延路正月不宜出兵,先修复城寨,牵制西夏兵马,与出师无异。庆历元年二月,韩琦命环庆副部署任福率兵一万余人深入西夏境内,而在好水川(今宁夏隆德县北)中敌埋伏,主将任福战死,又几乎全军覆没。于是范仲淹提出的"近攻久守"之策,被宋仁宗采纳。庆历二年闰九月,泾原路副都部署葛怀敏于定川砦(今宁夏固原西北)又被西夏军包围,主将葛怀敏等战死,又几乎全军覆没,更加证明范仲淹"近攻久守"之策的英明正确。在"近攻久守"战略思想指导下,范仲淹采取了一系列措施:一是进筑城寨,建立巩固的军事据点。二是招抚蕃部,争取宋夏边境的少数民族作为屏障。三是征用土兵,屯戍边境,大兴营田,农战结合。经过范仲淹、韩琦等三年的努力,宋夏战争的局面得到彻底扭转。边境上有民谣曰:"军中有一韩,西贼闻之心骨寒;军中有一范,西贼闻之惊破胆。"庆历四年五月,宋夏以元昊称臣,宋岁赐银七万二千两、绢十五万三千匹、茶三万斤等而达成和议。

宋仁宗庆历三年(1043年)八月,范仲淹因抵御西夏有功被召入朝为参知政事(副宰相)。宋仁宗多次赐手诏督促范仲淹等尽心国事,对当世急务提出建议。范仲淹遂奏上《答手诏条陈十事》。其十事一曰明黜陟,二曰抑侥幸,三曰精贡举,四曰择官长,五曰均公田,六曰厚农桑,七曰修武备,八曰减徭役,九曰覃恩信,十曰重命令。这十项建议除"修武备"之外,都被宋仁宗采纳,下诏付诸实施,史称"庆历新政"。

"庆历新政"的第一类改革内容就是吏治改革。其一在官员的选拔方面,改革了恩荫制度和科举制度,即"抑侥幸""精贡举""择官长"。其二在官员的升降方面,废除了三年一升迁的制度,改为按政绩选拔官员,即"明黜陟"。其三在官员的待遇方面,定天下职田,以责其廉节,即"均公田"。第二类改革内容是富民强兵。一是兴修水利,发展农业生产,即"厚农桑"。二是合并州县建制,减省徭役,即"减徭役"。三是存恤孤贫,广施恩信,即"覃恩信"。四是修置武备,即"修武备"。第三类改革内容是加强法制,即"重命令"。

范仲淹推行的"庆历新政",可以说是以天下为己任,与天子"共治天下""左右天子谓之大忠"的一次实践。这次改革虽然由于既得利益集团的反对和宋仁宗的始从终弃而失败了,但其在历史上的进步作用应该予以充分肯定。范仲淹等一大批士大夫所表现出来的担当精神,至今仍然闪耀着光辉。

范仲淹为政之道的另一个突出之处是"以民为本"。民本思想是中国古代治国理政的传统思想。《尚书·五子之歌》说:"民为邦本,本固邦宁。""德惟善政,政在养民。"《孟子·尽心下》说:"民为贵,社稷次之,君为轻。"《荀子·王制》说:"君者,舟也;庶人者,水也。水则载舟,水则覆舟。故君人者欲安,则莫若平政爱民矣。"范仲淹传承了这一优良传统,并加以发扬光大。他在《用天下心以为心赋》中说:"何以致圣功之然哉?从民心而已矣。""审民之好恶,察政之否臧。有疾苦必为之去,有灾害必为之防。""不以己欲为欲,而以众心为心。""尧舜则舍己从人,同底于道;桀纣则以人从欲,自绝于天。"他在《政在顺民心赋》中说:"振穷恤贫,必俯从于民望;发号施令,实允协于群情。""稽古省方,顺时察俗。上克承于天道,下弗违于民欲。""彼患困穷,我则跻之于富庶;彼忧苛虐,我则抚之于仁慈。""政者为民而设,民者惟政是平。违之则事悖,顺之则教兴。"他在《答手诏条陈十事》中也说:"臣观《书》曰:'德惟善政,政在养民。'此言圣人之德,惟在善政;善政之要,惟在养民;养民之政,必先务农。"

范仲淹不仅具有丰富的民本思想,而且具有大量的以民为本的实践。他"生而遂孤,少乃从学","出处困穷,忧思深远",颇知"民之疾苦,物之情伪"。在三十七年的仕宦生涯中,有三分之二的时间在地方为官,历知睦州(治今浙江建德)、苏州、饶州(治今江西鄱阳)、延州(治今陕西延安)、邠州(治今陕西彬县)、邓州、杭州等十余州县,所到之处,均以民为本,"求民疾于一方,分国忧于千里"。如明道二年(1033年),江、淮、京东大旱,蝗虫成灾,范仲淹多次上疏,建议遣使巡行救灾,均无答复。后当面对宋仁宗说:"宫掖中半日不食,当如何?今数路艰食,安可置而不恤!"乃命范仲淹为江淮体量安抚使。他"所至开仓廪,赈乏绝,毁淫祀,奏蠲庐、舒折役茶、江东丁口盐钱"。景祐三年(1034年)六月,范仲淹移知苏州,适逢大水为患,他一边紧急救灾,一边组织民众疏浚五河,泄去积水,导太湖注之于海,使苏州一带沃野千里,成为国家的粮仓。庆历三年(1043年)九月,他在《答手诏条陈十事》中提出"厚农桑""减徭役",正是以民为本的重要措施。当年十一月,宋仁宗下诏,令江淮、两浙、荆湖、京东、京西诸路兴修水利,并将兴修及获利情况保明闻奏,当议等第酬奖,此即"厚农桑"。兴修水利,发展农业生产,乃是"养民之政,富国之本"。庆历四年五月,宋仁宗下诏,"省河南府颍阳、寿安、偃师、缑氏、河清五县并为镇",此即"减徭役"。这样将河南府的十九个县合并为十四县,减少了徭役,使服役的农民回归农业生产,有了富庶的希望。

范仲淹也是一位著名的思想家。他是宋代理学的先驱,《宋元学案》卷三有《高平学案》,即范仲淹学案,提倡"明体达用"之学。他"泛通六经,[尤]长于《易》",今存《易义》为其代表性学术著作。朱熹说:"祖宗以来名相如李文靖、王文正诸公,只恁地善,亦不得,至范文正时便大历名节,振作士气,故振作士大夫之功居多。"朱熹又说："文正公门下多延贤士,如胡瑗、孙复、石介、李觏之徒,与公从游,昼夜肄业。"胡瑗、孙复、石介为"宋初三先生",开宋代理学之先河。孙复、石介是范仲淹掌教南都府学应天府书院时的学生,胡瑗、石介曾到孙复的泰山书院就学。另外,康定元年(1040年),张载曾因兵事谒见范仲淹,受到范仲淹的器重,说："儒者自有名教可乐,何事于兵!"劝其读《中庸》,张载后来遂成为关学的创始人。范仲淹知苏州、饶州(治今江西鄱阳)、润州(治今江苏镇江)、越州(治今浙江绍兴)时,曾多次延聘胡瑗、李觏为州学教授。他还曾专门上书宋仁宗举荐孙复,"素负词业,深明经术。……乞赐召试,特加甄奖";举荐李觏并录进其《礼论》《平土书》等二十四篇,说他："善讲论六经,辩博明达,释然见圣人之旨;著书立言,有孟轲、扬雄之风义,实无愧于天下之上。"又曾多次上书举荐胡瑗、李觏升之太学充任学官。"宋初三先生"和张载、李觏等都是因为有范仲淹的激励、延聘和举荐,才在宋代思想史、教育史上产生了重要作用。

范仲淹虽然是一位文人,但也是一位杰出的军事家,甚至被宋代大诗人、大书法家黄庭坚称为"当时文武第一人"。他多次上书,认为："圣人之有天下也,文经之,武纬之。此二道者,天下之大柄也。""有文事者,必有武备。""文武之道,相济而行,不可斯须而去焉。"虽承平日久,但不能"忘战""去兵","安必虑危,备则无患";提出"修武备""备戎狄""设武举""育将才"等建议。康定元年(1040年),他临危受命,奔赴西北前线,抵御西夏,提出"近攻久守"之策,成为抵御西夏的正确战略;分六将练兵,发"将兵法"之先声;修筑堡寨,积极防御;招抚蕃部,以为屏障;征用土兵,营田戍边;拣选将校,教以兵法;爱护士卒,同甘共苦;号令严明,信赏必罚等等,这些都是中国古代军事思想和战争实践的典范。

范仲淹还是一位优秀的教育家。他说："国家之患,莫大于乏人。人何尝而乏哉?……诚教有所未格,器有所未就而然耶!庠序可不兴乎!"又说："夫善为国者,莫先育才;育才之方,莫先劝学。"又说："三代盛王,致治天下,必先崇学校,立师资,聚群材,陈正道。"而"劝学之要,莫若宗经。宗经则道大,道大则才大,才大则功大",即学校要以五经、四书等儒家经典为基本教材。另外,还应传授一些基本技能,如算数、医药、军事等。他曾上书提议医学"讲授《素问》《难经》等文字……并教脉候及修合药饵,其针灸亦别立科教授";武学"讲说兵书,讨论胜策"。他还主张科举取士与学校教育相结合,认为不兴学校,长育人才,而只以科举取士,等于"不务耕而求获",要求士人在学听读一定时日方许应举。

范仲淹终其一生,无论是在朝廷任执政还是在地方知州县,无论是在江南富饶之乡还是在西北贫瘠之地,他都不遗余力地兴办学校,聘请名师,推动教育事业的发展。如天圣五年(1027年)丁母忧,寓居应天府(治今河南商丘),应晏殊之请掌南都府学。他"常宿学中,训导学者,皆有法度,勤劳恭谨,以身先之。……由是四方从学者辐辏。其后宋人以文学有声名于场屋、朝廷者,多其所教也。"又如景祐元年(1034年)六月,范仲淹移知苏州,在解除水患之后,即奏请建立州学。次年,得到朝廷批准,并给学田五顷。他以自己准备修建住宅的风水宝地修建州学校舍,并聘请名儒胡瑗担任州学教授,还让他的大儿子纯佑(1024—1063年)入学,作为诸生的表率。此后,苏州州学屡经扩建,越办越好,常为东南之冠。后人称:"天下郡县学莫盛于宋,然其始亦由于吴中,盖范文正以宅建学,延胡安定为师,文教自此兴焉。"庆历三年(1043年)九月,范仲淹作为参知政事上书《答手诏条陈十事》,其三曰"精贡举",其中就包括举明师、兴学校。次年三月,诏"诸路州府军监,除旧有学外,余并各令立学。如学者二百人以上[处],许更置县学。若州学未能顿备,即且就文宣王庙或系官屋宇[为学舍]。仍委转运司及长吏于幕职州县官内荐教授,以三年为一任。"又诏:"旧举人听读百日,新人三百日,方许取解。"于是,诸州县旧有学者,多加扩建;旧无学者,纷纷建立。正如时在朝廷任侍从官的欧阳修在《吉州学记》中所说:"其明年(指庆历四年)三月,遂诏天下皆立学,置学官之员,然后海隅徼塞四方万里之外,莫不皆有学。"如江南西路九州四军六十八县,据统计,北宋时共有州县学六十三所,其中庆历四年至嘉祐二年(1044—1057年)建立的有二十八所,约占45%,而庆历四年至八年(1044—1048年)建立的就有十九所,约占30%。范仲淹对太学也进行了整顿,庆历四年四月,在国子监之外,以锡庆院为太学。太学生在学听读满五百日,已得解省试下者满一百日,方许应举。并推荐名儒胡瑗、李觏等为太学教官,取胡瑗的"苏湖教法"为太学教法。庆历新政掀起了第一次兴学高潮。新政失败,但天下皆立学的诏令并未停废,教育事业继续发展,而且对后来的熙宁兴学、崇宁兴学都有深远的影响。

总之,范仲淹无愧是一位伟大的政治家、思想家、军事家、教育家、文学家。他以其先进的思想、卓越的业绩、宽阔的胸怀、高尚的人格成为当时士大夫公认的领袖,也成为中国古代官员的典范,直至今天,对我们做人、做事、做官,也都仍然具有借鉴价值和教育意义。

唐太宗说:"以史为镜,可以知兴替。"研究历史在于还历史本来面目,传承优秀历史文化,让历史告诉未来。对于历史,不但要在书斋中精深研究,而且也要在社会上广泛传播。现在,关于范仲淹的学术研究,可以说是硕果累累,不断涌现,但是,关于范仲淹的普及性的通俗著作尚不多见。史学界迫切需要一部分学术研究功底扎实、文笔流畅、社会阅历丰富的学者来撰写融学术性和普及性于一体的作品,成为"以专业性为基础的普及读物,以通俗性为特征的学术著作",使历史走向民间、走入大众,更好地发挥鉴戒作用。符海朝所写《范仲淹十讲》一书,综合汲取现有的研究成果,以大量史料作为支撑,用通俗流畅的文笔,辅之以适当的注释,简明扼要地从十个方面概述了范仲淹光辉精彩的一生,向社会大众推出了一部了解范仲淹的佳作。读完该书后,读者不仅能够脱口而出范仲淹"先天下之忧而忧,后天下之乐而乐"的千古名言,而且会感到一个有血有肉、一身浩然正气的范仲淹的光辉形象站在自己面前。

读完《范仲淹十讲》之后,有的读者也许会感到意犹未尽,大家可以去读《范仲淹全集》,也可以去读专家学者关于范仲淹的论文著作,如李涵、刘经华的《范仲淹传》,方健的《范仲淹评传》,王瑞来的《天地间气——范仲淹研究》和范国强主编的《范仲淹研究文集》(五册)等。相信海朝也会进一步深入研究范仲淹其人其事,在深入研究的基础上,把范仲淹的故事讲得更加精彩。

我与海朝相识、相知已近二十年,曾是他博士论文的答辩委员,又是河南老乡,平素的接触较多。鉴于我是中国范仲淹研究会副会长兼学术委员会主任,对范仲淹多有研究,他邀请我为之作序,我遂欣然答应,草此序言,以为《范仲淹十讲》的开篇之语。

(本文作者为北京大学历史学系教授,中国古代史研究中心原主任,中华炎黄文化研究会原常务副会长兼秘书长,中国范仲淹研究会副会长兼学术委员会主任)

目 录

引　言 …………………………………………………… 1

第一讲　嬭母改嫁与家世变革
　　　　　──范公原来叫朱说
　　第一节　名字由来及四代祖宗世系 ………… 5
　　第二节　妻子和子女 …………………………… 9

第二讲　梅花香自苦寒来
　　　　　──艰难的读书岁月
　　第一节　书台夜雨　断齑画粥 ………………… 17
　　第二节　布素寒姿 ……………………………… 20

第三讲　忧乐于庙堂与江湖之间
　　　　　──宦海沉浮
　　第一节　宝贵的基层历练 ……………………… 25
　　第二节　第一次朝官生涯和第一次贬官 …… 31
　　第三节　锋芒毕露 ……………………………… 36
　　第四节　第二次贬官及知苏州 ………………… 43
　　第五节　第二次朝官生涯 ……………………… 47
　　第六节　三贬饶州及知润州、越州 ………… 53
　　第七节　夕阳无限好 …………………………… 60

第四讲　军中有一范　西贼闻之惊破胆
　　——风光无限的儒将
　　第一节　西北出强敌 ·············· 71
　　第二节　范、韩联手战元昊 ·············· 79

第五讲　先天下之忧而忧
　　——庆历新政
　　第一节　新政出台的背景 ·············· 107
　　第二节　风雨中的新政 ·············· 113
　　第三节　无可奈何花落去 ·············· 118

第六讲　塞下秋来风景异
　　——文学成就
　　第一节　诗　歌 ·············· 133
　　第二节　词 ·············· 142
　　第三节　散　文 ·············· 145

第七讲　唯德是依　因心而友
　　——范仲淹与欧阳修等人的交往
　　第一节　知己欧阳修 ·············· 157
　　第二节　心交韩琦 ·············· 170

第三节　亦师亦友的晏殊 …………………… 174
第四节　忘年之交富弼 …………………… 179
第五节　诤友苏舜钦 ……………………… 186
第六节　梅尧臣的反目为仇 ……………… 189
第七节　生死之交尹洙 …………………… 197
第八节　同年进士滕宗谅 ………………… 201
第九节　高徒李觏 ………………………… 205

第八讲　义薄云天数范公
——范仲淹及其后人的慈善壮举

第一节　范仲淹出钱建义庄 ……………… 209
第二节　北宋时范氏子孙续规矩 ………… 217
第三节　南宋时范氏子孙续规矩 ………… 222
第四节　范氏义庄的示范作用 …………… 227
第五节　范氏家族的家风 ………………… 229

第九讲　琴棋书画　无师自通
——范仲淹的兴趣和爱好

第一节　医　术 …………………………… 239
第二节　书　法 …………………………… 244
第三节　琴艺和棋艺 ……………………… 249

第十讲　近乎完人的历史地位
——立功、立德、立言

　　第一节　宋人的评价 …………………… 255

　　第二节　金、元人的评价 ………………… 258

　　第三节　明、清人的评价 ………………… 260

范仲淹年表 ……………………………………… 262

主要参考书目 …………………………………… 268

后　　记 ………………………………………… 270

引 言

960年正月，后周大将赵匡胤在开封东北的陈桥驿(今河南省封丘县境内)发动兵变，建立宋朝，定都东京(今河南省开封市)，历史上称为北宋。

北宋建国前，在现今我国东北地区，已经有契丹族建立的契丹国(又称辽国)。辽国国力鼎盛期，疆域西到阿尔泰山西边，东控朝鲜半岛，南到今河北省保定市附近的白沟。

此外，在今云南、西藏和新疆一带，则有唐代就已经存在的南诏、吐蕃和回鹘等地方性政权。北宋建国后，在今宁夏一带地区，又有党项族建立的夏，历史上称为西夏。

北宋立国后，鉴于唐末、五代武人专横导致的"安史之乱"和"藩镇割据"(五代实际上是这种局面的继续)的局面，从太祖赵匡胤开始，就确立了"仰文抑武"的治国方针，时刻防范武将势力的膨胀。此外，在政治、军事、经济、文化、教育、思想、宗教等领域，也逐步实行了一系列的改革，使北宋成为我国历史上政治基本稳定、经济较为繁荣、文化较为发达的朝代。但是，叠床架屋的机构设置及其他因素叠置在一起，使北宋从太宗朝后期开始，即出现了"冗官""冗兵""冗费"并存的局面。

从真宗朝开始，北宋政治上、军事上的弊端就逐渐显露，日益严重。真宗景德元年(辽圣宗统和二十二年，1004年)，辽国发动对北宋的战争，大军直抵澶州(今河南省濮阳市)城下,威胁东京。在大臣寇准等人的坚持下,真宗御驾亲征,战局得以扭转。当年年底,双方签订和约,历史上称为"澶渊之盟"。澶渊之盟本质上是宋、辽两国军事实力对等的反映。

"澶渊之盟"之后,真宗为了粉饰太平,东封西祀,到处装神弄鬼,国库严重空虚。真宗去世后,年幼的仁宗继位,刘太后垂帘听政,社会矛盾非但没有缓和,反而继续发展。

西北地区,党项族建立了西夏。在仁宗统治的时期,宋、夏之间的战争一度给北宋带来很大的麻烦,在范仲淹和韩琦的主导下,北宋才得以扭转战局,双方也签订了和约。

仁宗亲政后,地主阶级在其上层建筑许可的范围内,最大限度地给予士大夫以较为宽容的活动空间,所以在仁宗统治的四十二年中,尽管内忧外患不断,却成为中国古代史上少见的思想活跃、文化发展、科技创新成果颇多的时代,成为人才井喷式涌现的时代。

范仲淹生活的时代,主要就在真宗和仁宗在位的时期。

第一讲

孀母改嫁与家世变革
——范公原来叫朱说

范仲淹幼年丧父后，母亲谢氏为生活所迫，被迫改嫁。范仲淹一度随继父朱姓，名说，中进士做官后才恢复范姓，名仲淹，字希文。范仲淹先后有过三次婚姻。四个儿子中，次子范纯仁成就最大。

第一节　名字由来及四代祖宗世系

一、名字由来

范仲淹,字希文,苏州人。北宋太宗端拱二年八月二十九日(989年10月1日),诞生于河北西路成德军(真定府,治今河北省正定县)节度掌书记①官舍。

真宗天禧元年(1017年)以前,范仲淹从养父朱姓,名说。被任命为权集庆军节度推官期间,范仲淹遵从母亲的愿望(也是他多年的愿望),向朝廷上奏提出归宗复姓的请求,经朝廷批准后,时年二十九岁的朱说方以范仲淹(字希文)的名字行于世。本书为了行文的方便,基本上都写为范仲淹。

仲淹(名)和希文(字),均由饱读诗书且做事细致的范仲淹所取。

宋代文人中尊崇隋末文人王通的比较多,范仲淹也是其中的一个。王通(580—617年),字仲淹,门人私谥"文中子",其思想中包含儒、道、释融合的思想,

---

①　负责文牍、奏记、备顾问的幕僚。

他极力赞成儒家的仁政主张。

范仲淹直接取王通的字作为自己的名,又从"文中子"三字中取一"文"字,前边加上有崇尚之意的"希"字,以"希文"为字。

此外,"仲淹"一名,又与其同父异母的兄长范仲温的名字排行保持一致,如此取名很容易让不明真相的人理解为兄弟二人的姓名均由其父亲统一命名,也有助于得到苏州范氏家族的认可。

二、四代祖宗世系

尽管范仲淹在皇祐三年(1051年)为苏州范氏家族写的《续家谱》序言中,将其家世一直追到唐朝宰相范履冰[①]。但正如其在文中所言,写作所依据的祖传文字材料只从高祖范隋开始,再往上追溯的谱系,范仲淹虽然没有言明,自然都是猜测之语。

正如欧阳修所言,由于安史之乱及以后藩镇割据、黄巢起义、五代混战的长期战乱影响,绝大多数家族的家谱已经失传。赵宋立国后,社会安定下来,一些大官僚重修家谱,为了扩大家族的影响,提高家族的荣耀,将其家世大多追到唐代甚至更早以前的一些名人。在此问题上,范仲淹也未能免俗。

因此,范仲淹研究专家方健先生在《范仲淹评传》一书中,认为范仲淹将其家族历史追到范履冰的说法,并不可信[②]。

范仲淹高祖范隋,本为幽州(今北京市)人,唐朝末年任幽州良乡县(今北京市

[①] 据《旧唐书》卷199《范履冰传》记载,范履冰于唐睿宗时期担任宰相,后因举报谋逆活动被杀。

[②] 方健:《范仲淹评传》,南京大学出版社,2001年版。

良乡县)主簿①,后改任处州丽水县(今浙江省丽水市)县丞。安史之乱后,北方陷入藩镇割据的混战中,范隋遂选择富裕且少战乱的吴县(今江苏省苏州市)作为定居地。从此,其后人遂以苏州作为祖籍。

范隋夫人陈氏,有子二人:范梦龄和范梦均。

范梦龄即范仲淹的曾祖父,曾经任官吴越国②苏州粮料判官。范梦龄夫人陈氏。二人育有五个儿子,分别是范禹谟、范浩谟、范光谟、范赞时③、范侯谟。

范仲淹祖父范赞时,曾经任官吴越国秘书监④。夫人陈氏。二人育子四人,分别是范坚、范坰、范墉、范坰。

范仲淹生父范墉,太宗太平兴国三年(978年),跟随吴越国国王钱俶⑤归宋,历任武信军(治今四川省遂宁县)、武宁军(治今江苏省徐州市)、成德军节度掌书记,淳化元年(990年)去世于任所。时年范仲淹虚龄两岁。由于范仲淹的兄长范仲温生于京师,所以据此推算范墉应该还做过一段京官。

范墉前妻陈氏,先后生育了四个孩子,但只有范仲温存活下来。后妻谢氏,即范仲淹的生母,相关史料记载很少,仅知道范墉去世后,她为生活所迫,改嫁朱文翰,范仲温则由族人带回老家苏州抚养。为了使范仲淹能像其他孩子一样有一个良好的成长环境,以免在范仲淹幼小的心灵上留下创伤,谢氏暂时对范仲淹隐瞒了他的身世,眷眷之心,于此可见。

宋代虽然是理学的重要形成和发展时期,但是,妇女因为各种原因改嫁,既是合理的,也是合法的,也为社会舆论所接受。不像明清时期,"以理杀人",变态性地要求妇女守节,"饿死事小,失节事大",完全剥夺了妇女再婚、追求幸福的权利。

谢氏带着年幼的范仲淹,跟随朱文翰辗转于湖南安乡(今湖南省安乡县)、淄州

---

① 掌管本县官物出纳等事务的官员。
② 统治今浙江、江苏南部、上海市一带。
③ 根据其兄弟名字看来,赞时估计是他的字。
④ 掌管古今经籍图书、国史实录等。
⑤ 在宋太祖赵匡胤发动对南唐的战争中,钱俶出力甚多。宋太宗赵光义时期,更是主动纳土归顺。但是,去东京朝见宋太宗却被扣留。

(今山东省淄博市)、长山(今山东省邹平市长山镇)等朱文翰为官之地。宋真宗大中祥符八年(1015年),范仲淹进士及第,担任广德军(今安徽省广德县)司理参军①时,把母亲接到任所侍养。

范仲淹母子情深。在《求追赠考妣状》中范仲淹写道:"臣襁褓之中,失去严父,母亲怜惜我早失父爱,又多疾病,故养育之恩,过于常人。夜夜为子祈祷,祈求佛祖保佑,为了表达忠心,在二十多年的岁月里,不食荤腥。后臣告别母亲,游学四方,母亲因为看不到儿子,常常哭泣,差点双目失明。"

谢氏去世后,范仲淹并没有将母亲与生父合葬于苏州祖坟,而是于西京洛阳另择茔地安葬②。一般来说,女性再嫁后,去世后应和后夫葬在一起。谢氏再嫁到朱家后,范仲淹做官后将母亲接回奉养,谢氏和朱文翰并没有离婚。如果将她和生父葬在一起,显然不合适,朱、范两家族都接受不了。如与后夫葬在一起,恢复范姓后的范仲淹感情上也难以接受,上坟祭祀更是麻烦事,另择茔地安葬显然是适中的选择方案。再则"生在苏杭,死葬北邙"的俗语,可能也影响了范仲淹在此问题上的选择。

养父朱文翰对范仲淹也格外关照,视若己出。范仲淹功成名就之后,也滴水之恩涌泉相报,庆历五年(1045年)四月,范仲淹奏请仁宗皇帝追封朱文翰为太常博士。朱家子弟靠范仲淹的恩荫得以做官者有三人。朱文翰几个儿子的葬礼均由范仲淹出钱。《范文正公文集》中有十五篇范仲淹致朱氏子弟及其家人的书札,可见即使范仲淹改姓后,他们之间的关系仍然很亲密。

---

① 掌管刑事案件调查的官员。
② 位于今洛阳市东南15公里处的伊川县彭婆乡许营村万安山南侧,范仲淹夫妇及其子孙辈也葬于此地。现为全国重点文物保护单位。

第二节 妻子和子女

一、妻子

范仲淹结发妻子李氏是太宗朝参知政事[①]李昌龄的侄女,岳父李昌言另有二女分别嫁给郑戬[②]、骆与京,李夫人之弟李禹卿则为曾巩的岳父。在裙带关系盛行的北宋官场,这些关系对范仲淹的事业发展均有益处。李氏于仁宗景祐四年(1037年)去世于饶州(治今江西省鄱阳县)。范仲淹与患难与共的发妻感情很深,多年以后还关心其娘家侄子李通的恩荫和婚配,让李通娶郑戬侄女为妻。

范仲淹后又有两段婚姻,配偶分别是聂夫人和张夫人。

以前方健等学者都将张氏夫人误为曹氏夫人[③]。2002 年 2 月,在河南省伊川县范仲淹墓园东侧出土了《宋故冯翊郡太君张氏墓志铭》(现藏洛阳市新安县千唐志

[①] 副宰相。
[②] 郑戬,字天休,苏州吴县人,进士,官至枢密副使。
[③] 方健:《范仲淹评传》,南京大学出版社,2001 年版。

斋博物馆),由资政殿学士李清臣撰文,该墓志铭明确记载张氏是范仲淹第四子范纯粹的生母。李伟国先生据此写了《宋故冯翊郡太君张氏墓志铭考》一文,结合其他史料,对此做了严谨的分析和考证①。

二、子女

范仲淹与李氏夫人先后生育了纯佑、纯仁、纯礼三子和两个女儿,与张氏夫人生子纯粹和一个女儿。

由于范仲淹和当时的知名大儒胡瑗、石介、孙复等交往密切,故儿子们也得以受这些大儒的点拨和熏陶,受益匪浅。长子范纯佑二十二岁时意外患病,后早逝。其他三子均较有成就,特别是次子范纯仁。

(一) 长子范纯佑

范纯佑(1024—1063年),字天成,十岁时就能读懂先秦诸子的书,所写文章为范仲淹的朋友们所称道。

范纯佑十多岁时,由于范仲淹和富弼是挚友,所以富弼家办丧事,范纯佑也去帮忙。富弼家的丧事办得很隆重,摆在外边的随葬器具很多,让人有金碧辉煌、眼花缭乱之感,实际上都是锡制品。前来看热闹的人很多。范纯佑于是拿起一件随葬品,对众人说道:"大家仔细看,这可都是锡造的,你们可别误会了。"富家子弟一听,以为范纯佑故意捣乱、羞辱富家,马上就要发火,斥责范纯佑。孰料范纯佑却慢慢说道:"我是害怕他们以为是白银做的,一旦那样的话,安葬之后,出现什么情况,还用说吗?"富家子弟和旁边的人听后,恍然大悟,都佩服范纯佑的机智。

---

① 张希清、范国强主编:《范仲淹研究文集》(五),北京大学出版社,2009年版。

范仲淹为官苏州期间,首建州学,聘名儒胡瑗①为师。胡瑗订立了严密的学规,要求学生必须遵守。但是几百个学生,习惯了散漫的学风,多不守规矩,胡瑗很生气,却也无可奈何,一度萌生离职的打算。范仲淹知道后也很苦恼,但一时也想不出合适的处理办法。时年范纯佑才虚龄十岁,远未到弱冠之年②,见此情景,主动要求入学学习,在学校严守校规。那些捣乱的学生见知州范仲淹的儿子尚且如此,再也不敢违反校规。从此苏州州学成为全国办学的楷模。

宋夏战争爆发后,范纯佑跟随父亲转战于血雨腥风的战场,成为范仲淹的得力助手。范纯佑与将卒们生活在一起、战斗在一起,得以彻底了解将官们的才能和心理。他的许多意见和建议,成为范仲淹用人的重要参考,范仲淹得以用人无失,屡有成功。为了遏制西夏军队的南下,宋军准备修筑马铺砦要塞,西夏军队屡屡发动进攻,妄图阻止宋军的战略部署。范纯佑率兵边战斗边修筑,数日之后,马铺砦要塞建成,一路恃之以安。

范仲淹知邓州期间,一日范纯佑于书房看书,看书看得太投入,妹夫蔡交不知因为何事,猛然用拐杖使劲敲门,正在沉思中的范纯佑猝然受惊,从此染上重病③。后于许昌养病。一次富弼路过许昌,前去看望他,范纯佑还问富弼此行是公事还是私事,富弼答以公事,纯佑说公事就行。范纯佑得病后去世,年仅三十九岁。

(二)次子范纯仁

范纯仁(1027—1101年),字尧夫,仁宗皇祐元年(1049年)进士及第。但是,为了照顾多病的范仲淹,范纯仁一直到范仲淹去世后,才外出做官。

元祐八年(1093年)九月初,太皇太后高氏因病去世,哲宗亲政,又起用王安石变法时期的改革派。次年三月,在殿试新科进士时,宰执李清臣所拟的策论试题

---

① 胡瑗,字翼之,泰州海陵(今江苏省泰州市)人。宋代著名的思想家、教育家、音乐家。
② 古时男子二十岁行冠礼,以示成年,但体犹未壮,故称"弱冠"。
③ 在范仲淹致家族中一位兄长的信中说是因为过度喝酒所致。范仲淹为此在一封家书中告诫儿子们年轻时必须有一个好身体,要留心如何才能有健壮的体魄。估计范仲淹的说法比较准确。

中,明白地导向对变法的全面肯定。苏辙针对这种倾向提出不同意见,并引用汉昭帝改变汉武帝国策的事例。年轻的哲宗对这段历史不太清楚,勃然大怒,说道:"怎能以汉武比先帝?"令苏辙下殿待罪,众臣僚谁也不敢反对。

见此情景,范纯仁从容地说道:"武帝雄才大略,史无贬词。苏辙以武帝比先帝,没有诽谤的意思。况且陛下刚刚亲政,不应该不尊重大臣。"右丞邓润甫未等范纯仁话音落地,便抢着说道:"先帝的法度,都被司马光、苏辙毁尽了。"等邓润甫说完后,范纯仁又从容地说道:"不能这样说,新法本身没有毛病,但是在执行的过程中出现了弊端,有了弊端自然就要改一下。"哲宗又说道:"人们常常说到秦皇必言及汉武,可见不是好意。"范纯仁耐心地对哲宗解释道:"苏辙所论,所针对的都是具体的事情,不是针对具体的人。"哲宗听后,才不再生气。

范纯仁与苏辙尽管都是王安石变法时期的反对派,又都为此被贬官,司马光极力主张全部废除新法的时期,又同属于反对司马光的臣僚,但是,二人平素在有些问题上,也多有分歧。经历了此事后,苏辙才真正体会了范纯仁所继承的范仲淹的大度,感动地说:"相公①的做人境界,真是佛的境界。"

范纯仁因为反对变法,被贬官永州(今湖南省永州市),夫人每当不如意时,就骂章惇②:"诬陷好人,使我全家过此凄惨日子"。范纯仁听后,每次都是报以微微一笑。此次船过橘洲(今湖南省长沙市),在湘江中暴雨倾盆,船碰暗石,骤然船破进水,众人被迫弃船登岸。范纯仁让儿子范正平打着伞,自己背着夫人到河边的一农户家,就着火堆把衣服烤干。这次没容夫人骂章惇,范纯仁就先笑着说道:"这一次船破,难道也是章惇干的坏事吗?"

宋人笔记中记载的这则典故,是为了说明范纯仁的大度,但是仔细推究一下,显然不实。此时范纯仁已经七十多岁,断无背着夫人弃船登岸、让儿子范正平打伞的可能。

---

① 宋代对高级官员一般尊称相公。
② 王安石变法时的重要助手。

(三)三子范纯礼

范纯礼(1031—1106年),字彝叟,先后担任三司盐铁判官、知遂州、知开封府等官职。知陵台令兼永安①县令期间,恰逢仁宗去世,韩琦主持修筑仁宗的皇陵永昭陵,京西转运使将修筑皇陵所需要的木石砖甓及工徒数目等分配给京西北路所属的各府、州、县,唯独永安县不接受指令。京西转运使将此事报告韩琦,韩琦于是问范纯礼这样做的原因。范纯礼回答道:"大宋皇陵都在永安县,修筑完成后,修缮的工程肯定一直有,这些事情必将全由永安县民众来承担,现在让永安县与其他县承担一样的费用,实在不公正。不如让永安县承担以后的修缮费用。"韩琦见他说的在理,答应了他的请求。

徽宗在位期间,范纯礼知开封府,徽宗下旨让他审理一起普通村民的谋逆案。范纯礼仔细审理后,才发现是一起典型的错案。原来该村民去戏场看戏,戏中刘备戴的帽子宛如一个木桶,他回来途中正好遇见一个木匠在做桶,于是拿起一个木桶戴到头上,说道:"如此打扮,像不像刘先主?"岂料制桶的工匠听后立马将他擒住,押送开封府,说他谋反。第二天,范纯礼上朝面见徽宗,徽宗问案件如何处理,范纯礼回答道:"村野匹夫愚昧无知,若以叛逆罪处置,必然要判死刑,恐怕有碍官家好生之德,不如改为杖刑,足矣。"徽宗又问道:"何以警示后人?"言外之意判得太轻,范纯礼说道:"正欲让民众知道官家不滥施刑罚,如此处理,足以为戒了。"徽宗最终接受了范纯礼的处罚决定。

(四)四子范纯粹

范纯粹,字德孺,先后担任知庆州、知邓州等官职。

宋神宗元丰四年(1081年),范纯粹为陕西路转运判官。该年八月,宋夏战争又一次爆发,北宋五路出师讨伐西夏,高遵裕出环庆路,刘昌祚出泾原路,李宪出熙

---

① 今河南省巩义市境内。

河路,种谔出鄜延路,王中正出河东路,目标是夺取西夏的灵州(今宁夏灵武市)和兴州(今宁夏银川市)。刘昌祚的军队归高遵裕节制,高遵裕先是听信刘昌祚的军队已经攻克灵州的谣传,赶忙上表说是他指挥刘昌祚的军队攻克灵州,以抢夺战功,不久才知道是谣传,于是迁怒刘昌祚,以刘昌祚未能按时拜见自己为由,欲诛杀刘昌祚。诛杀不成,又欲剥夺刘昌祚的军事指挥权。刘昌祚为此忧愤成疾,其麾下的将士们也很愤怒。这样下去,很容易导致兵变。见此情景,范纯粹赶忙做高遵裕的工作,劝他前去兵营慰问刘昌祚,二人的矛盾才得以缓和。

此次战役,从总体上而言,以北宋军队的失败而告结束。虽然也有一些不错的战果,但是神宗不认输,责备诸将无功而还,准备再次发起战争。范纯粹赶忙上奏,指出:"关陕地区物力单薄,国家和民众都已经大困,若再次发动战争,根本可忧。到时候言官一定追究臣的责任,与其这样,臣宁愿今日受尽言之罪,不愿沉默以贻后悔。"神宗接受了范纯粹的意见,并升其职为陕西路转运副使。

范纯粹后来代兄范纯仁知庆州,父子两代三知庆州(治今甘肃省庆阳市),一度成为佳话。一日,庆州城突然被西夏军队包围,守城兵士不多,城内军民惶恐不安,不知如何是好。范纯粹也急得团团转。属下一名老指挥使①面见范纯粹,说愿立下军令状,确保城池无失,范纯粹也是病急乱投医,相信了他的话,命他立下军令状。西夏军后撤军而去,范纯粹大喜,厚赏该指挥使,且向他询问退敌之妙计。指挥使说道:"我也无什么大本事,只是用大话先稳住他们,一旦城破,各自逃命而去,相公哪有时间去找我按照军令状执行军法!"

如果宋人的这则笔记记载的是事实的话,那么,说范纯粹继承了范仲淹谋略的说法,自然也有些夸张。

---

① 指挥为宋代军队编制单位,一指挥五百人,长官为指挥使。

第二讲

梅花香自苦寒来
——艰难的读书岁月

范仲淹中进士前的求学时期，曾经经历过一段相当艰苦的岁月，但是，范仲淹"穷且益坚，不坠青云之志"，终于得以考中进士，这成为他人生的重要转折点。

由于范仲淹幼年丧父，所以其青少年时期的生平活动，史籍中几乎是空白。但是，通过范仲淹的诗文和其他间接记载，仍然可以勾勒出范仲淹进士及第前的关于其学习和生活的一些情况。

第一节　书台夜雨　断齑画粥

一、书台夜雨

据方健先生考证，大约在北宋至道、咸平年间（995—1003年），范仲淹的继父朱文翰为官安乡县，范仲淹在安乡县就读。安乡县在洞庭湖畔，所以，范仲淹对洞庭湖的风光铭刻在心，否则不会在没有到过洞庭湖的背景下，单凭他人的绘画，就写出完全符合洞庭湖风光的《岳阳楼记》。北宋以后，由于范仲淹久负盛名，在明清时期付梓的不同版本的《安乡县志》中，都留下了范仲淹读书台的记载，"书台夜雨"也成为安乡八景之一。

范仲淹的诗文中，也有一些关于洞庭湖的描述：

陇头瑟瑟咽流泉，洞庭萧萧落寒木。

仕宦自飘然，君恩岂欲偏。才归剑门道，忽上洞庭船。坠絮伤春目，春涛废夜眠。岳阳楼上月，清赏浩无边。

优游滕太守,郡枕洞庭边。几处云藏寺,千家月在船。疏鸿秋浦外,长笛晚楼前。旋拨醅头酒,新炮缩顶鯿。

二、断齑画粥

朱文翰做长山县令期间,范仲淹常去附近长白山①上的醴泉寺寄宿读书。那时,他的生活极其艰苦,每天只煮一锅稠粥,凉了以后划分成四块,早晚各取两块,拌几根腌菜,调半盂醋汁,吃完后继续读书,连续过了三年这样的时光。后世便有了"断齑画粥"的美誉,断的意思是切断,齑指的是酱菜或腌菜之类。

这个故事可以鼓励后学读书,但是经不起细细推敲。朱文翰做县令,对范仲淹母子也不错,谅不至于让他过如此艰苦的生活。

范仲淹在长白山醴泉寺读书期间,还留下了一则故事。一天晚上范仲淹读书到深夜,忽见一只白鼠钻入一墙洞中,吱吱直叫。范仲淹感到好奇,挪开洞口一块石头,一看究竟。小白鼠倏然而去。范仲淹发现洞中有一个小坛子,搬出来后揭开盖子一看,里面装的是满满一坛碎银子。范仲淹猜想可能是谁暂时匿于此处,于是把坛子放归原处,又把石头挪回去,继续读书。

范仲淹功成名就之后,醴泉寺的僧人们欲修复年久失修的庙宇,苦于缺少钱财,便给范仲淹写信求援。范仲淹只是捎来书信一封,未见有钱财相送,僧人们感到大失所望。读了书信之后,按照范仲淹书信上的指示,果然找到了那坛银子。

关于范仲淹青年时期对待财富的观念,还有一则故事。范仲淹当时与一炼金术士交往较深,该术士去世之前,派人叫来范仲淹,说道:"我能把水银炼成白银,我儿尚幼,无法将此术传授给他,现在我要传给你。"然后把已经包好的方子和炼好的

---

① 位于今山东省邹平市和章丘市交界处。

一斤白银一并给了范仲淹,范仲淹来不及谢绝,术士已经停止了呼吸。十几年后,术士的儿子长大了,范仲淹找到他,把方子和白银都给了他,包装的样子还和十几年前一模一样。

这两则故事不管真实性如何,确实是范仲淹一生清廉美德的反映。

范仲淹少年时期,曾经和朱氏兄弟一起去拜访长山县的名士崔遵。崔遵观察了一下几个人的言谈举止后,让其他几个人先走,独独留下了朱说(范仲淹),引入中堂继续闲聊。崔遵当着夫人的面说道:"朱学究虽然年少,他日不仅仅会是显宦,而且会扬名于天下。"从此之后,他待朱说(范仲淹)如骨肉,对其悉心指导。

崔遵估计是从几个人的言谈举止中,发觉朱说(范仲淹)独到的气质和远大的志向,故对其寄予厚望。

第二节　布素寒姿

应天书院最早开办于后晋时期(936—946年)，由虞城(今河南省虞城县)人杨悫兴办。动荡的艰苦岁月，书院办学规模自然不大。后来，毕业于此的戚同文[①]接管学校后，逐渐取得了官府在资金方面的资助，实力增强，特别是师资方面有所加强，逐渐培养了一大批杰出的人才。北宋初年在此学习后进士及第的达到五六十人，其中王砺等七人更成为朝廷大臣。

太平兴国元年(976年)，戚同文去世后，学校一度停办。大中祥符二年(1009年)，应天府富民曹诚意识到教育的重要，在国家大兴文治的社会环境影响下，决定捐巨资重续书院香火，于是扩建校舍达百余间，拥有图书几千卷，书院的办学规模和水准都上了一个新台阶。应天府的长官将曹诚的义举上报朝廷后，真宗赐名应天府书院，任命戚同文的孙子戚舜举主持书院的事务，学校从此变为官办学校。

因为戚同文人称睢阳先生，应天府后又改称南京(今河南省商丘市)，所以应天

[①] 《宋史·范仲淹传》等古籍中记载范仲淹曾经师从戚同文，其实，戚同文早在范仲淹出生之前就已经去世。历史学家邓广铭先生早在20世纪40年代发表的《论范仲淹的师承》一文中即对此问题做过详细考证。该文原载《大公报·文史》第16期，1947年2月5日。后收入《邓广铭全集》第8卷，河北教育出版社，2005年版。近年，苗润博博士又对此问题进行补充论证，见《范仲淹师承问题补证》一文，《宋史研究论丛》第十八辑，河北大学出版社，2016年版。

书院又名睢阳书院、南京书院。

大中祥符三年(1010年),二十二岁的范仲淹开始了应天书院五年左右的学习时光。这是范仲淹人生的重要转折时期。毕竟,宋代四大书院,应天书院居首①。

范仲淹在青年时期,首先树立了远大的志向和坚定的人生信念:"不为良相便为良医","进则尽忧国忧民之诚意,退则处乐天乐道之分"。其次铸就了儒家的理想人格,富贵不淫、贫贱不移、威武不屈,这种人格在中国古代,只有极少数儒家弟子才能做到。在书院读书期间的一些诗,充分反映了他的志向和坚强的人格。

为了实现人生的目标,他能够忍受任何艰难困苦,夜晚读书困了的时候,就用冷水洗洗脸,继续读书写作。同宿舍的同学见他一年四季都吃得很粗糙,有时候送他好吃的饭食,但是他坚决拒绝,害怕吃了之后,抵挡不住诱惑,削弱过艰苦生活的能力。

大中祥符七年(1014年)正月,宋真宗到应天府朝拜放有太祖赵匡胤画像和牌位的圣祖殿。应天书院的学生也都跟着众多的百姓去看热闹,渴望能够一睹龙颜。只有范仲淹没有去看热闹,而是一如往常地在学校读书。同学们看完热闹回来,不管是否看到真宗本人,都在绘声绘色地讲述真宗如何无愧于真龙天子的角色。有的则接下来讲述路上碰见的美女的颜值,有的干脆哼起了晏殊的一句艳词:"人面不知何处,绿波依旧东流。"相好的同学于是问范仲淹为何不去,范仲淹回答道:"官家②总会见到的,将来见也不晚。"

来年就要参加进士科的考试了。范仲淹相信五年的寒窗苦读,一定会有一个满意的结果,让母亲和养父高兴,让九泉之下的生父高兴,让所有关心他的亲朋好友高兴。当然,他的人生旅途也将开始一个大的转折。

---

① 另外三个是湖南衡阳石鼓书院、江西庐山白鹿洞书院、湖南长沙岳麓书院。

② 宋代一般称皇帝为官家。

第三讲

忧乐于庙堂与江湖之间
——宦海沉浮

范仲淹的仕宦生涯，可谓跌宕起伏。但是，不管人生跌到多深的低谷，也不改变他忠君报国、一心为民的志向，更不会改变其"先天下之忧而忧、后天下之乐而乐"的人生观，也不会改变其坚守的"富贵不能淫、贫贱不能移、威武不能屈"的士大夫气节。

第一节　宝贵的基层历练

一、宝贵的基层历练

大中祥符八年(1015年),范仲淹进士及第,时年二十七岁,成为其人生的重要转折点。对一般读书人而言,"书中自有黄金屋,书中自有颜如玉,书中自有千钟粟"①。但对有远大理想的范仲淹而言,他做官的目的绝不是这些。从此,北宋政坛逐渐成长起来一位伟大的政治家、军事家、文学家,一位士林领袖。

范仲淹仕宦生涯的第一个官职是广德军(治今安徽省广德市)司理参军,主管狱讼。在处理诉讼案件时,他坚持秉公执法,又具有仁政作风,时常亲自询问囚犯,以得到案件的实情。

尽管俸禄微薄,但是范仲淹上任伊始,即将母亲谢氏接到广德军,悉心奉养。在广德军待了两年多的时间,天禧元年(1017年),范仲淹调任集庆军(治今安

---

① 此三句选自宋真宗《劝学诗》,在当时及近代科举废止前影响很大。

徽省亳州市)节度推官,节度推官是长官的幕僚。此期间,为官清廉的张知白一度担任过短期的亳州知州,给范仲淹留下了很深的印象。亳州是汉代医学家华佗的故乡,医药业繁荣。这对很早就对医术颇有兴趣的范仲淹而言,自然是难得的学习机会。

天禧五年(1021年),范仲淹又调任监泰州(今江苏省泰州市)西溪盐仓。这里是北宋重要的产盐区,而盐税收入是国家的重要收入来源。范仲淹负责监管盐的生产和买卖,还需要和巡捕、县尉一起打击私盐的买卖。

乾兴元年(1022年)二月,真宗去世,仁宗即位,改年号为乾兴。当年十一月,张知白迁官枢密副使,进入宰执的行列。

宋代官员的任职和升迁,都需要一定数量的官员荐举,以作担保,荐举的官员官职越高,影响自然也大,被荐举人得以升迁的机会也多。被荐举人一旦升迁后出现违法现象,荐举人则要承担连带责任。

踌躇满志、志向远大的范仲淹,此年已经三十四岁,这在当时已经是标准的中年人,可还是一个级别很低的监当官,所主管的盐事又很无聊,范仲淹自然觉得壮志难酬。得知张知白升迁枢密副使的消息后,乾兴元年十二月,范仲淹给张知白上书,表达自己的远大志向,期盼能够在重要的岗位上施展自己的抱负。但是,这次上书无果而终,张知白对范仲淹上书的态度如何,史料中没有记载。毕竟张知白升迁枢密副使刚刚一个月左右,皇位刚刚完成交接,继位的仁宗才十三虚岁,由刘太后垂帘听政。在风云险恶的官场,张知白首先需要的是谨慎,他不会为一个没有深交的范仲淹去努力。

当然,无果而终的上书,也在意料之中,范仲淹并没有多少挫折感。他在一首诗中写道:"卑栖曾未托椅梧,敢议雄心万里途。"他明白对于没有官场背景的社会草根而言,需要的是不断积累政绩和良好的声誉,等待机遇的降临。毕竟赵宋较之前代,知识分子升迁的通道还是比较畅通的。

范仲淹为官泰州期间最大的政绩是修筑捍海堰。濒临黄海的泰州,时常为海潮所苦。唐朝大历年间(766—779年),地方官李承主持修筑了捍海堰。唐末和五代时期,由于战乱及其他因素的影响,捍海堰年久失修,大多坍塌,坍塌之后,大潮来时,海水倒灌,淹没良田,潮水退后,良田变成了盐碱地,再也无法种植庄稼,连生活用水都又咸又涩。

仁宗天圣三年(1025年),范仲淹向淮南东路的发运副使张纶提出重修捍海堰的建议。得到朝廷批准后,为了工程修筑的方便,通过张纶的推荐,朝廷让范仲淹担任泰州属下的兴华(今江苏省兴化市)县令,和同年进士及第的滕宗谅(字子京,时任泰州军事推官)一起,共同主导此项利民工程的兴修。但是,次年八月,母亲谢氏病逝,范仲淹只好开始丁忧。工程最终由张纶和其他官员一起主导完成。

捍海堤历经两年才修成,长一百五十里左右,横跨泰州、楚州、通州三地。由于范仲淹以后声名显赫,当地民众称其为"范公堤"。泰州民众后来为张纶修筑了生祠①,并请范仲淹写了《泰州张侯祠堂颂》。

时年四月,范仲淹还向皇太后和皇帝写了《奏上时务书》。在上书中,范仲淹主要强调了以下几点:

第一,文风关乎教化,必须改变五代以来卑弱浮靡的文风。

第二,治国之道,文武兼备,不可偏废。大宋自澶渊之盟之后,已经二十年,能征善战的老将,逐渐凋零。与辽国签订盟约之后,辽国还是不断勒索财物。国家定都于无险可守之地,必须时刻有居安思危的思想,必须选择有谋略的人担任边界地区的官员,也必须秘密选拔武艺高强的人,作为战将的后备人选。为此,科举考试必须增加武举的科目。

第三,大宋重视馆阁②,将其作为储备、培养宰辅人才的要地。但是,近年却将馆阁迁出内庭,迁到了寻常百姓居住的坊陌之地,这是很不应该的行为。馆阁的一

---

① 古代为活着的人建立祠庙,加以奉祀,其对象大都是造福一方、深得民心的官员。当然下级官员出于阿谀奉承的目的,为上级官员立生祠的也有。

② 昭文馆、史馆、集贤院三馆和秘阁、龙图阁等阁,分掌图书经籍和编修国史等事务,通称"馆阁"。又是朝廷培养人才、储备人才的地方。

些初级官员，没有进士及第的背景，靠恩荫进来，假以时日，这样的人熬成了宰执①，后果可想而知。

第四，谏官、御史，是朝廷的耳目之官，官家继位以来，未赏赐一个台谏的官员。如果他们的言论于朝政无补，说明选择的台谏官不称职，应该予以罢免，选择新的谏官和御史。如果他们的言论有补于朝政，为何不及时赏赐？言路不广，非朝廷之福。

第五，崇尚儒家的以德治国主张，反对苛政，反对大肆发放度牒导致的僧尼急剧扩张的行为，反对大兴土木、浪费民脂民膏的做法。

第六，常听直臣之言，摒弃佞臣之语。

第七，官家继位之后，外出巡幸太多，花费太大，应该减少这样的行为。

第八，以扩大税收等官员的言论为急务，以重教化、变风俗的言论为迂腐之论，这是典型的本末倒置的行为。

第九，朝政必须与大臣商议，不可独断专行。

范仲淹的此次上书，开始展示其改革的全局设想，也是以后庆历新政蓝图的萌芽。

由于上书时，范仲淹尚在丁忧期间，有人为此讽刺范仲淹，认为范仲淹丁忧期间就应该一心丁忧，其他一切事宜都不考虑。范仲淹说道："家庭的忧戚和国家的忧戚比起来，孰轻孰重，一目了然。不管家庭的忧戚有多大，作为饱受儒家思想熏陶的士大夫，应该时刻把国家的忧戚牢记心头。"所以在丁忧期间，范仲淹不但言事，而且言事不已。

---

① 宋代宰相与执政官的统称，执政官包括副宰相和枢密院的枢密使、枢密副使。

二、母校的模范教师

天圣五年(1027年)正月,晏殊①罢枢密副使,出守应天府。晏殊通过张知白及其他途径知道范仲淹的情况后,意识到范仲淹是难得的人才,于是邀请丁忧期间的范仲淹担任应天书院的教席。晏殊也成为范仲淹人生道路上的第一个贵人,范仲淹一生都感激晏殊的知遇之恩。

范仲淹从亲身经历中,深感接受正规的、高层次的学校教育的重要,如果没有应天书院的教育,像他这样的孤寒子弟,很难通过激烈竞争的科举考试进入仕途,从而改变自己和家庭的命运,施展自己的政治抱负。因此,终其一生,他始终不渝地把兴学当作自己的重要职责。他对培养自己成长的应天书院,充满了感激之情,也意识到此番回来,更是自己报效母校的好机会。

在管理应天书院期间,范仲淹一天到晚待在书院,督促教师认真备课、勤勉教学,认真批改学生的文章,同时要求学生认真学习。学生在书院有严格的作息时间,如果有学生提早就寝,一旦被发现,范仲淹就会问学生就寝前看过什么书,具体内容是什么。如果答不上来,就会有相应的惩罚。

管理书院,则有各方面的规章制度,而且自己率先垂范。培养学生练习写赋,他也写布置的题目,以亲自了解试题的难易程度,同时也让其他的教师这样做。由于他教学有方,深受学生敬爱,所以慕名求学者络绎不绝。范仲淹的教学管理思想和实践,直到今天仍然有指导作用。

尤其需要指出的是,儒学自东汉后期开始,历经三国两晋南北朝和隋唐七百多

---

① 晏殊,字同叔,抚州临川人,七岁能属文。景德初,张知白安抚江南,以神童荐之,十四岁中进士。

年的岁月,面对佛教和道教的挑战,一直处于困顿的状态,非常不利于赵宋政权的稳固和发展。有鉴于此,范仲淹在中唐韩愈、柳宗元复兴儒学的基础上,大力倡导先秦儒家学说的回归,使应天书院的学生时刻树立以天下为己任的人生目标。

他发现孙复是可造之大才,却因为家庭贫困不得不辍学的情况后,拿出自己的部分薪俸,资助孙复继续读书,并特开小灶,授以儒家之经学。孙复后来成为"春秋学"①研究的大家,一代名儒。

约两年的时间中,范仲淹亲手培养了大批人才。后世称赞说:"宋人以文学有声名于场屋、朝廷者,多其所教也。"

在应天书院期间,范仲淹还写了《南京书院题名记》一文,回顾了南京书院的光辉历史及取得的伟大成就,特别希望学子们能够不辜负国家的期望,不辜负师门的培养,不忘记同窗们的互相帮助,将来进士及第,名垂青史,为母校扬名,同心协力,使南京书院成为天下办学的楷模。

---

① 以《春秋》经义为指南,研究相关的社会问题的学问,实质就是对《春秋》的解读。

第二节　第一次朝官生涯和第一次贬官

一、狸猫没有换太子

宰相王曾读了范仲淹的《奏上时务书》后,极为赞赏他的锐言大智,于是指示晏殊荐举范仲淹应试学士院。天圣六年(1028年)十二月,范仲淹守丧期满,被召为密阁校理(年收入相当于两千亩地的收成),成为一名馆职清流官,开始了朝官生涯。

讲述范仲淹担任密阁校理期间的事宜之前,需要先介绍一下北宋历史上有名的"狸猫换太子"故事的真实情况。

真宗第二位皇后刘氏身世不明。元人所修《宋史·后妃传》有如下记载:"刘氏祖上为太原人,后迁往益州(今四川省成都市),祖刘延庆,在后晋、后汉间为右骁卫大将军。父刘通,虎捷都指挥使、嘉州刺史,曾经跟随太宗攻打太原,去世于进军途中,刘氏是刘通的第二个女儿。"

其实,据今日研究宋史的众多专家考证,上述记载都是刘氏地位显赫后的伪造,不足为信。刘氏早期其实是靠颜值改变命运。

从少年时代起,出生于四川的刘氏便走上街头,成为卖艺的艺人。刘氏长相出众,后来嫁给银匠龚美,由龚美携至京城。在繁华的东京城,刘氏的美貌和演技,成为其人生发生重要转折的资本。当时还是襄王的真宗,一日于街头见到正在表演的刘氏,立刻被其美貌所吸引,于是出一大笔钱给银匠龚美,打发他赶快离开东京回四川去。襄王则将刘氏偷偷带进王府,寻欢作乐。时年刘氏十五岁,正是豆蔻年华。

堂堂皇子将一个来历不明的卖艺女子带进王府,再加上刘氏生性轻浮,很快被襄王的奶妈发现且报告给太宗,太宗闻之大怒,责令襄王马上将刘氏赶出王府。但是襄王施展小计,将刘氏藏于襄王府的侍卫张耆家,寻机不断去张耆家幽会。太宗去世后,真宗即位,很快将刘氏召入宫中。

景德四年(1007年)四月,真宗皇后郭氏去世,真宗欲立已经成为德妃的刘氏为皇后,遭到大臣们的反对,只好暂时作罢。但是,不管真宗和刘氏如何恩爱,二人却一直未能生育皇子。这对刘氏而言,自然是莫大的遗憾。心机很重的刘氏自然要寻机弥补。

李妃(仁宗生母)初入宫就被指派给刘氏做侍儿。这个比刘氏小十八岁的宫女,在真宗到刘氏那里去时,一日被指定为司寝,因而有孕。刘氏知道李氏怀孕的消息后,知道是千载难逢的机会,一边让手下人好好照顾李氏,一边严密封锁此消息,只有几个心腹知道,真宗也假装不知道。大中祥符三年(1010年),李氏生下一子,即后来的仁宗。但是所生之子,很快被刘氏宣传为自己生的儿子,命杨妃代为抚养,犹如奴隶一般的李氏,也不敢作声。

由于地位的悬殊,李氏根本没有可能同刘氏争夺皇后之位,甚至连想都不敢去想。刘氏无须抢夺,更无须像《狸猫换太子》的戏中,用狸猫来偷换刚出生的婴儿。

刘氏手中有了真宗的唯一子嗣,这成为她两年后被立为皇后的重要砝码。

所以真实的历史和戏剧之间,差距不小。

二、工于心计的刘太后

乾兴元年（1022年）二月，真宗去世，太子赵祯即位，是为仁宗，时年十三岁。刘氏也由皇后变成了皇太后，开始了长达十年的垂帘听政岁月。

刘太后是一个工于心计的人。真宗在位时期，她就控制了后宫并参与处理政务，积累了不少处理朝政的经验。真宗丧事完毕后，一日朝会结束，她隔着帘子对宰执们哭泣着说："国家多难，靠众位宰执同心协力，才没有出大的乱子。现在先帝的丧事已经圆满办完，你们可把子孙及亲戚子弟没有做官的名字报上来，朝廷将额外开恩，予以安排官职。"宰执们赶忙将三族亲戚以内符合条件的名字报上。刘太后拿到名单后，把这个名单贴到后宫自己所住房间的墙上。从此之后，每次安排、升迁官员，只要在名单上的人，一律靠后站。

天圣七年（1029年）冬至[①]，仁宗率百官拜贺刘太后于会庆殿。范仲淹极力反对，他解释了反对的理由，"皇帝奉亲太后于宫内，自当用家人之礼。而今与百官同列，一起面向南边朝拜太后，不可为后世效仿"，其出发点自然是严格遵守先秦儒家制定的礼仪制度，首先从形式上维护皇帝的权威。此前的天圣五年（1027年）元旦[②]，辽国使节前来庆贺，仁宗就亲率百官拜贺刘太后于会庆殿，宰相王曾虽然委婉地提出反对意见，但是，无济于事。如果一直这样下去，与皇权密切相关的礼仪制度必将受到严重破坏，进而从实质上破坏皇权。而皇权一旦被破坏到一定程度，中央集权也难以维系，国将不国的局面将随之出现。

范仲淹的这一做法，虽然未能阻止行为的发生，却使刘太后颇为扫兴。晏殊则

[①] 宋代冬至为民间三大节日之一，皇帝则于此日接受百官朝贺，且百官必须穿朝服。

[②] 不同于今日阳历的元旦，等于大年初一。

大惊失色,斥责范仲淹"狂妄邀名",害怕范仲淹的这一大胆行为连累了自己。其实晏殊的大惊失色及对范仲淹的斥责,主要来自宰相吕夷简的压力,这也是范仲淹和吕夷简的第一次交锋。

范仲淹义正词严地给晏殊写了一封信,解释自己这样做的理由是"重万代之法"。

晏殊比范仲淹小两岁,范仲淹终生以师礼待之,但是在重大原则问题上,范仲淹则表现出"吾爱吾师,吾更爱真理"的士大夫品格,这也是他极力倡导且率先垂范的士风。仁宗一朝,正是由于范仲淹的努力,再加上欧阳修、韩琦、富弼等一群志同道合者的努力和坚守,犯颜直谏、不阿附权贵的士风,逐渐成为官场的主流。

其实,刘太后趁着仁宗年幼,一再僭越礼制,享受本不该太后享有的礼制待遇。她曾将反对她的宰执王曾罢免,寇准被罢免后死于贬所。她甚至询问宰执们对武则天的评价,用意非常明显,其背后掩藏着莫大的野心。

三、第一次被贬官

天圣六年(1028年),仁宗已经十九岁,可刘太后还没有还政的意思。范仲淹于是上疏,力请刘太后卷帘撤班,还政于仁宗,建议没有被接受。按照当时朝廷的规矩,范仲淹自请出朝,担任河中府(今山西省永济市)的通判。表面上是范仲淹自请出朝,实际上是被逼自贬。而直接给范仲淹施加巨大的隐形压力的,还是吕夷简。

在河中府通判任上,范仲淹并没有因为反对刘太后导致仕途受挫而收敛锋芒。当时国家尽管早已经进入积贫积弱的时代,可还是大兴土木。正在东京修建的太一宫及洪福院,需要从陕西秦岭一带砍伐大量巨木运到开封附近,劳民伤财。范仲淹又上疏表示反对,认为这不是顺人心、合天意的行为,应该赶快停止兴修,以减轻民众的负担。针对州县数量太多、所管辖地域太小的状况,范仲淹又提出合并州县的主张,这样可以减少官员的数量,节省经费。庆历新政中这方面的改革计划,实际上发端于此。

当时官员除了俸禄,按照级别还有职田,以职田出租的收入作为补贴,有人建议取消官员的职田。范仲淹做基层官员多年,深知职田的收入对官员廉政建设的重要性,认为一旦取消这方面收入,必将带来吏治的败坏,进而带坏整个社会风气。所以仁宗时期,职田短暂取消后又恢复了。

天圣九年(1031年)三月,范仲淹又移任陈州(今河南省淮阳县)通判。到任之后,范仲淹又在给仁宗的上疏中,提醒仁宗注意许多官员并不是通过正规渠道升迁,而是通过太后的渠道,这绝不是太平盛世应该有的现象,一定要吸取唐朝上官婉儿等人干政导致朝政混乱、政局动荡的教训。在当时的局势下,仁宗只能将范仲淹的提醒牢记在心,而范仲淹的忠君报国行动给仁宗留下了深刻的印象。

第二年四月,刘太后去世,因为反对过刘太后被处分的官员又陆续恢复原职或升迁,范仲淹也于同年四月担任正七品的右司谏。右司谏是专职言官,专门挑刺的官员,负责给皇帝及朝廷提供批评和建设性意见,在皇帝和朝廷出现错误的决策时,一开始就起到警醒的作用。

第三节　锋芒毕露

宋代谏官的地位比较高,责任重大,大多由皇帝非常信任且各方面声誉都非常好的官员担任,可以风闻言事、独立言事。即使言事失实也不用承担任何法律责任,朝廷也不追究。

一、识大体　顾大局

范仲淹担任谏官之后的第一次上书就是反对按照刘太后的遗诏立杨太妃为太后,参决国事,认为这样做是让中外之人都知道皇帝没有独立处理国事的能力。由于范仲淹等人的极力反对,加上时年已经二十二岁的仁宗,已经完全具备了独立处理朝政的能力,也不愿再让人当木偶一样摆布,杨太妃垂帘听政的梦想才化为泡影。

仁宗亲政之后,终于有人敢告诉仁宗他的真实的身世。有些大臣为了讨好仁宗,开始大肆指斥刘太后垂帘听政时期的罪恶,以作为以后升迁的资本,尽管刘太后掌权时期他们大多持阿谀奉承、积极合作的态度。仁宗知道了自己真实的身世后,先是目瞪口呆,继而非常气愤,自己竟然被骗了二十多年。这些大臣的推波助澜,再联想到刘太后强加给自己的不幸的婚姻,年轻气盛的仁宗开始对已经去世的刘太后产生强烈的厌恶情绪。这样下去,势必不利于局势的稳定,也影响仁宗的形象。

范仲淹马上看出了问题的端倪,于是对仁宗说道:"太后按照先帝(指真宗)的遗诏,照应官家十余年,虽然不是生母,但是养育之恩,也不应该忘记。大宋以孝治天下,官家更应该起到表率作用。此时此际,应该掩饰她的过错,牢记她的大恩大德。"[①]仁宗听后,恍然大悟,意识到范仲淹才是站在对皇帝对国家负责的高度来看待问题、解决问题的,他并不因为刘太后与他曾经发生矛盾就趁机报复、落井下石,可见品德之美,他才是最称职的言官。仁宗于是果断制止了朝中"污毁"刘太后形象的舆论。仁宗和范仲淹之间,自仁宗亲政开始,就建立了较好的互信。

二、哀民生之多艰

明道元年(1032年),江、淮、京东地区发生大规模的蝗灾和旱灾,但是,当地政府的赈灾措施很不得力,灾情继续蔓延。次年春天,青黄不接之时,范仲淹奏请朝廷派遣能干的朝官前去灾区深入了解灾情,并采取果断、有效的赈灾措施,但是,上奏宛如泥牛入海。焦急的范仲淹抓住一次面见仁宗的机会,生气地说道:"宫廷里的人半日不吃饭,什么感觉?"仁宗听后,忙问详情,听了范仲淹慷慨激昂的陈请后,仁宗干脆诏令范仲淹亲自前去安抚江、淮灾区。范仲淹到灾区后,开仓救济灾民,且禁止民众花费钱粮胡乱地祭祀,又奏请免除当地的茶税和盐税,并向朝廷上奏救

[①] 刘太后虽然不是仁宗的生母,但对仁宗管教甚严,从小就培养仁宗将来即位后必须具备的为君之道。

弊的十方面措施。巡视到太平州（治今安徽省当涂县）时，当地官员报告，灾民吃一种叫乌昧的草籽，由于草籽实在难吃，尤其是对于年幼的孩子和老人而言，既难以下咽，又难以消化，时间长了，连大便都是问题，憋得孩子哇哇大叫，大人只能用手给孩子往外抠，抠得孩子一个劲儿地哭。为了让他们觉得好吃点，就把蝗虫晒干，去掉翅膀和腿，和野菜一起煮着吃。范仲淹亲自查明这些情况后，在给仁宗的上奏中写道："东南地区是国家的经济命脉所在，更是国家的粮仓，每年上供粮米六百万石，布帛不计其数。现在遇到灾荒，民众竟然靠吃这种东西艰难度日，而后宫和国家的一些机构，还在继续铺张浪费，这样下去，民众如何才能走出灾难，国家经济如何复兴？"范仲淹还将灾区民众吃的乌昧籽，装了一大包，让手下人走驿路火速呈递给仁宗，让后宫及皇亲国戚们看看。

这次赈灾，使范仲淹对赵宋社会的弊端有了更深的认识。回到东京之后，范仲淹经过认真的思考后，在给朝廷的上疏中从八个方面指出问题的表现、原因及对策。

第一，东南地区是国家的经济命脉所在，但是，当地民众的负担却很重，大灾之年，问题尤其严重。请求仁宗让人秘密调查裁造务、后苑作、文思院、粮料院等机构[①]。自太祖以来到现在，花费的增长情况，奢俭的对比，立马可见。该节省的必须节省。

第二，这几年国家对官员的提拔、任用，不能做到用长期的道德表现和功劳来衡量，反倒出现大量的逆向淘汰的现象，且肆意赦免犯罪和大肆赏赐，危害不浅。国家要收复"幽云十六州"，首先必须有足够的物质储备。

第三，国家每年馈运士兵和物资于各地，花费很大，但其中的弊端很多，必须改革。赈灾期间，范仲淹在淮南的运河边发现六个衣衫褴褛、蓬头垢面的厢军士兵，于是问他们从哪里来。他们回答说从潭洲（今湖南省长沙市）来，出发时有三十人，

[①] 裁造务主管裁制衣服及皇宫的卧房设施和礼仪用品等。　后苑作专门负责宫廷生活需要的物品及皇族婚嫁物品的制造。　文思院主管皇帝及皇后所用的金银、象牙等奢侈品的制造。　粮料院负责发放文武官的月俸和衣料。

要到无为军去,沿途有逃跑的,有病死的,只剩下他们六人了。范仲淹听后,长长地叹了一口气。

第四,北宋实行募兵制,较之唐代前期的府兵制,有利有弊,而养兵的费用,又占了国家财政收入的六分之五,这种现象,必须改革。比如,兵士到七十岁才允许离开军队,实际上,兵士到五十岁,怀乡之情,已经日日加深,且开始年老力衰,战斗力明显减弱,白白耗费军饷。等到七十岁离开部队的时候,家乡熟识的亲友也基本上不在了,他们到哪里去生活?真宗在位时期,就因为不能早点安置这些年老的士卒,几次闹成兵变,必须吸取此前的教训。

第五,每年从西北地区的游牧民族手中购买战马,花费很多,而骑兵的花费,较之步兵,要大得多,但是其战斗力在战争时期却未必能显示出来。范仲淹举出了唐朝的先例——安史之乱前大唐有战马几十万匹,在抵抗安史之乱的初期,却未能发挥作用。这一点范仲淹可谓因噎废食,在北有契丹,西北有西夏的背景下,北宋必须有足够的骑兵。

针对骑兵花销大的弊端,范仲淹建议将买来的战马,散养于京师附近的农家,一有战争,马上召集。但是,具体的实施措施,范仲淹没有谈。后来王安石变法时期的"保马法",实发端于此。

第六,江淮发运司每年通过漕运发送到东京的物资达到六百余纲,主管此事的闲杂人员,每年都以此作为政绩,跻身官员的行列,加剧了冗官现象,此种弊端必须予以改变。

第七,机构重叠,人浮于事。比如,礼部、太常寺主管礼乐,后又增加礼仪院、太常礼院。刑部和大理寺主管司法,后又增加审刑院。每增加一个机构,随之而来的就是增加人员、增加财政负担。

第八,真州所建长芦寺,每年维护此寺院的士兵的兵粮就有四万斛,塑造神像等的费用又达到三十万缗,这笔开支如果用到农民身上,可以减轻他们的负担;用到官员身上,可以增加他们的俸禄;用到士兵身上,可以激励他们的士气。

赈灾期间,范仲淹还发现了一名很有远见的官员——知常州吴遵路。丰收年月,吴遵路就派人用官钱到有粮仓之称的苏州一带,廉价买进大量稻谷,然后储藏起来,以应对可能出现的灾荒。这次大规模的灾情出现后,只有常州的民众受损较小。从其他重灾地区逃到常州的灾民,也跟着受益。吴遵路后来也成为范仲淹的好友。

赈灾期间,范仲淹见到了孔子弟子颜回的四十七世孙颜太初。颜太初将自己写的一首诗给范仲淹看,原来此诗反映的是一件官场冤案。前知卫真县黎德润,为官清廉,性格刚直不阿,属官受贿,黎德润查明事实后,十几人被处理,但是,这帮人竟然串通一气,反污黎德润受贿,黎德润被关入大狱,自缢而死。黑白颠倒的卫真县官场,尽管也有人知道内幕,却一直没有人为黎德润喊冤。颜太初知道范仲淹非常佩服颜回,趁此机会,以诗的形式为黎德润鸣冤,黎德润的冤案才得以平反,朝廷也给予其家属三万钱的抚恤费。

三、不平则鸣

明道二年(1033年)十二月,仁宗欲废掉皇后郭氏的事情又闹得沸沸扬扬。

郭皇后是太祖赵匡胤时期名将郭崇的孙女,很得刘太后的喜欢。当初聘选皇后时,仁宗先是中意四川出生的王氏。王氏姿色冠世,刘太后一见,估计是鉴于唐玄宗的教训,认为如此妖艳的女子,必将对朝政不利,立即予以否决,却将王氏嫁给了自己的侄子刘从德。年轻的仁宗虽然一肚子怨气,却也不敢声张。仁宗后又中意大臣张美之的曾孙女张氏,但是,还是做不了主,又被刘太后否决。正处于青春期的仁宗,索性不再反抗,听从刘太后随意安排,选郭氏做了皇后。

郭皇后自以为有刘太后撑腰,处处娇纵专横。仁宗迫于刘太后的势力和母威,也只能忍着,二人表面上相安无事。

郭皇后入宫九年,一直没有为仁宗生个儿子。刘太后去世后,仁宗亲政,开始与宰相吕夷简商议,准备罢免刘太后的亲信张耆、夏竦两位宰执的职务。但是,郭皇后却以吕夷简也曾经附会刘太后的理由,迫使仁宗连同吕夷简也罢免了。几个月后,仁宗又诏令吕夷简复为宰相。吕夷简于是暗中指使自己的亲信大臣范讽,以皇后没有生育儿子为由,上奏仁宗,请求废掉皇后。

废后的导火线也很快点燃。刘太后去世后,仁宗在后宫的活动,再也不受约束,与郭皇后的矛盾马上公开化且日益尖锐。仁宗专宠张美人和另两位妃子尚美人、杨美人,二位妃子自恃有仁宗撑腰,也不把皇后放在眼里,当面顶撞皇后的事宜便不断发生。一次,尚美人和皇后当着仁宗的面发生争执,郭皇后气急败坏,伸手欲打尚美人,仁宗慌忙上去劝阻。郭皇后一不留心,一掌打中仁宗的脖颈,由于用力太猛,仁宗的脖颈上留下一道印痕。与郭皇后平素就有矛盾的内侍阎文应,趁机火上浇油,撺掇仁宗以印痕让宰执们看。吕夷简抓住时机,援引东汉光武帝刘秀废除皇后的故事①,极力主张废掉皇后。

古代中国,废后一事,不只是皇帝的私事,还是事关国本的大事,非同小可。消息传出后,朝野上下,议论纷纷。

范仲淹坚决反对废后。仁宗犹豫一阵后,还是坚持要废掉皇后。老谋深算的宰相吕夷简抢先采取对策,让仁宗以诏令的形式责令有司不得接受台谏官递来的关于反对废后的章奏。

吕夷简的这一做法,激怒了所有台谏系统的官员。在代理御史中丞孔道辅和范仲淹的率领下,全体出动,伏阙请对,早有准备的仁宗则命令宦官不予通报。孔道辅和范仲淹等只好找吕夷简当面理论,责问他作为臣子,岂可顺父而出母。吕夷简张口结舌,无言以对,于是以让他们直接找皇帝为由来为自己开脱。后来事情的演变说明这完全是缓兵之计。当天夜里,仁宗下达诏旨,孔道辅贬官出知泰州(今江苏省泰州市),范仲淹出知睦州(今浙江省建德市,又称桐庐郡),不得耽搁。时年

---

① 光武帝刘秀的第一个皇后是郭氏,随着年龄的增长,郭氏年老色衰且脾气日趋暴躁,刘秀于是以郭氏不能母仪天下的理由,废掉郭氏,改立阴丽华为皇后。 阴丽华是当时名闻天下的美女,刘秀年轻时曾经抒发感叹:"仕宦当作执金吾,娶妻当得阴丽华。"

范仲淹已经四十六岁，长子纯佑十岁，次子纯仁六岁。范仲淹的这次贬谪经历，也给已经懂事的范纯佑留下了严重的心灵创伤，以致一直到范仲淹去世后，他们兄弟几个都不能谅解吕夷简对范仲淹的一次次打压。

实际上仁宗处置范仲淹的方式还是比较宽松的，贬谪相当于外放，而且是出任州郡的长官，不像以前一样是副职。

郭皇后被废，仁宗诏封她为净妃、玉京冲妙仙师，赐名清悟，居长乐宫。尚美人亦被废，于洞真宫入道。杨美人别宅安置。后又赐被废掉的郭皇后为金庭教主、冲静元师。

这场台谏总动员、影响巨大的抗议活动，针对的对象并非仁宗，而是宰相吕夷简。这是赵宋立国后，从未出现过的现象，标志着朝廷中除皇权和相权外，以台谏为核心的第三股势力的崛起。从此之后，台谏在宋代政治舞台上，越来越发挥重要的制约作用，制约皇权、相权，防止皇权或相权过度膨胀可能导致的朝政的破坏。而宰相吕夷简也给台谏系统的官员留下了极坏的印象。这些官员后来大多集结在范仲淹的旗帜下，成为支持庆历新政的主要成员。

第四节　第二次贬官及知苏州

一、二贬桐庐郡

经过三千余里水路的长途跋涉,四个多月后,范仲淹一家十口才于景祐元年(1034年)四月中旬抵达睦州,渡淮河时,差点因为覆舟而酿成大祸。贤惠的妻子李氏和已经懂事的纯佑免不了有埋怨之语,可范仲淹还是表现出了一如往常的乐观和自信的心态,"平生仗忠信,尽室任风波"。

范仲淹在睦州任上先后写了数十首诗,在一首诗中,仍就废后一事抨击吕夷简等人,甚至直接批评仁宗,"重父必重母,正邦先正家"。

范仲淹在睦州任上最有历史影响的政绩就是主持复建了东汉隐士严光的祠堂,这个问题将在第六讲专题分析,在此不再赘述。但是,范仲淹在睦州只待了五个月的时间。

二、月是故乡明

景祐元年秋天,范仲淹调任知苏州,这自然是对范仲淹的重用。苏州是范仲淹的故乡,月是故乡明,范仲淹虽然没有出生于此,但是,高祖、曾祖、祖父、父亲,四代祖先的坟茔都在此地。认祖归宗后,范仲淹回故里的次数虽然不多,但是,血浓于水,范仲淹对家乡的感情却是语言所不能形容的。闲来无事时,就看早年在应天书院读书期间买的那本唐代陆广微编的《吴地记》。由于囊中羞涩,当时为了买这本书,去书摊上跑了好几趟,每次都看一部分。摊主知道他是苏州人后,又见他这么钟爱此书,答应不赚钱也把这本书卖给他,可他手中的钱还是不够。因为摊主手中就这一本,又害怕他人买走,只好向同学又借了些钱,咬咬牙,买了此书。买到手后,又包了封皮,看的时候非常小心。长子纯佑刚满十岁时,他就拿出这本书,给他讲买这本书的经过,并逐步指导他读一些能够看懂的内容。范仲淹这样做,自然是希望纯佑对故乡也要有刻骨铭心的爱。

但是,出于回避的目的①,范仲淹向朝廷提出改知明州(今浙江省宁波市)的请求。由于苏州及其附近地区刚刚发生大规模的水灾,苏州所在的两浙路的转运使②鉴于范仲淹此前在泰州期间有修筑海堰的经验,又有赈灾的经历和经验,苏州又是范仲淹的故里,他对家乡又有一种特别的爱,故乡民众又特别希望范仲淹能够在困难时刻一展身手,救家乡父老于水深火热之中,于是向朝廷提出让范仲淹依旧知苏州的主张。由于所提理由非常充分,朝廷马上予以批准。

范仲淹接到任命后,没有丝毫耽搁,即刻走马上任,到苏州后,让手下人去安排

---

① 宋代为官需回避原籍、寄居地和居止处,经过皇帝批准的特殊情况例外。 比如,皇帝为了照顾生病的韩琦,让韩琦三次在家乡相州(今河南省安阳市)做官。

② 路是宋代地方最高一级的行政机构。 转运使负责该路的财政、司法和监督大权。

家眷的生活起居事宜,自己马上投入了紧迫的救灾工作中。他先让还未离任的上任官员仔细介绍水灾最严重地区的情况,特别是询问灾民的暂时安置情况。

苏州地势低洼,北有长江,西南有太湖,东有大海,一有长时间的大量降雨,必定发生水灾。要解决问题,就必须疏通主要的河道。谁知发生了和当初在泰州修建海堰时惊人相似的一幕,又有人反对,议论纷纷,连朝廷都很快知晓,范仲淹只好上书宰相吕夷简,详细说明苏州的地理条件、水文状况,驳斥种种非议。吕夷简看后,表示支持范仲淹,朝廷也支持范仲淹为救灾所做的规划。疏导河道的工程大部分完成,只有部分河段由于工程量太大,只能以后再处理。

对教育极为重视的范仲淹,自然更关心家乡的教育事业。范仲淹本欲在老家盖一所宅院,风水师看了之后说道:"此地当世代出卿相。"范仲淹听后说道:"既然这么好的风水宝地,我岂敢独自占有,改建为学校,出更多的人才,岂不更好?"于是,教室、食堂、宿舍、泮池①相继兴建,又请名儒胡瑗来讲学。

胡瑗是泰州(今江苏省泰州市)人,范仲淹为官泰州期间,二人应该就互相熟识。胡瑗教书育人都极有章法,对学校的管理,所制定的校规,非常细致,且极具可操作性,而且胡瑗能够处处率先垂范。即使酷暑难忍的季节,胡瑗也一定穿公服坐于堂上,严格遵守教师和学生都应该做到的礼节。胡瑗对于学生不仅有严厉,还有真诚的爱,他视不同年龄的学生如兄弟、如儿子,学生也视胡瑗如兄长、如父亲。最初学生只有二十多人,有人说学校的规模太大了,范仲淹说恐怕将来会觉得太小。正如范仲淹所言,由于胡瑗全身心投入于学校的管理和教学,苏州州学的学生人数增长很快,且成为全国办学的模范。庆历新政期间,大兴学校,胡瑗所定的学规成为包括太学在内的全国学校的通用学规,胡瑗后来也成为国子监和太学的管理者和讲席。苏州州学后来更成为全国进士及第人数最多的学校。明清两朝,苏州出的状元、进士数量为全国之冠。深厚的文化积淀与范仲淹在苏州教育史上的开创

---

①　周代天子之学为"辟雍",诸侯之学称"泮宫"。辟雍有水环绕,泮宫之水只能半之,为半圆形,称为泮池。泮即为半。古时凡新入学的生员都要在当地官员带领下,从棂星门入孔庙,登桥跨泮池,进入大成殿礼拜先师孔子,然后到明伦堂拜见教官,这个入学仪式称为"入泮"。

之功,绝对分不开①。

　　苏州西边二十里的天平山,当时被视为苏州的风水宝地,以怪石、清泉著称。山上奇石嶙峋,危耸峭峻,似古代大臣朝见皇帝时用的笏,人称"万笏朝天"。范仲淹的祖坟即在此山下。山腰有白云泉,泉水醇厚甘洌,旁有一寺院。寺院应范仲淹之邀,代为照管范仲淹的祖茔。为了提高天平山一带景观的知名度,范仲淹奏请仁宗赐写了白云寺的寺额。

---

　　①　今全国闻名的苏州中学就坐落于宋代苏州州学的原址上,从这里走出了30多名两院院士,国学大师王国维、钱穆等人曾经在此执教。

第五节　第二次朝官生涯

一、皇帝的侍从官

由于在苏州水灾时期的政绩,景祐二年(1035年)三月,范仲淹被召为尚书礼部员外郎、天章阁待制,进入皇帝侍从的行列,主要职责是管理国子监。范仲淹之所以又被委以重用,除了因为其在被贬官之后不怨天尤人,一如既往、脚踏实地地为民办实事,以优秀的政绩进一步显示自己的行政能力;另外,朝廷对台谏官先示惩罚然后提拔,这是赵宋政权屡试不爽的官场潜规则之一,这样可使台谏官坦然面对官场的沉浮。

范仲淹回朝后,没有收敛自己的锋芒,而是首先拿害死郭皇后的内侍阎文应开刀。郭皇后被废后,停了一段时间,冷静后的仁宗又很想念被废掉的郭皇后,不断派人前去慰问,并赐以自己写的乐府诗。废后也作诗相和,词甚凄婉。仁宗还曾经下密诏让废后回宫,但是废后说道:"如若召见,必须由百官立班受册才行。"言外之意,必须以正规途径恢复皇后的身份。仁宗听后,只好暂时作罢。但是,郭皇后一旦复位，对内侍阎文应肯定不利。恰好废后患小病，朝廷派阎文应带御医前去诊视。谁知几天以后，废后突然去世。朝廷内外都怀疑阎文应在药中下毒，却没有实据。仁宗知道后，表示深深的悼念，下诏追复皇后身份，而停谥册祔庙之礼。

范仲淹马上着手调查此事。阎文应最后被贬，后死于贬所。

二、范仲淹权知开封府

老谋深算的宰相吕夷简见范仲淹如此下去，必将给自己带来很大的麻烦，于是建议仁宗让范仲淹暂时知开封府。开封府作为京师所在地，事务自然非常繁忙，处理不好的话，上至皇帝、大臣，下至黎民百姓，自然会议论纷纷，甚至会惹火烧身。京官难当，这样就可以顺理成章地罢免范仲淹的职务。

此前的知开封府，任上惹下祸端的例子也不少。太宗太平兴国八年（983年），刘保勋知开封府，寡妇刘氏到府诉丈夫前妻的儿子元吉将毒物放入食物中，差点将自己毒死，刘保勋按验后认为证据确凿。元吉妻子敲登闻鼓诉冤①，案子改由御史台审理。御史台审理后，方知刘氏与他人通奸，被元吉发现，刘氏惊悸成疾，故诬告元吉。刘保勋为此被罚俸三个月，不久又由辛仲甫取代他知开封府。仁宗年间知开封府陈尧咨、判官张宗诲还曾经因为喜欢喝酒耽误政事，遭到监察御史王沿的弹劾。

但是，范仲淹到任后，以其卓越的行政处理能力，把开封府的一应事务处理得井井有条。东京城很快传出两句民谣："朝廷无事有范君，京师无事有希文。"阿附吕夷简的胥偃，多次上奏朝廷，攻击范仲淹治狱"立异不循法"，但是，胥偃的女婿欧

---

① 中国古代于朝堂外悬鼓，以使有冤抑或急案者击鼓上闻，从而成立诉讼。登闻鼓源于魏晋南北朝时期，后历代相沿。我们常常在影视片中看到冤屈的百姓在衙门口击鼓鸣冤的场面，所击的大鼓就是登闻鼓。

阳修却极力为范仲淹辩解,导致翁婿反目,可见范仲淹的人格魅力。范仲淹很重视过去案例材料的搜集和整理,以作为判案的参考。宋太宗曾经知开封府,范仲淹将其在任时所判的案牍整理后上奏,仁宗在此基础上,让人编了一部《狱事汇编》,共七百一十卷,可惜后来失传了。

权知开封府期间,敢于担当的范仲淹并没有吸取此前因为犯颜直谏而被打压的教训,仍然是不平则鸣。内侍阎文应倚仗权势,作恶多端,却一直没有人敢向仁宗提出罢黜他。范仲淹在仔细调查、核实了他的罪行后,决定上疏揭露其罪恶,考虑到阎文应的势力很大,范仲淹在上疏之前就烧毁了家里所有的兵书,害怕一旦上疏失败,被人反打一耙,抄家时成为谋反的罪证,又给家人留下遗嘱,其中写道:"我一旦为此遭遇不测,后代千万不要再做官,但于我的坟墓旁边,修一草庐,教书授徒为业。"仁宗彻底了解情况后,罢黜了阎文应的职务,将其外放。

当时宰相吕夷简把持用人大权,一时被提拔的官员多走他的门路。朝臣们对此敢怒而不敢言。见此情景,范仲淹挺身而出,在详细调查的基础上,画了一幅《百官图》,上奏仁宗,并在朝堂上当着吕夷简等臣僚的面,指着图对仁宗解释说:"如此提拔为按序提拔,如此提拔则为不次提拔,如此则公,如此则私。进退高级臣僚,凡破格者,不应该由宰相全部掌管。"

气急败坏的吕夷简当场就说范仲淹狂妄胡言,但事情却不了了之。没隔多长时间,范仲淹和吕夷简又发生了尖锐的矛盾。

北宋之所以定都于无险可守的东京,一来由于自安史之乱之后,经济中心完全转移到江淮地区;二来陈桥兵变后赵匡胤匆忙登上帝位,此时最需要的是政局的稳定,自然不便迁都。局势稳定之后,赵匡胤多次考虑将都城迁往有险可守的洛阳,但是赵光义等大臣以"王朝运数,在德不在险"的理由予以强烈反对。迫于大臣们的反对及其他因素,迁都未能形成定论,但是,赵匡胤说道:"后代子孙,总有一天要在此问题上吃大亏!"身经百战的赵匡胤,自然知道定都于东京的缺陷所在。

景祐三年(1036年)五月,大臣孔道辅又一次向仁宗提出迁都洛阳的建议,包括范仲淹在内的大多臣僚都表示反对。范仲淹思考了几天后,认为虽然不能迁都,但是一旦和辽国发生大规模的战争,辽军兵临东京城下的危险不是没有,于是写了《论西京事宜札子》,提出一个折中性的方案。在札子中他写道:"西京西有崤山和函谷关,北有邙山和黄河,一旦东京有危险,可以退守洛阳。但是,洛阳自立朝后至今,几乎没有什么储集,急难时刻,如何应对?不妨以准备到皇陵朝拜为由,逐渐修建一些大规模的粮仓,陕西路有余粮的话,就由陕西东运到洛阳;东京以东的地区有余粮的话,就西运到洛阳。这样不用几年时间,就可以贮备够战时所需要的粮食。太平时期,朝廷于东京办公,一旦危险,则迁到洛阳。这样,进可攻,退可守,可立于不败之地。"范仲淹的这一建议,应该说很有远虑,也委实可以执行。仁宗将范仲淹的札子交给宰执们讨论,吕夷简当着仁宗的面,就冷冷地冒出两个字:"迂腐!"然后又大声说道:"范仲淹就是典型的沽名钓誉之徒!"对吕夷简颇为信任的仁宗,自然否决了范仲淹的动议。

针对吕夷简对自己的污蔑,范仲淹认为必须向仁宗做出解释,以免仁宗为其所误。于是范仲淹连续向仁宗上了《帝王好尚论》《选贤任能论》《近名论》《推委臣下论》四个札子。在此"四论"中,范仲淹主要强调了如下观点:

第一,君王必须善于纳谏,必须重用人才。范仲淹且以尧、舜、禹、汤、文、王、周公等作为正面的例子,以夏桀、商纣王、隋炀帝作为反面的例子,作为明证。

第二,君王必须选贤任能。他以秦失张良、陈平,汉得张良、陈平导致的截然不同的结果进行论证。

第三,名教乃儒家之宝典,无论是商汤还是周文王,都以他们的伟大善举博得了天下的人心,然后得了天下。姜太公和孔子,他们一生的追求,无不在求名。求名,求善名,有什么不好?

第四,宰辅、将帅、御史、京尹等朝官和县令等地方官,各司其职,应该给予他们法定权限内的权力,这样才能够把事情办好。

第五,国家的核心权力,尤其是用人大权,必须掌握在君王手中,不可旁落,否则后患无穷。范仲淹以西汉末年王莽、唐玄宗时期李林甫的例子作为恶证,其矛头自然是直指吕夷简。

第六，一国之君，不能热衷于处理具体的事宜，要能够发现不同的人才，把他们安置在合适的位置，这样才能做到无为而治。

范仲淹的"四论"，无不透露出忠君报国的拳拳之心。但是，吕夷简知道后，马上给范仲淹扣了三顶大帽子："越职言事、荐引朋党、离间君臣"，第二顶帽子尤其触犯赵宋的祖宗家法。仁宗马上将范仲淹贬官饶州（今江西省鄱阳县）。其实，范仲淹第二次被贬官时期，就说过"理或当言，死无所避""既竭一心，岂逃三黜"的话，不幸被他言中。

殿中侍御史韩渎秉承吕夷简的旨意，请求仁宗将范仲淹犯"朋党之罪"的罪名张榜于朝堂，并严禁臣僚越职言事，其目的显然是杀一儆百，堵塞言路。

高压恐怖气氛之中，更能看出人的本来面目。范仲淹曾经在韩亿不知情的情况下，向仁宗荐举韩亿。当仁宗将此事告诉韩亿后，韩亿立马说明自己和范仲淹没有丝毫关系，对范仲淹没有丝毫感激之情。而秘书丞余靖、太子中允尹洙冒着被打上"朋党"的罪名，为范仲淹极力辩解。高若讷作为谏官，坐视范仲淹被冤屈的局面，却冷眼旁观，实际上是为吕夷简助力，于是馆阁校勘欧阳修发公开信强烈谴责他。秘书丞余靖、太子中允尹洙、馆阁校勘欧阳修，很快也被贬官。馆阁校勘蔡襄以四人的事迹作为题材，作了一首《四贤一不肖诗》，"四贤"指范仲淹、余靖、尹洙、欧阳修，"不贤"指高若讷。诗写得很长很形象，反映的又是当时街谈巷议的朝廷的热点问题，有经商头脑的卖书人知道后，将诗赶快刻印，东京人争先恐后购买。辽朝使节正好到东京，也买了一部分，回国后张贴于幽州（今北京市）的驿馆。泗州通判陈恢上章，请求严惩蔡襄，左司谏韩琦也跟着上章弹劾陈恢，说陈恢越职希恩，要求严惩陈恢。但是，二人的上章，仁宗一概不理。正在"丁忧"的苏舜钦，也上了《乞纳谏书》，指出此举"使正臣夺气，鲠士咋舌，目睹时弊，口不敢论"。

此前被河北转运司弹劾罢免军职的刘平，也以私怨秉承吕夷简的意见，上章指责范仲淹，说范仲淹等毁誉大臣，后边一定有大后台，欲逐大臣后取而代之。刘平后在西北战场，因为轻敌导致全军覆没，自己也被夏军俘虏，范仲淹却没有落井下石，可见其气量和涵养。

此事,历史上称为"景祐党争",实质上是朝廷上的改革派集团向墨守成规的元老派既得利益集团的一场挑战。由于元老派大权在握,又有仁宗的大力支持,改革派自然免不了失败的结局。

当然,范仲淹第三次被贬的幕后推手,大多学者都归罪于吕夷简,实际上主要还是来自仁宗。仁宗虽然是中国古代对待臣下最宽厚的君主,却惑于"朋党之论",而丧失辨别是非的能力。在仁宗看来,范仲淹等人的行为是不折不扣的"朋党"。不过仁宗虽然以"朋党"的罪名处置了范仲淹等人,实际上处罚还是比较轻的。

第六节　三贬饶州及知润州、越州

一、三贬饶州

（一）逆境见真情

范仲淹被贬官饶州，迫于吕夷简的淫威和"朋党"的嫌疑，多数朋友只敢到家中与其叙别。一个在范仲淹三次被贬后离京之前都来送别且喜欢戏谑的朋友说道："希文第一次贬官河中府，我说此行极光。第二次贬官睦州，我说此行愈光。这一次，此行尤光。"范仲淹听后，哈哈大笑，说道："下一次再送我，送上牢①就可以了。"在场的人听后，哄堂大笑，无不为范仲淹的旷达精神所打动。

此处"三光"，指一次比一次风光，范仲淹的声名也一次比一次盛，大有成为"反对派"政治领袖之势，成为挽救大宋政治颓势的不二人选。

---

① 牢指祭祀时的用品，包括烤熟的牛、羊、猪等美味。

贬谪左迁，一般都是对犯有职务过错的官员的惩罚。范仲淹对此却有不同的见解，他把职务犯罪或过错分为两种：一种是"公罪"，指主观上为维护公共利益所致；二是"私罪"，指主观上利用职务之便、维护本人或他人的私利所致。他认为作为一名称职的官员，"公罪不可无，私罪不可有"，当官做事就要敢担当，不怕得罪任何人，才能做好事、干大事。否则当一名和事佬式的官员，是典型的坐食俸禄，干不成任何大事。

到东京城外为他送行的只有王质及其子弟和另外一个朋友。王质家族从唐朝以来就为世代显宦之家族。王质请范仲淹在城外的驿站再逗留几天，范仲淹为其真情所打动，二人于是又在驿站畅谈了几天，纵论天下利病，方留恋告别。范仲淹后来对人说："子野（王质的字）寻常因为身体有病，弱不胜衣，可谈起忠义之事，神气好像官家的侍卫。"王质回到城里后，有大臣秉承吕夷简的旨意，恐吓他说："你与范仲淹告别时的每一句话、每一个动作，甚至喝酒时碰了几次杯，吕相公都知道得清清楚楚。马上就要秋后算账，你就是被算账人中的第一人。"王质听后哈哈大笑："我与希文所说的话，如果能够滴水不漏地汇报给官家，不仅是国家之福，也是我王质之幸。"

而范仲淹此行从东京到饶州，坐船经过的十余个州县，没有一个官员出来迎送。范仲淹犹如一个传染病患者，谁也不敢沾边，唯恐染上"疫病"，唯恐成为"范党"的一员。范仲淹又一次饱尝了人间的世态炎凉。

(二) 废贡茶 除矿税

范仲淹在饶州期间的主要政绩有以下两点。

第一，饶州盛产茶叶，唐朝时期就开始产鸟衔茶作为贡茶，从此之后百姓不胜其扰。范仲淹上奏朝廷废除了贡茶项目，减轻了民众的负担。宋人李深后为此赋诗一首，纪念范仲淹的德政：

> 一章奏免鸟衔茶,惠及饶民几万家。
> 遗老至今怀德政,为余谈此屡咨嗟。

第二,饶州属县德兴,此前产银矿。由于蕴藏量太少,早已经没有开采价值。但是,当地民众还一直在承担此项赋税,范仲淹也上奏朝廷废除了此项负担。

(三) 中年又丧妻

范仲淹为官饶州期间,遇到了他一生中最伤心的一件事——结发妻子李氏因病去世,时年范仲淹四十九岁。中年丧妻,人生三大不幸之一。时年长子纯佑十三岁,次子纯仁十岁,三子纯礼六岁,都还未成年。官宦家庭出身的李氏,自打嫁给范仲淹之后,已经陪伴范仲淹经历了三次贬官生涯的打击,心灵的创伤自不待言,颠沛流离的生活对她的身体也是一次次的摧残。

(四) 一场风花雪月的故事

范仲淹在饶州待了十八个月,景祐五年(1038年)正月,改知润州(今江苏省镇江市)。

离任后,范仲淹写了一首《怀庆朔堂》的诗,全诗如下:

> 庆朔堂前花自栽,便移官去未曾开。
> 年年忆着成离恨,只托清风管勾来。

从南宋到清朝,在宋人及明清人的笔记中,连同对此诗的解释,逐渐衍生出范仲淹的一段风花雪月的故事。对这则故事,从南宋至今,有言之凿凿者,有坚决否认者。

南宋高宗年间的文人吴曾在《能改斋漫录》一书中作如下记载:

范文正为官饶州期间,创庆朔堂,官伎中有一年纪尚幼者,文正非常喜欢。离任之后,文正在写给友人魏介的这首诗中,表达了这段忘年之恋。

至晚从唐朝开始,就由官方机构乐部来管理官伎,官伎有专门的户籍档案,身份不自由,由专门的培训机构,练习歌舞词曲、琴棋书画等。有一些色艺俱佳的才女,引得一些士大夫或武将、富商心动,演绎出一场场风花雪月的故事,有的以喜剧收场,如韩世忠与梁红玉;更多的是以劳燕分飞收场。各地官府宴会,多以官伎来陪同与会者,或歌舞佐兴,或劝酒陪酒,将宴会烘托得高潮迭起,主人和客人都不亦乐乎。

范仲淹生活的时代,士大夫宠爱官伎,是公开的风尚。欧阳修得中进士后,尽管娶了恩师胥偃十五岁的爱女为妻,可新婚期间,还是携带歌伎出入公私宴会,毫不避嫌,旁人也不以为怪。黄庭坚在写给友人的信中,专门询问有无新到的官伎。

诸葛忆兵和陶尔夫先生在《北宋词史》一书中写道:"与其他士大夫一样,出入歌楼伎馆,偎红倚翠,也是范仲淹日常生活的一个方面。"

范仲淹有两首著名的婉约词,如果没有切身的感受,仅凭想象,很难想到谁能写出这样令人肝肠寸断的相思之词:

苏幕遮·碧云天

碧云天,黄叶地。秋色连波,波上寒烟翠。
山映斜阳天接水。芳草无情,更在斜阳外。

黯乡魂,追旅思。夜夜除非,好梦留人睡。
明月楼高休独倚。酒入愁肠,化作相思泪。

御街行·秋日怀旧

纷纷堕叶飘香砌。夜寂静、寒声碎。真珠帘卷玉楼空,天淡银河垂地。年年今夜,月华如练,长是人千里。

　　愁肠已断无由醉。酒未到、先成泪。残灯明灭枕头敧。谙尽孤眠滋味。都来此事,眉间心上,无计相回避。

二、知润州和越州

　　景祐四年(1037年)十二月,东京及河东路的并州(今山西省太原市)、忻州(今山西省忻州市)、代州(今山西省代县)连续发生地震,灾民不少,房屋倒塌很多。在"天人感应论"盛行的时代,地震是上天对皇帝治理万民不满意的表现。地震发生后,仁宗派内侍到相国寺等寺庙治佛事,又到道观修道科,祈求上苍保佑万民。苏州出生的天圣二年(1024年)科考榜眼叶清臣则抓住这个机会,上书指出:"两年以来,范仲淹、余靖等人以言事被黜,天下之人,再也不敢议论朝政。地震是上天在代民发怒啊。"

　　叶清臣的札子上后没几天,仁宗让范仲淹改知富饶的润州。但是,朝廷中的"倒范派"眼见范仲淹又有东山再起的机会,害怕他再获重用之后对他们构成威胁,就极力诋毁范仲淹。有人又捏造出了范仲淹更大的罪名,说范仲淹在仁宗亲政后,曾经暗中联络皇叔赵元俨,以仁宗不具备做皇帝应有的素质为由,要求废掉仁宗。如果事情属实,范仲淹恐怕不止自己脑袋搬家,全家族都要被株连。亏得宰相张士逊极力为范仲淹辩解,仁宗让人细查了一下范仲淹此前的所有上奏,也没有发现此类文字,范仲淹才得以躲过了天大的灾难。

　　仁宗在此问题上的多疑源于真宗时期的一场宫廷疑案。真宗在位时期,太宗第八子赵元俨,因为其王府侍婢纵火,大火蔓延到禁中,被给予严厉处置。刘太后垂帘听政时期,慑于刘太后的淫威,赵元俨一度拒绝上朝,也不与王府外的任何人往来,装疯卖傻。仁宗亲政后,东京传言赵元俨要做天下兵马都元帅,仁宗为这捕风捉影之语，在东京城大肆搜捕，追查传言的来历及其背景，以查证是否属实。抓捕了几百人，也没有查出个头绪来。状元出身的御史大夫蔡齐认为这种无根之语根本不值得相信，也不值得去追究，此事才暂时按下。宋夏战争爆发后，赵元俨捐献公用钱五十万以助军费，仁宗不便拒绝他的良苦用心，接受了一半。

耳朵根子软且性格多疑的仁宗，在赵元俨去世之前，虽然表面上对皇叔尊敬有加，实际上还是暗中处处防范。吕夷简因为与赵元俨有过接触，被人告密后，一度也被仁宗怀疑不忠。

庆历四年正月荆王赵元俨去世后，正值庆历新政的改革派与守旧派斗争的激烈时期。仁宗一度授意将荆王暂时安葬于皇陵之外，这是严重违背礼制的行为，实际上是仁宗对荆王的报复行为。其理由有三：一是按照阴阳学说，当年年岁不利，不宜安葬。二是国家财政困难。三是皇陵所在的京西路此前盗贼活动猖獗，修建陵墓，骚扰百姓，会让盗贼活动更加猖獗。实际上这些理由一个也说不过去。范仲淹从四个方面予以有力反驳：第一，诸侯王去世五个月后安葬，这是自周代以来的规矩，今年年岁不利一说，不能超越周代以来圣人制定的礼制的要求。第二，国家财政困难，难道困难到连一个皇叔都安葬不起？况且皇叔是太宗爱子、真宗爱弟，皇叔生前，官家极力爱护皇叔，使他得以安享天年，岂能在他死后违犯礼制、不按礼制安葬他呢？第三，此前诸侯王的葬礼，花费很多，目今国家财政困难，官家可下特别诏令，要求适当节俭办事，如此才能孝德无亏，史书上也不会留下不良的记载。第四，官家所颁布的特别诏令中，严格限制送葬的人数，这样可以避免出现像此前诸侯王的葬礼花费无度的现象。此建议也可见范仲淹处处维护国体的忠心。

仁宗于是准备将范仲淹改官岭南。贬官岭南是当时对官员最厉害的处罚。参知政事程琳听闻后，急忙为范仲淹辩解，范仲淹才得以到润州任职。

景祐五年（1038年）正月，过完灯节，范仲淹带着三个孩子，由饶州乘船经过鄱阳湖，顺长江东下前往润州，路过彭泽（今江西省彭泽县）。唐朝名臣狄仁杰曾经担任过彭泽县令，所以当地有纪念狄仁杰的祠堂，祠堂中的碑文已经斑驳脱落，仔细辨认之后，也无法缀成一篇文章。征得祠堂管理人员同意后，范仲淹决定在此停留几天,为祠堂重写一篇祭祀狄仁杰的碑文。因为狄仁杰去世后被追赠梁国公,所以文章的题目定为《唐狄梁公碑》。

范仲淹之所以会产生这样的想法,是由于他对狄仁杰的生平事迹非常熟悉,自己以往的人生经历,与狄梁公相比,又有惊人的相似之处,一样的忠君爱国,一样的刚直,一样的仕途坎坷。所以《唐狄梁公碑》实际上也是范仲淹的精神寄托,而不仅仅是发思古之幽情。

范仲淹在润州只待了不足一年的时间。宝元元年(1038年)十一月,仁宗又调他知越州(今浙江省绍兴市),第二年七月才到任。范仲淹对这次调动颇有好感,他在给文鉴大师的信中写道:"某赴越,没有谪宦之感,幸甚!幸甚!"

越州府衙坐落在卧龙山的南面,北面则有蓬莱阁和凉堂,凉堂西面的岩石下有一口废弃的水井。范仲淹命人将这口水井彻底清理了一下。井有一丈多深,井水永不枯竭且清白甘甜,冬暖夏凉。范仲淹让人把从井中打的水煮开后泡不同的名茶,味道真是美妙极了。他又让人在井旁边建了一个小亭子,命名为"清白亭",将凉堂改名为"清白堂",且写了《清白堂记》一文。在该文中,范仲淹把水井由废弃为污浊之地到成为甘甜水源的过程,比喻为治理国家由不治到治理出现成效的过程,强调人为的作用。当然,"清白"二字,更寓含了做官要清清白白的意思。

越州是春秋时期越国的国都,也是越国著名的政治家范蠡辅佐越王勾践的地方。范蠡后被尊为范氏远祖,作为范氏的一员,范仲淹自然对范蠡充满了敬意。翠峰院传说是范蠡的故居,他凭吊之后写诗抒发感慨:"翠峰高与白云闲,吾祖曾居水石间。千载家风应未坠,子孙还解爱青山。"时年已经五十一岁的范仲淹,诗中饱含了归隐之感。

但是,历史的发展不以范仲淹的主观意志为转移。他在越州仅待了八个多月的时间,康定元年(1040年)三月,鉴于宋夏战争爆发后的危急局势,朝廷接受了韩琦的建议,让范仲淹改知永兴军。这成为范仲淹仕宦生涯最重要的转折点。

第七节　夕阳无限好

一、知邓州

庆历五年（1045年）十一月，范仲淹改知邓州（今河南省邓州市）。在上仁宗的《陈乞邓州状》中，范仲淹指出，宋夏和约中的疆界划分和贸易问题，都已经比较圆满地得到解决。陕西的事情，自有诸路经略使来措置。四路安抚司的使命，自然结束，请朝廷下诏废除此职务。臣多年的肺病，一到秋冬季节，就日益加重。国难方殷的时期，臣自然不敢先求一己之安，而当奋勇争先，勠力杀贼。况且邠州原先由武将做知州，自当仍然选择合适的武将再做知州。容臣于河中府或京西路的襄州、邓州一带，选择一个合适的地方，一边工作，一边寻找良医，治疗痼疾，颐养天年。

范仲淹心目中最理想的选择是邓州。邓州位于伏牛山南部，南阳盆地的东部，一年四季气候温和，雨量适中，土壤肥沃，风俗淳朴，对范仲淹这样肺有痼疾的病人来说，较为适合。再加上邓州又是医圣张仲景的故里，这对于对医术较有研究的范仲淹而言，又是研究医术的好地方。

仁宗自然批准了范仲淹的这一合理请求。

北宋官员七十岁致仕,一些朝廷大员,在退出权力中心后,常常选择政务较少、民风淳朴、风景宜人的州郡作为致仕前打发时光的地方,对地方的政务,大多抱着无为而治的理念,实际上是在其位不谋其政,过着颐养天年的幸福时光。比如寇准,一天到晚,以游山玩水、游宴亲朋为乐。钱不够了,就把自己喜欢的歌女送给富商,富商自然也馈以巨资,没有人把这当成不正常的事情。

北宋建立后,先后出知邓州的有张永德、赵普、苏易简、寇准、张知白、陈尧叟等名臣。他们在邓州任上,大多没有什么骄人的政绩。

进也忧、退也忧的范仲淹,当然不会效仿他们的生活态度。在知邓州不到四年的时间内,范仲淹可谓政绩满满。

百花洲是范仲淹知邓州期间,修建的供官民休闲娱乐的园林。百花洲建造的初始年代,目前没有确切的史料可供考证。范仲淹的同年进士谢绛知邓州期间,于宝元二年(1039年)整修了百花洲,并在百花洲畔的城头上修建了览秀亭,欧阳修、梅尧臣曾经到邓州造访谢绛。在他们的诗词中,留下了关于百花洲和览秀亭的美好记忆。

范仲淹来到邓州后,百花洲已经一片荒凉,览秀亭已经坍塌得只能供人凭吊。范仲淹于是筹措资金,着手重修百花洲和览秀亭。为此,范仲淹花费的心血不少,派画工到家乡苏州,把苏州一些有代表性的园林画成图,然后仿照此风格修筑,又在百花洲上增建了嘉赏亭。邓州盛产菊花,范仲淹又派人在百花洲修建了菊台。菊台的得名自然由于金秋时节盛开的最能为文人雅士欣赏的各种菊花。

范仲淹在此工程完毕后作词一首,题目为《定风波·自前二府镇穰下营百花洲亲制》:

罗绮满城春欲暮,百花洲上寻芳去。浦映□[①]花花映浦。无尽处,恍然身

[①] 原诗缺字。

入桃源路。

莫怪山翁聊逸豫,功名得丧归时数。莺解新声蝶解舞。天赋与,争教我悲无欢绪。

百花洲建成之后,范仲淹紧接着在百花洲建造花洲书院。这也是范仲淹一生为官的风格,大办教育,培养人才,奠定富民强国的基础。

花洲书院建成后,范仲淹将讲堂命名为"春风堂"。"春风堂"的来历源于汉武帝与东方朔的一次对话,汉武帝问东方朔:"孔颜之德何胜?"东方朔回答道:"颜渊如桂馨一山。孔子如春风,至则万物生。"范仲淹如此命名讲堂,一是作为儒家弟子,对万世之表孔子的景仰之情,也是对儒家学说的推崇。他希望教师们讲课要如春风化雨,而不是死搬教条,希望学生们学习时的感觉是如沐春风,而不是将学习作为沉重的负担。范仲淹还不时到书院亲自授课。

为了振兴邓州的文脉,范仲淹又在邓州的城头上修建了文昌阁[①]、春风阁。由于修筑了一系列胜景及书院,故前去邓州拜访范仲淹的官员和文人雅士不少。邓州籍的科考状元贾黯回乡省亲,前去拜访范仲淹。贾黯恳请范仲淹给他的人生之路提出一些建议,范仲淹回以"不欺"二字,且希望他将它终身作为做人准则。"不欺"二字,自然也是范仲淹一辈子的做人准则,尽管他常常为此碰得头破血流。

范仲淹知邓州,是邓州人之幸,他们希望范相公能够永知邓州。朝廷一度让范仲淹改知荆南府(治今湖北省荆门市),邓州人知道后,拦住宣布诏令的使者的马车,坚决要求使者向朝廷转达邓州人不愿范公走的真诚愿望。范仲淹对邓州和邓州的民众充满了感情,也不愿离开。仁宗知道后,诏令范仲淹继续留任。

[①] 文昌阁或文昌楼、魁星阁、奎阁、魁星楼等,是中国古代的传统祭祀建筑,为祭祀传说中掌管文运功名之神,保一方文风昌盛,希望在科考中,多出进士、状元。古代儒生在文庙祭孔的同时,也祭祀主宰文运的诸神。

二、知杭州

实际上此前,范仲淹曾经两次于杭州短暂生活,一次在天圣五年(1027年)左右,他与杭州当时著名的隐士林逋互相唱酬的诗有六首,其中范仲淹五首,林逋一首。

景祐元年(1034年)六月,范仲淹由知睦州改知苏州。其间,范仲淹一行由水路前往,途经杭州。范仲淹在陈州为官时的同僚胡则当时知杭州,顺道拜访胡则,是范仲淹第二次停留杭州的原因。

皇祐元年(1049年)正月到皇祐二年(1050年)十一月,范仲淹知杭州。

但是,范仲淹此次知杭州,对于杭州的官员而言,却是一个十分重要的人生转折点。应两浙路转运司和提刑司的请求,朝廷批准杭州知州从此开始比照益州(今四川省成都市)的待遇,兼管两浙路的军事。朝廷这样做,一是因为范仲淹出将入相,既有西北战场的宝贵经历,又有担任参知政事的经历,可谓朝廷重臣,必须予以慰问;二来杭州作为东南的大都会、经济中心,一旦有大的突发事件,知州可以在大权在手的背景下,迅速做出应急反应措施。

皇祐二年,杭州发生了前所未有的大饥荒。按照以往的惯例,范仲淹应该开仓放粮、安抚流民。但是,这种措施只能暂解燃眉之急,不能从根本上解决流民问题。范仲淹想出了"以工代赈"的救灾举措,号召僧寺大兴土木,官府也新建一些府舍,这样灾民可以有较多的打工的机会,得到报酬之后又可以购买粮食,这样市场就可以流动起来。鉴于大灾时期粮价高昂的情况,范仲淹又有新的创举,大开城门,让外地粮商大量往杭州贩运粮食,很快让粮价稳定下来。这一举措后来成为北宋政府应付灾荒的法定模式。

范仲淹知杭州时期,已经虚龄六十一岁,宋代规定官员七十致仕。但是,经历了一辈子宦海风波、体弱多病的范仲淹,已经萌发退意,欲提前致仕。家族中子弟建议范仲淹也像宋代大多致仕高官一样,在洛阳修建美丽的园林,以安度晚年。范仲淹说道:"只要有道义之乐就足够了,身体都可以放在次要的地位,更何况居室?我现在担心的是位高难退,官家是否会准许我提前致仕,不用担心致仕之后没有住的地方。况且西京高官们的园林鳞次栉比,游人很少,谁会阻止我去游玩呢?难道只有属于自己的园林才有游玩之乐吗?"从范仲淹对私家园林的看法,可以看出范仲淹"后乐"的境界。

况且范仲淹把大部分积蓄都投入了家族的慈善事业,他也没有钱财像其他高官一样去修建豪华的园林。

知杭州期间,范仲淹最高兴的事莫过于二十二岁的次子范纯仁于皇祐元年(1049年)三月进士及第。

三、知青州及去世

皇祐二年(1050年)十一月,诏命范仲淹移知青州(治今山东省青州市),第二年三月初三,范仲淹才到青州任所。此前知青州的是范仲淹的挚友富弼,庆历新政失败后,双方天各一方,尽管书信往来不断,但是毕竟没有见面。依范仲淹的身体来考量,如果见面,则极有可能是双方的最后一次见面,一次生死离别的肝肠寸断的会面。但是,双方留下的文字及同时期他人的文章中,都没有两人于青州相见的记载。

此时的青州,由于上年河朔地区的大水灾,来自河北地区的灾民涌到青州的到处都是。青黄不接之际,粮价自然很高,嗷嗷待哺的孩童和骨瘦如柴、衣不蔽体的老人,随时有倒毙街头的可能。每每看到这种场面,范仲淹总是老泪纵横。对于赈灾很有经验的范仲淹而言,自然是首先想方设法救济灾民。

五月麦收之后，按照宋朝的规定，青州的老百姓必须将应该缴纳的皇粮国税交到博州（今山东省聊城市），两地距离约合今五百里，农民推木轮的独轮车最多一天能走五十里，来回一趟需要二十天，其间的吃住费用全由自己承担，这对农民来说又是一笔额外的负担，还不包括农民在时间上的付出成本。但是，自宋朝建立以来，很少有官员想到用经济手段来减轻农民的这一大笔不合理的负担。

范仲淹虽然没有对宋代以前管仲、桑弘羊、刘晏等的经济学说有专门的研究，但是他知道一个朴素的经济学原理，一旦某种物资短期内大量流向某地，必然会导致该地该物资价格的显著回落。于是范仲淹让青州百姓把该缴纳的皇粮换算成钱，把钱交给青州官员。青州的官员拿着这笔钱到博州去，一开始以高于博州粮价一倍的价格收购粮食，并大肆宣传，等到从各地运到博州的粮食越来越多时，粮价自然下落许多，此时再将收购价逐渐降低，这样交够青州民众应该缴纳的皇粮数目后，竟然还余了一笔可观的钱。范仲淹又让青州官员按照每家民众当初缴纳皇粮支付的钱财的多少，退还民众。

这样一来，应该缴纳的皇粮一斤不少地完成了任务，农民也没有耽误多少时间；较之往年，负担还有所减少，可谓皆大欢喜。

但是，青州毕竟是重镇，政务繁忙，疾病缠身的范仲淹越来越感到力不从心，于是向朝廷提出于颍州或亳州等政务较少的地区，选择一个前往，朝廷批准范仲淹前往颍州。皇祐四年（1052年）正月，范仲淹带病前往颍州，但是行至徐州（今江苏省徐州市），范仲淹已经到了人生最后的时刻，五月二十日，病逝于徐州。好友孙沔当时知徐州，由他悉心照顾病危中的范仲淹。

范仲淹去世时，四子范纯粹才七岁，也是他当时最牵挂的人。他对夫人张氏说道："他长大后也应该成为有大成就的人，我看不到了！等他长大，一定告诉他我做人坚守的那些东西以及我曾经干过的事业。"

范仲淹去世之前，向朝廷上《遗表》，回顾了自己入仕以来的功过是非，特别是有关庆历新政的评价问题。范仲淹认为，国家政策，随着社会具体形势的变化，会显露出其弊端。掌大权之人，面对这种局面，不是考虑如何去改革，而是越来越害怕改革,害怕改革会危及自己及自己所在的政治集团的利益。而新政时期,保守派未等到改革的效果显露,就疯狂地用"迂阔"来攻击范仲淹等改革派,将范仲淹等大胆提拔精明强干的官员的行为污蔑为结党营私,将维护国本的行为攻击为"好虚名"。庆历新政失败之后,面对保守派的种种污蔑之词,范仲淹一直保持沉默,直到此刻,他才亮明了自己的态度。作为一个地主阶级的政治家,他视庆历新政为自己一生中最重要的事业。从《遗表》中,可以品味出诸葛亮"出师未捷身先死,长使英雄泪满襟"的悲怆。虽然范仲淹在《遗表》中称自己"瞑目无憾",但还是写出了死不瞑目的意味。一辈子活得很累的范公,即使弥留之际,还在为国事担忧,为仁宗着想。

特别需要强调的是,范仲淹在《遗表》中,没有一个字言及私事,言及自己的丧事,言及对家人的照顾,这是多么伟大的胸怀呀!

范仲淹的子女们也像其父亲一样表现出了宽阔的胸襟。当仁宗派遣的使者代表仁宗问他们有什么要求时,他们没有提任何个人方面的要求。

仁宗知道范仲淹去世的消息后,久久难以平静下来,哀悼不已。全国官员和百姓知道范仲淹去世的消息后,也都表示深深的哀悼。

范仲淹去世后,谥号为"文正"。司马光首次提出"文正是谥之极美,无以复加"的说法。他认为"文"是道德博闻,"正"是靖共其位,是文人道德的极至。经过他的宣扬,"文正"从此被视为人臣去世后极美的谥号,皇帝不肯轻易给大臣此谥号。

该年十二月初一,范仲淹被安葬于西京洛阳的范氏家族新墓地。仁宗亲自撰写了"褒贤之碑"的碑额,净友欧阳修撰写了神道碑,老友富弼撰写了墓志铭,司马光、王安石等作了祭文,后世写祭文悼念范仲淹的名臣则更多。邠州、庆州等地的官民最先为范仲淹修筑了祠堂。范仲淹的家乡苏州及其他为官之地,民众也先后修筑了祠堂。

徽宗宣和年间,朝廷特别下达诏令,要求建有范仲淹祠堂的地方,当地的监司、郡守、学官,每年都要按时率领当地民众祭祀范仲淹。

钦宗在位时期,为了激发臣下及民众的忠君爱国热情,下诏追封范仲淹为楚国公,后再追封魏国公。

宋元明清及"中华民国"时期,各地多次重修范仲淹的祠堂,表达对范仲淹的敬仰之情。

第四讲

军中有一范 西贼闻之惊破胆
—— 风光无限的儒将

面对宋夏战争爆发后北宋被动挨打的局面，仁宗采纳韩琦的建议，调已步入老年的范仲淹到西北战场。韩、范联手，运用范仲淹积极防御、寻机反击的作战方针，终于扭转了战局，迫使西夏与北宋签订和约。

第一节　西北出强敌

一、西夏建国

西夏是以党项羌为主体的多民族王国,本名大夏,宋人称西夏。

党项羌是我国古代广泛分布于西北地区的羌族中较晚兴起的一支,在历史文献的记载中,南北朝时期才崭露头角。其活动的中心地区,起初在今青海省东南部地区,到唐朝初期,逐渐扩大到今四川省西部、甘肃省南部一带,按照部落的形式,过着游牧生活,但各自分立,不相统一。其中以拓跋氏最为强大,在松散的部落联盟中,起主要领导作用。西夏王室就来自这一支。

隋统一中国之后,党项羌人和与其生活地区相邻的汉人和睦相处,隋朝一度给予其首领大将军的官号。唐朝统一后,朝廷进一步密切了与党项羌人的联系,加强对他们的管理,党项羌人的活动地区又逐渐东移到更适合生存的今宁夏南部、陕西北部,甚至山西西部一带。

安史之乱之后,随着唐朝统治的衰落,拓跋氏在陕北地区也建立了割据性的地方政权。黄巢起义爆发后，唐朝统治者利用少数民族的军队，联合镇压起义军。拓跋氏的首领拓跋思恭，因为镇压起义军有功，被唐朝统治者升任为夏州节度使，赐姓李，封夏国公。从此，夏州拓跋氏便称为李氏，也成为名副其实的藩镇，主要统辖夏州①、绥州、银州、宥州地区。五代时期，趁着中原地区内乱的机会，夏州李氏实行韬光养晦的政策，势力进一步向东、向南扩展。

北宋建立后，宋太宗曾经一度要以武力解决夏州李氏的割据问题，虽然曾经将夏州、绥州、银州、宥州地区归入版图②，但是后来屡屡失利。宋真宗继位后，夏州李氏的首领李继迁（宋太宗曾经赐其姓名为赵保吉）派遣使节向北宋求和，宋朝廷任命他为定难军节度使。这使夏州、绥州、银州、宥州地区，重新归于夏州李氏。这一带地区又是西夏军队中以好勇斗狠著称的军队的主要兵源地。而夏州李氏并不满足于对这一带故土的收复，积极谋划在此基础上继续向南、向东扩张，这样势必与北宋发生冲突。

横亘于宋夏交界处的横山，位于桥山（今宁夏中部县）北麓，南接耀州（今陕西省耀州区），北连盐州（今宁夏定边县），东临延州（今陕西省延安市），绵延八百余里，地势险要，是西北各民族与中原地区交往的门户，也是宋夏必争的军事要地。宋真宗咸平三年（1000年），元昊的祖父李继迁攻陷灵州并迁都于此，赵宋逐渐失去对横山天堑的控制，西北门户由此洞开。

不过，双方谈谈打打，打打谈谈，夏州李氏打仗的主要目的是基于物质利益。而于后宫长大的皇帝真宗，在景德二年（1005年）与辽国的大规模战争后，以签订和约收场。在西北地区，也希望用此和平方式结束战争。

景德三年（1006年），宋夏正式订立和约，内容如下：

---

① 夏州即十六国时期匈奴族首领赫连勃勃修筑的统万城旧址，当初修筑统万城时期，用糯米浆等加入夯土中，版筑城墙，只要锥子扎入城墙一寸，就把负责此段城墙修筑的工匠全部杀死，故城墙坚硬无比。现遗址位于陕西榆林靖边县城北58公里处的红墩界乡白城则村。

② 均在今陕西省榆林市及其以北与内蒙古自治区接壤的地区。

第一，宋真宗封李继迁的儿子李德明为西平王，授予定难军节度使的称号，赐姓赵①。承认其对夏州、绥州、银州、宥州地区占领的事实。宋代节度使虽然只是一个没有实权的虚衔，却被视为武将们的最高荣誉。少数首领也将其视为莫大的荣耀。

第二，北宋每年赐给西夏银一万两、绢一万匹、钱三万贯、茶两万斤。

这样，短期内，宋与辽、宋与夏之间都以大致相同的方式确立了和平相处的局面。客观地讲，这对三国的发展都颇为有利，可谓"多赢"的格局。宋统治者中的大部分人都产生了铸剑为犁、马放南山的想法，甚至禁军的常规操练都不能保证。几百万正规军，有战斗力的不超过五分之一。一旦有极少数大臣主张居安思危，对辽和夏都要保持警惕，且保持足够的武力，必被他人斥为"生事"，意为无事找事。

赵德明一直抱有做皇帝的野心，但是为了得到经济上的实惠，还是与赵宋维持表面上的藩属关系。所以赵德明去世之前，双方基本能够和平相处。但是其儿子赵元昊却鄙视他父亲的做法。他曾经对赵德明说道："英雄一世，就应该争做霸主，怎么能满足于赵宋那点可怜的东西！"

明道元年（1032年）十月，赵德明去世，元昊继位，宋又封元昊为西平王，也加了定难军节度使的头衔，以拉拢元昊。而辽国为了利用西夏制约赵宋，用和亲政策来拉拢元昊，元昊于是还是辽国的驸马，西夏又成为辽国的属国。辽、宋、西夏之间的三国关系，复杂多变。

宋仁宗景祐元年（1034年），元昊发兵攻打北宋的府州（今陕西省府谷县），接下来又在环州（治今甘肃省环县）和庆州（治今甘肃省庆阳市）地区打败北宋的军队，又打败吐蕃和回鹘②，完全控制了河西走廊，俨然成了西北地区的霸主，势力大盛。

元昊是中国历史上少数民族中杰出的政治家和军事家，精通汉文且很有雄心壮志，虽然接受了西平王的封号，但绝对不满足于做辽国的属国和宋册封的王，一

---

① 西夏人对改赐的赵姓内心里其实不愿意接受，所以一般还是称李姓。

② 回鹘又称回纥，是今维吾尔族的祖先，吐蕃是今藏族的祖先，均于唐朝时期建立地方性政权，元朝统一后，都纳入了元帝国的版图。

心要建立独立的政权。继位以后,马上废去宋的赐姓赵,改姓嵬名氏,自称"嵬名兀卒"①,西夏文的意思是"青天子",称宋朝的皇帝为"黄天子",意为双方处于对等的地位。接下来,强迫国人恢复鲜卑族的风俗习惯,三日之内必须秃发②,否则处死,于是出现了"民争秃发,耳垂重环"的热潮,改行和汉族传统不同的礼乐制度,又创制西夏文字。这些做法的目的,在于提高西夏人的民族意识,把党项族放在首位,加强内部的凝聚力,以摆脱赵宋的控制和影响,为彻底与赵宋脱钩做铺垫。

元昊为了发动对北宋的战争,可谓处心积虑。早在其当太子时期,就秘密指示西夏到东京朝见的使节,将沿途的道路状况、山川险隘、城池守卫等情况利用各种途径予以收集,回国后详细汇报。北宋朝廷时不时会放一些宫女出宫,西夏花重金将这些宫女买过来,所以北宋朝廷的事情甚至一些宫闱秘闻,西夏也知道得清清楚楚。赵宋西北地区一些科举落第但颇有才干的士人,赵宋弃之如敝履,却是元昊极力罗致的宝贝,到了西夏之后,给予很高的待遇。这些人大都成为元昊的智囊。

宝元元年(1038年)十月,元昊称帝,国号大夏(历史上称作西夏),确立自己的年号,建都兴庆府(今宁夏首府银川市)。此时的西夏,幅员两万里,东临黄河西岸,西到玉门关(今甘肃敦煌市西),南临萧关(今宁夏同心县南部),北抵大漠(今内蒙古瀚海),包括今宁夏全部、陕西北部、甘肃大部及内蒙古和青海的部分地区。但其中三分之二的地域为沙漠。

与匈奴等游牧民族不一样,党项人不完全是逐水草而居,"黄河百害,唯利一套",河套平原的绿洲地区及其他一些绿洲,使一部分党项人过着定居、稳定的农业生活,虽然畜牧业仍然是西夏的经济支柱,但是由于农业的发展,其流动性已经大大减少。定居生活、农业生产方式使西夏有了比较稳定的疆域和固定的都城。

元昊称帝前,对富庶的北宋早就垂涎欲滴,而北宋国内文恬武嬉、歌舞升平的

---

① 嵬名是姓,亲族皆以此为姓。 兀卒,又作吾祖,党项语为皇帝,也作青天子。 因为"吾祖"二字,北宋一些大臣一度认为是元昊蓄意挑衅,侮辱北宋,其实,完全是文化差异导致的误解。

② 该发式并非全部剃光头发,而是头顶上留一部分,打成长发辫。

景象,也引发了元昊发动战争的野心。为了满足奴隶主贵族的贪欲和享受,元昊像匈奴、突厥等北方游牧民族一样,决定用最直接、最简单且短时间内付出最小、获利最大的战争方式对北宋与西夏相邻的地区进行掠夺,这对文明程度较之西夏高得多的北宋西北地区,自然是莫大的破坏。北宋军民起而抗争,捍卫自己的国家利益。

二、宋军初败三川口

宝元二年(1039年)正月,元昊派使臣到东京,虽然在上表中仍然称臣,但要求仁宗册封其为"南面之君",实际上等于承认他称帝的既成事实,北宋朝廷拒绝了他的无理要求。六月,元昊即以此为借口,对宋的西北边界地区发动试探性的进攻,都被防守比较严密的宋军击败。但是,北宋朝廷对于西夏的进攻,并未给予足够的重视,以为西夏蕞尔小邦,绝对不会形成对赵宋的威胁。

元昊又经过多处的试探性进攻后,发觉鄜延路一带地面辽阔,非常适合以骑兵为主的西夏军队发动突袭战。宋军在此设置的军事堡寨比较少,且相互之间的距离近者也有上百里,远者则达到二百里左右,驻守的士兵又少又弱,又没有足智多谋、能征善战的将领,元昊于是决定选择此地作为突破口。

元昊采用兵不厌诈的计策,先派人给延州(治今陕西省延安市)兼鄜延、环庆路(主要管辖今陕西省北部和甘肃省东部偏北的地区)安抚使[①]范雍写信,假意求和,以麻痹对方。"好谋而少成"的范雍信以为真,放松了守备。

康定元年(1040年)正月,天寒地冻之时,元昊突然发动了对宋的第一场大规模战争。本次战役由元昊亲自担任总指挥,目标是夺取延州。赵宋则由延州知州

---

① 负责一路军务和治安的官员。

范雍负责全面指挥。

金明寨在延州城西北一百余里的延河边,是延州防御西夏军队进攻的最重要门户。宋军守将是李士彬父子,戍守金明寨已很长时间,手下兵力近十万人。由于李士彬的军队在同西夏军队的作战中,几无败局,人送外号"铁壁相公",西夏军队也很敬畏李士彬。元昊刚刚叛宋后,就盯上了金明寨,先是施展离间计,派人将写给李士彬的信及锦袍、银带等贵重礼物放到边界上,信上写着约李士彬一同叛宋。宋军负责侦察的人员拾到后,诸将都怀疑李士彬,亏得将领夏随马上识破了元昊的诡计。他说道:"这是典型的反间计。李士彬率军与西夏军队作战多年,杀西夏人颇多,与西夏人早已结成世仇。如果真有私约,送信送礼物,岂能让众人知道?"元昊的阴谋才没有得逞。

一计不成,元昊又生一计,使出三十六计中的假痴不癫计,命令西夏军队与李士彬军队作战时,稍微接触就假装溃败,边逃边喊:"我们一听铁壁相公的名字就害怕,哪里敢和李相公的军队打仗呀!我们都是被元昊逼着来送死呀!"次数多了,李士彬的骄横轻敌思想日益滋长。元昊又派不少的西夏军人冒充百姓,前去投靠李士彬,李士彬对此类人不敢轻信,建议范雍将他们安置到延州的南部地区,但是范雍对此类诈降活动却天真地以为是真心投靠,拒绝了李士彬的合理建议。由于李士彬对手下将官比较严酷,该部分将官对李士彬的不满情绪日益滋长,元昊知道后,偷偷派人给此部分将官送丰厚的财物,收买他们作为内应。

康定元年正月,元昊在积蓄了足够的力量后,派兵攻打金明寨,隐藏在宋军中的"第五纵队"[①]暗中配合。李士彬梦中被喊杀声惊醒之后,急忙披挂上阵,孰料被西夏收买的马夫竟然给他牵来一匹弱马。一番混战之后,李士彬父子皆被西夏军队活捉。为了防止宋军以后仍以金明寨作为军事堡垒,西夏军队又毁掉了金明寨。接下来西夏军又攻破安远、塞门、永平诸堡寨,使北宋在宋夏东段边界的防线彻底

[①] 1936年10月,西班牙叛军和德、意等法西斯军队联合进攻西班牙共和国首都马德里时,叛军将领拉诺在一次广播中扬言,他的四个纵队正在进攻马德里,而第五纵队已在首都等待。从此之后,"第五纵队"成为隐藏在对方内部间谍的代名词。

洞开。

元昊在攻下战略要地金明寨之后,乘胜进攻延州。大军直抵延州城下,此时的延州城只有几百名守军。范雍先是急调刘平、石元孙等率军前去增援金明寨,延州被围之后又急调刘平、石元孙等率军回师前来解围。又命令属下的其他军队也速来延州解围。刘平和石元孙的军队再加上沿途会合的军队,骑兵和步兵加在一起,也有上万人,星夜兼程,回师延州。但是,部队在三川口(今延安市西二十里处)陷入元昊预设的埋伏圈。刘平在左耳和右颈俱受伤的情况下,继续指挥作战,裨将郭遵更是英勇战死,陕西路分兵马钤辖①卢守勤则吓得屁滚尿流,不敢出战。最要命的问题是宋军禁军日常管理中纪律松懈的后果马上表现出来,监军黄德和率先逃跑,跟着他逃跑的禁军竟然达到了十分之七。刘平率领剩下的士兵且战且退,退到西南山下,设置七道栅寨固守。夜幕降临后,元昊派人向寨内喊话,问主将在哪里,刘平命令手下一概不答话。四更时分,元昊又命人喊话道:"如许残兵,不降待何?"黎明时分,又喊道:"赶快投降,不然将全部杀死!"刘平见时机已经不能再拖延,于是命令士兵发起最后的攻击,不幸战败,与石元孙同时被俘。被俘之后,刘平大骂元昊,宋军则全军覆没。

延州通判计用章劝范雍放弃延州城,退保鄜州(治今陕西省富县),范雍于是派安抚都监李康伯前去与元昊军队谈判,希望西夏军队网开一面,让他们撤出延州城。但是,贪生怕死的李康伯不敢去。绝望的范雍,又到延州城内的神祠去祷告,祈求神灵保佑。所幸当夜大雪,西夏军队在与刘平、石元孙军队的作战中伤亡也比较大,于是携带抢劫的钱财等撤兵回国。延州城侥幸得以保全。

三川口之战后,横山以南到延州一带,许多堡寨都已经陷落,宋军西北防守的一翼已经完全丢掉。西夏军队从此之后,进可攻,退可守。

消息传到东京,朝廷震惊。参知政事宋庠干脆请求加强潼关的防守以防备西

---

① 宋代军职名,以职权、官资、驻地的不同区分为二等三类若干种。 以职权区分有路分兵马钤辖和州兵马钤辖两等。 以官资序位区分有兵马都钤辖、兵马钤辖、副兵马钤辖三类。

夏军队向京畿要地发动进攻,一下子就将防线退到了潼关。从此数年之内,对夏战争问题,成为朝廷议事日程上的头等大事。

由于战败,范雍被贬官知安州(治今湖北省安陆市)。

第二节　范、韩联手战元昊

一、范仲淹临危受命

三川口之战的失败,充分暴露了赵宋政权的腐败,特别是军事体制的弊端。有识之士认识到,赵宋旨在维护中央集权的祖宗家法,如守内虚外、强干弱枝、仰文抑武、兵将分离、遥控指挥、督军监阵等政策,导致宋军的整体战斗力下降,别说和宋初相比,甚至和澶渊之盟时期都不敢相比。如此下去,"国将不国"四字,绝不是危言耸听。

三川口之战后,北宋朝廷调整了宋夏战场的指挥官和政策。康定元年(1040年)二月,范雍降知安州(治今湖北省安陆市)后,任命"能当大事"的知制诰韩琦安抚陕西,后又命夏竦为陕西经略安抚使。

夏竦此前多次出入朝廷,担任过枢密副使和参知政事,已经是官场上的"老油条"。夏竦虽然也是博学多才之人,但是为人圆滑,其人生目标就是平平安安地在朝廷做宰执,下朝之后玩玩琴棋书画,欣赏一下自己收藏的古玩,绝对不愿意到血雨腥风的战场来冒险,所以到了西北战场之后,凡事都是采取模棱两可的态度,从来没有担当意识。没有多长时间,他就找各种理由上札子请求解除兵柄。这与一心忠君报国的韩琦做事做人的风格正好相反。在此严峻的形势下,韩琦感到很憋屈也很孤独,大有独木难支之感。

考虑到战争关系到大宋的生死存亡,韩琦向朝廷推荐自己的好友范仲淹,希望朝廷能够调范仲淹前来,与自己一起指挥西北战场的战事,这样二人形成合力,可以弥补夏竦在其位不谋其政的弊端,条件成熟后,再上奏朝廷请求换掉夏竦。由于范仲淹此前已经有"朋党"嫌疑或前科,韩琦担心耳朵根子软的仁宗在此关键时刻又犯糊涂,于是在上奏中特别写道:"如果因为臣是范仲淹的同党而举荐他,情愿被族诛!"

时年范仲淹已经五十二岁,且体弱多病,这在宋代已经是典型的老人了。而战争又是人世间最残酷的事情,西北地区的气候,尤其是深秋到初春漫长的寒冷时光,对患有哮喘病的范仲淹而言,更是严峻的挑战。但是,以天下为己任的范仲淹,没有考虑年龄,没有考虑三次被贬官后的心灵创伤,没有考虑身体的健康程度;没有考虑长子范纯佑已经虚龄十六岁,由于自己一贬再贬、颠沛流离的官场生涯,天资聪颖的纯佑错过了最应该接受良好教育的机会,连科举考试也没有参加,起码的做官的机会也还没有谋到;没有考虑次子纯仁才虚龄十三岁、三子纯礼才虚龄九岁,他们的生母已经去世三年,他们正需要接受良好的教育。所有的这一切,范仲淹都没有考虑,唯一考虑的是国难方殷的时刻,好友韩琦冒着"族诛"的危险推荐他。仁宗皇帝虽然有耳朵根子软的毛病,但是始终意识到自己是难得的人才,所以,范仲淹没有犹豫,临危受命,毅然来到西北边陲,开始了一生中最难忘的军旅生涯。

康定元年(1040年)三月,范仲淹先是被任命为天章阁待制、知永兴军(治今陕西省西安市)①。四月,尚在前往西北途中的范仲淹又升职为刑部员外郎兼侍御史

---

① 主要管辖今陕西省大部、甘肃省东部及河南省的三门峡市。

知杂、陕西都转运使。到陕西后,五月又升为龙图阁直学士、陕西经略安抚副使。三个月内,连升三级,可见仁宗及朝臣对他的重视和期望。

为了照顾自己的生活起居,也为了让长子范纯佑增长见识,培养能力,立下战功,谋个官职,范仲淹让虚龄十六岁的纯佑也一起随行。纯佑本来有非常好的天赋和学业基础,但是,范仲淹官场跌宕起伏的命运,使纯佑对科举的兴趣异常淡漠。母亲李氏生病后,纯佑干脆以照顾母亲的身体为主。母亲去世后,他又担负起了照顾父亲的饮食起居和两个未成年的弟弟的生活和学习的责任。每每想到此,范仲淹就觉得作为父亲,自己太不称职,油然而生的是沉重的负罪感,他甚至不敢与纯佑对视。北宋重文轻武的环境,使范仲淹也染上一些轻视武将的思想,一想到纯佑即使做了官,也是走的武官道路,而不是像自己一样走科举之路,他就叹气、摇头,有时候做梦都梦到李氏在埋怨他。

赴任途中,范仲淹无心欣赏沿途的风光,更无心提笔吟诗作赋,而是整日考虑西北战场将帅的才能、军队的士气、民众的忧乐、粮草的供应、敌情的收集及辨别等各方面的情况。在润州驿站住宿的当晚,范仲淹又和老友徐复一起用《易经》推演宋夏战场战局的演变,徐复认为必须用大的战争才能解决问题。

范仲淹意识到若要把各方面的情况处理好,必须有得力的助手,于是向朝廷推荐欧阳修等人。但是,欧阳修听闻安排的职务后,认为不适合自己的特长,没有接受。听到这个消息后,范仲淹也无可奈何,长长地叹了一口气。但是,战争期间,这两位好友围绕战事及其他事情,不断通过书信联系并交换意见。

范仲淹和韩琦都是文官,此前的为官生涯中,都没有军事经历,更不能亲自跨马提刀、上阵杀敌,而对手元昊则是游牧民族出身且对汉文化了解较多,是一个武艺高强、足智多谋的政治家和军事家。对于残酷的战争而言,双方战争最前线军事领导人的综合军事素质,显然对赵宋不利。当然范、韩二人,尽管也具备一定的军事素养,但和诸葛亮比起来,只能用望尘莫及来形容了。但是,一心忠君爱国的范仲淹,却没有生出妄自菲薄之心。他意识到战争肯定非常残酷,要做好打持久战的准备,到了陕西之后,尽可能多地了解战场的情况,做出正确的决策,才是首要的事情。

二、大范老子与小范老子

(一)培养将才

范仲淹见了夏竦和韩琦之后,比范仲淹年长五岁的夏竦,显得热情过度,多次强调范仲淹来了之后,有事就找韩琦商议,自己非常赏识二人的才华,也绝对相信二人的能力,其话中之意大有做甩手掌柜之感。范仲淹和韩琦自然表示事情还是要三人商议后决定。

范仲淹随后又与韩琦促膝长谈。韩琦先将自己了解的和战争密切相关的信息,给范仲淹做了详细的介绍并谈了自己的看法。范仲淹一边仔细听,一边让幕僚仔细记录,但没有发表自己的看法。范仲淹接下来首先向韩琦提出到三川口所在的鄜延路巡察的愿望,实地察看鄜延路的各方面情况,以便做出第一步的决策。韩琦知道老友的脾气和胆魄,脚踏实地地做事,绝不浮夸,对此举自然表现欣喜和佩服。夏竦知道后,自然也极力支持范仲淹前去冒险。

范仲淹一行骑马前往。战争破坏后的延州,一片荒凉凋残。尽管已经是春末夏初,可看不到一线生机,也看不到应该出来耕种的农民。偶尔可见几个牧民,赶的牛羊也星星点点,羊的叫声衬托出大地的空旷、寂寥和哀伤。道路两旁,不时可见新起的圆形小土堆,想是被西夏军队杀戮的百姓和军人的坟墓。风一刮,有些还没有烧净的纸钱伴着尘土形成大大小小的旋风,在范仲淹一行的左右前后,尾追盘旋,想是亡灵们要向范仲淹哭诉他们的仇恨。几声乌鸦的悲鸣,更加剧了众人的悲伤之情。范仲淹一行见状,禁不住泪流满面,连马也发出愤怒与悲哀混杂在一起的嘶嘶长鸣声。

进了延州城,朝廷新任命的知延州张存,礼节性地给范仲淹行了行礼。只见他一脸的愁容和倦态,好像一个久病不愈的人,浑浊的眼睛里闪出游移不定的目光。其他的随员,也面无表情,呆若木鸡。已经在西北战场待了两年多的张存,血雨腥风的战火和失败情绪的蔓延,早已经把他吓坏了,见到范仲淹后,他不是先介绍重要的事宜,而是禀告范仲淹,母亲年老多病,需要他回去尽孝,他已经向朝廷提出回内地做官的请求。见此情景,范仲淹先是安慰了一下张存等人,随后主动向朝廷提出代张存兼知延州的主张,朝廷很快予以批准。

范仲淹到西北战场后,才对赵宋军制的弊端有了切身的了解。以延州为例,都监领兵三千,钤辖领兵五千,部署领兵一万。两军对阵,不管对方来多少兵,对方将官能力如何,不管是守城还是野战,总是官职最低者先领兵出阵,败了之后再由高一级的将官领兵出阵①。这种机械的军事体制,可谓刻舟求剑,低级将官较之高级将官,待遇不高,却需要首先承担冒死杀敌的重任,宛如象棋盘上的卒子,首先做好牺牲的准备,过河之后才可能有大用,才可能有立功受赏的机会。在这种心态下,自然缺少训练的积极性和主动性,更缺少作战的积极性和主动性。高级将官则首先给低级将官和士兵留下了贪生怕死的印象。

范仲淹经过仔细思考后,又征询了一下韩琦及幕僚和将官们的意见,决定把延州所辖的军队分成六将,每将三千人,由朱吉、周美等六人分别担任都监,都监平时就与兵士们一起生活、一起操练,互相熟悉,这样才能培养起相互之间的感情,上了战场之后,才会有同生共死的友谊。此举改变了此前"将不知兵、兵不知将"的弊端,提高了军队的素质和战斗力,特别是提高了军队的凝聚力。这种模式,成为以后宋军"将兵法"②体制的开端。

范仲淹和韩琦后来把这种做法推广到宋夏战场的各路。马军和步军人数达到八千至一万之间的地方,则设置总领一人,下边设三将,一个是前锋,一个是准前

---

① 现在传下来的关于宋代的古装戏如《穆桂英挂帅》等,仍可见这种作战模式的影子。
② 王安石变法期间将兵法在全国铺开,直到南宋,军队仍然采用"将兵法"的编制。

锋,一个是后阵,每将派遣两三个人率兵戍守要害之地。马军和步军人数达到一万以上的地方,则设置大将一人。西夏军若来的人少,仅由一将领兵出阵作战;若来的人多,则由大将领更多的兵出阵御敌;敌军人数若更多,马上通报邻近的路出兵支援。范仲淹将此种阵法称作赵子龙用过的"一字长蛇阵",击首则尾应,击尾则首应,击其中则首尾相应。

范仲淹深知在自己和韩琦都不能到前线冲锋陷阵的情况下,一线武将的综合素质至关重要。澶渊之盟之后,三十多年的岁月中(基本上一代人),北宋军队基本没有打过大的战争,经历过大战的将领基本上没有了。于是,不断有人就此发出感慨,认为缺乏高水准的高级将领,一代不如一代。范仲淹却认为,地大物博的赵宋肯定不缺此方面的人才,更何况天地生人,在造就人才方面,没有厚古薄今的道理。贵在能不能发现人才、培养人才,发牢骚不能解决问题。

他以当时一名较为有名的战将朱观为例作为明证。朱观来到西北战场之前,只是皇帝身边的一名武艺高强的侍卫,但是,经过战争的磨炼,逐渐成长为一名成熟的战将。范仲淹的眼光没有看错,后来的好水川战役中,只有朱观率领的一千人突出了西夏军队的包围圈。

他认为皇帝的侍卫及其他机构中,类似朱观的人肯定不少,只是被一些管理他们的官员所埋没,不能得到重用,有的只好坐至衰老,如千里马一样,"祇辱于奴隶人之手,骈死于槽枥之间"。他请求仁宗责令枢密院的官员,首先在皇帝的侍卫中挑选武艺高强、胆略出众的人,派赴西北战场,大胆重用。到了战场之后,如果斩将立功,举荐他的举主可以得到奖励,出了问题则举主承担连带责任。千万不要让西夏以为赵宋军中缺乏能征善战的武将,更生轻视赵宋之心。

范仲淹在这方面做得很不错。当尹洙把低级军官狄青推荐给范仲淹后,范仲淹知道这是一块尚需琢磨的宝玉,特意送给他一套《左传》,并告诫他好好学习,从中吸取宝贵的军事经验和教训。狄青没有辜负范仲淹的教导,认真阅读军事书籍,积极思考,并结合实战进行比对,终于从一名好勇斗狠的低级军官,成长为一名胸怀韬略的将军,在宋夏战争特别是以后平定南方的叛乱中,发挥了重要的作用,后官至枢密使。

(二) 修筑堡寨

1.必要性和益处

赵宋较之西夏,显然是大国,宋夏战争爆发后,赵宋军队的数量一度达到一百二十万人,西夏真正能够投入战场作战的兵力只有十五万人左右,显然不成比例。但是两国交战,赵宋却有许多不利之处——漫长的边界线防不胜防,不清楚西夏军队会从什么地方突然发起进攻。粮草的供应仅靠经济落后的西北地区远远不够,还需要从关内和四川地区调运,路途遥远。而边作战、边抢劫作为后勤补给手段的西夏军队,则基本没有此问题[①]。军队数量虽多,但是,宋军以步兵为主,西夏军以骑兵为主,机动性自然远不如西夏军队。况且宋辽边界仍然需要布置大量的军队,放在西北战场军队的数量,自然就受到了限制。

更为要命的问题是澶渊之盟之后,赵宋朝廷满足于与大辽之间的和平协定,上下安于"无事",边境地区的城池,城墙低矮不说,塌陷之后也不去维修,护城河有的早就成了旱河,武器库里的装备早就成为了摆设。朝堂上文恬武嬉,缺少谋臣,边境地区更缺少有勇有谋的战将。宋王朝重文轻武的祖宗家法,已经渗透到了社会的每一个角落,"好男不当兵,好铁不打钉",已经成为家喻户晓的话语。军队的素质更是日益下降,将官别说能拿起十八般兵器,就是十八般兵器的名称都叫不出,更不认识。士兵入伍素质就不高,入伍之后又缺乏训练,连基本的战阵都不知道。问题越来越严重。但是,哪个臣僚若看到此类问题后,上书朝廷请求赶快解决,必被他人骂作"生事"。久而久之,朝臣们大都以为是真的太平盛世。

范仲淹也知道赵宋朝廷的问题多如乱麻,理也理不清。但是,范仲淹和韩琦到西北战场后,经过实地考察,很快意识到了堡寨在战争中的重要性,此前存在的问

[①] 这种作战中的后勤供给方式,也是中国古代北方游牧民族作战中惯用的模式,契丹人称为"打草谷"。德国著名的军事家克劳塞维茨说过:"不需要后勤供应的军队,是最危险的军队。"

题是堡寨少,关键地方未能修筑。范仲淹认为修筑堡寨有如下益处:

第一,可以有效地解决多达二十万的宋军的后勤供应问题,这是堡寨最重要的作用。

传统观点认为宋军所修堡寨主要起到了军事上直接防御西夏军队进攻的功能,而据宋史学界新的研究结论认为这些堡寨作用的发挥,在此方面作用较小。西夏军队面对这些堡寨,要么凭借兵力优势直接攻克,要么绕道而过不做纠缠,直接进攻北宋的军事重镇延州或庆州等,然后大肆抢劫之后回师。所以,这些堡寨最重要的作用体现在保障后勤供应上,也是北宋最终能够迫使西夏谈和的重要原因所在。

宋夏交战,是一场旷日持久的拉锯战,比的是谁的后勤供应能够经得起长期战争的考验。据范仲淹庆历元年二月的《乞先修诸寨未宜进讨》分析,山高谷深的地理条件,导致宋军运输粮草需要厢军两三万人,骆驼和骡子两三万头,遇到西夏军队后,稍有惊扰,就四散而逃,粮草反为西夏军队所用。

多达二十万的宋军,后勤保障需要的物资包括粮食、食盐、军火、布匹、医药品、茶叶等,特别是大量的粮食和食盐,又沉又重还必不可少。这些物资主要靠大量民夫在极少数军队的保护之下,赶着骡子和毛驴穿行在黄土高原独特的河谷地带,送到散布在各处堡寨的军队手中。西夏军队之所以首先进攻鄜延路,实际上就是看中了该路粮食供应短缺的破绽。

像连珠寨一样的堡寨修成后,一来可以保障后勤通道的安全,避免被西夏军队抢走后勤物资;二来运送后勤物资的民夫还可以在这里短暂休息、补充体力。

况且西夏在传统边界线的对面也修筑了大量的堡寨,成为进攻北宋的大大小小的基地。

第二,可以得到熟户和弓箭手的力量。

宋夏交界地区一些少数民族部落,统称羌戎部落,其中生活地靠近宋朝边界一方、名义上服从宋朝统治的称为熟户,但是他们摇摆于北宋和西夏之间,在西夏的重压之下,很容易成为攻打北宋的向导,甚至直接参与对北宋的掠夺,以分得一杯粪。由于西夏军队的进攻没有规律性，北宋根本无法预测其进攻的时间和地点，因此，北宋经常处于疲于应付的局面。而羌戎部落由于距离西夏较近以及语言、文化等方面相同，很容易获悉西夏军队发动进攻的许多重要信息。堡寨修筑之后，北宋对他们的控制加强，也使他们安于农亩，生活比较稳定；北宋政权再对他们的首领施以软硬兼施的政策，使他们不再有叛离之患，反而成为北宋政权的依靠力量。

弓箭手是北宋在西北沿边招募的地方性军队，统称"乡兵"，战时参加作战，平时参加农牧业生产，其中有汉人，也有羌戎部落的人。而羌戎部落出身的弓箭手，由于其对宋夏交界地区地理环境的熟悉以及骑射技术的高超，一旦能够为北宋所用，有时可以发挥特殊的作用。而且作战时期，这些弓箭手自备鞍马，不需要政府提供后勤保障。

但是，北宋对待这些士兵，像对待正规军一样，在脸上刺字①，以防止他们逃跑，逃跑之后也便于追查。范仲淹反对这样做，改为在手腕上刺字，这样他们不当兵了，还可以继续从事农业或其他行业生产，而不会因为脸上刺着字而被人耻笑。

鉴于后来弓箭手的作用越来越强，范仲淹干脆提出让戍守堡寨的北宋政府军（包括禁军和厢军）大量后撤到二线，改由弓箭手戍守这些堡寨。范仲淹在庆历二年（1042年）的《上攻守二议》中明确提出"（堡寨）守以土兵（指弓箭手）则安，守以东兵（指禁军和厢军）则危"的观点，为何会出现这种截然相反的局面呢？士兵熟悉当地的山川道路，与家人生活在一起，可以感受家庭的温暖，没有政府军长期戍守边关的辛苦，也不需要经常改变戍守之地。政府军则反之，戍守边关时间长了，很容易滋生怨恨之声，而且花钱不少，加剧政府的财政困难局面。由于范仲淹的主张适合形势的需要，朝廷接受了他的这一主张。

由于堡寨的戍守兵力改为士兵为主，而士兵需要自备鞍马，所以，堡寨周围地区的荒地得到大量开垦，士兵及其家属收获的粮食，除了自用之外，还可以向国家缴纳一部分赋税，这部分赋税又可以就近转化为正规军需要的粮食。

---

① 北宋为了防止士兵逃跑而在其脸上刺字。

第三,可以保障汉人有一个比较安全的农业生产环境。堡寨的修筑等于宣布北宋对每个堡寨周围一定区域人口、土地等资源的控制权,而依托这些土地进行生产的人,不管是军人家属还是其他民户,均可以得到堡寨内守军的保护。

第四,与修筑堡寨相伴的是军人及其家属于堡寨附近适合耕作的地区大兴屯田制。耕作扩大之后,可以就近解决一些粮草的供应,军人也可以安心作战。

第五,所修筑的堡寨逐渐靠近边界之后,可以很快知道西夏军队的一举一动,也便于做好防御的准备。以步兵为主的宋军,可以依托堡寨作为掩护,用射程比较远的弩射击对方的骑兵,有效制约对方骑兵。

第六,委派得力部将领兵戍守,西夏来敌若多就积极防御,若少则就地予以歼灭。发现有可乘之机后,就深入西夏境内实施骚扰,让西夏军民居不得安,耕种不得时,畜牧不得时,时间久了,他们或者逃亡,或者被迫归附北宋。

总之,这种战略是一种基于积极防守的持久战的作战模式,是对北宋而言最为合适的作战模式。

2.重修金明寨

就延州而言,为了加强延州的防守,必须在宋夏边界的边关险要地方修筑互为支援的堡寨,只要粮草充足,兵员实足,指挥得当,进可攻、退可守,实为一种最有效的作战措施。延州对面,就是西夏故土①银夏及其赖以生存的右臂横山地区。太宗时期,延州就是宋军出兵讨伐西夏的最重要战略基地。守住延州附近地区,就可以南屏富饶的关中,东边防护河东路。反之,西夏军队每次南下,也重点进攻该地区。所以,宋军必须在此区域修筑较多的堡寨,特别是在要冲地区。

三川口之战中,被西夏俘虏的刘平、石元孙等皆为勇猛的战将,他们或战死、或被俘,对宋军的士气打击很重。刚从东京调来的魏昭昞、王克基率领的禁军,此前从未离开过京城,习惯了养尊处优的生活环境。到了延州之后,听那些经历过三川

---

① 党项族拓跋部从唐高宗统治年间就开始在这一带地区生活,大约包括陕西省北部榆林市及其所辖县区。后逐渐向西发展,占据河西走廊,统治中心也移到今宁夏回族自治区的首府银川一带,故视这一带地区为故土。

口之战的士兵讲西夏军的勇猛和善战,立马脸都吓白了,"恐夏症"如传染病一样,从下往上蔓延,所以,重振士气成为首要之举。有鉴于此,范仲淹一方面以狄仁杰等为榜样,对将士们进行忠君爱国的教育;另一方面吸取周美的建议,抓紧时间修复被夏军破坏的战略要冲金明寨(今陕西省安塞县南碟子沟)。

但是,三川口之战后,赵宋君臣自认为自己是大国,岂能被蛮夷之邦的小小的西夏欺负,所以决定在庆历元年(1041年)的冬天发动报复性的进攻,给西夏点颜色看看。范仲淹知道后,即刻上了《论西贼未宜进讨》的札子。他指出,天寒地冻之时,对于以骑兵为主的西夏军队而言,正是兵强马壮的时刻,庄稼收割之后和树木落叶之后,视野也特别宽阔,所以他们习惯在此时发动战争。但是,对于以步兵为主的宋军而言,雨雪不止,手脚都会冻坏,何谈对付机动性很强的骑兵。但是,等到春暖时刻,西夏军队过冬前积蓄的粮草,则基本上吃完,新草还没有长出来,马瘦人饥的局面很快出现,若于此时发动反攻,对宋军而言,能得到天时、地利、人和的优势,还可以破坏西夏赖以生存的一些地区的农耕生产,即使收获不大,也不会有大的损失。

仁宗君臣看了范仲淹的札子后,仔细考虑,认为言之有理,这才停止了鲁莽的报复性的进攻计划,转而同意范仲淹积极修筑堡寨的策略。

金明寨的修复工程由陕西转运使明镐负责,全部工程下来,共记工七十九万七千个,出动兵夫将近五千人,一个月才修成,属于赵宋在宋夏边界地区修筑的大的堡寨之一,周长有一千多步,城墙高三丈五尺左右(约合今十一米)。寨子里面备有充足的武器、粮草等。

宋军刚刚修复金明寨,数日之后,夏军数万人前来进攻,且在延安城北三十里的地方扎下营寨。周美率领属下两千多士兵力战到傍晚,由于援兵被夏军隔绝无法赶到,周美于是率军转移到山北,于多处设下疑兵,虚张声势,以迷惑夏军。夏军以为到处都有宋军,肯定是援军到了,赶忙撤退。

范仲淹随后又派兵修复了万安寨等堡寨,寨与寨之间保持合适的距离,且设置了烽火台,一旦发现西夏军队有南下的较大规模的行动,马上点燃烽火,传递军情,其他的堡寨很快就可以知道,马上就可以采取相应的行动。这样使延州城的防卫很快恢复,且较之以前更加严密、牢固。

3.修筑清涧城

范仲淹在详细考察的基础上,接受对此地综合战况都非常熟悉的种世衡的建议,着手修筑青涧城(今陕西省清涧县)。

青涧城位于延州东北二百里处,此前叫宽州,前代修筑的堡寨早已经坍塌,只剩下废料还在,还能看出原先的轮廓。其地理位置非常重要,一旦堡寨修成,可以直接遏制西夏军队南下的通道,右边可加固延州的防护,左边可以将河东路的粮草运到延州及其附近地区,北边可以进攻西夏的故土银夏地区。

范仲淹将修筑青涧城的计划上奏朝廷,朝廷很快就予以批准。于是,范仲淹命令种世衡具体负责修筑青涧城的工程。西夏军队也知道宋军修筑成青涧城后对西夏意味着什么,在修城期间,不断地派军队来骚扰。所以,宋军只能边打仗边修城。

但是,城修成后,大家才意识到城内没有水源,不解决这个问题,就无法生活,等于花了九牛二虎之力,修了一座废城,自然无法派兵戍守。种世衡于是命令士兵凿井,但是凿地一百五十尺(约合今四十五米)后,遇到的却是坚固的石板层,凿井的石匠多番尝试后,都说不可凿穿,心情沮丧极了。但是种世衡坚信可以凿穿,于是采用重赏的政策,凿屑石一簸箕赏铜钱一百。重赏之下,必有勇夫,石匠们终于凿透了厚厚的石板层,甘甜的井水水量很大,足够供应全城守军的生活用水。种世衡将此事报告范仲淹后,范仲淹乐得把仁宗皇帝赏赐给他的美酒,全部让种世衡和凿井的石匠及兵士们喝了。他又让属下烧了一锅井水,泡上自己从越州带来的茶叶,美美地品了一口。范仲淹报请仁宗知道后,仁宗赐名青涧城。从此之后,西北战场都用此办法,解决堡寨的用水问题。

种世衡后以功知青涧。为了巩固防守,种世衡又利用丰沛的井水让将士们就近开辟耕地两千顷,解决部分军粮。由于将士们及其家属生活需要的多样性,种世衡又出官钱招募商人前来贸易,青涧城很快成为一座人烟茂盛的城。种世衡的策略,真正体现了范仲淹持久战的战略方针。

在整军备战的同时,为了进一步振奋士气,也给西夏军还以颜色,范仲淹趁西夏军队进攻保安军(治今陕西省志丹县)、镇戎军(治今宁夏固原市)的机会,派任福率军深入西夏境内四十余里,于九月十八日,攻破白豹城,烧毁西夏的房舍、税务机关和草料场,俘获许多人马,仅牛马、橐驼就有七千多匹。此战是宋夏战争爆发以来,宋军第一次主动进攻西夏的战斗,且战果不小,大大鼓舞了宋军的士气。消息传到东京,仁宗和朝臣们也露出了很久不见的笑容。

任福此次率军越界作战抓回的俘虏中,有一个女首领叫李家妹,后被庆州一官员要去做奴婢。范仲淹了解到这一事情的详细情况后,马上从小事中看出了大问题。一旦此事传到西夏境内,西夏统治者必将围绕此大做文章,宣传赵宋如何虐待、侮辱战俘,愈加滋长西夏普通民众对赵宋的仇恨。他得知庆州属下一个镇子有李家妹的叔父,此前因为不堪忍受元昊穷兵黩武的国策,越界逃到庆州,过着安定的生活,于是将李家妹送到其叔父家,后李家妹嫁给一个家庭殷实的男子为妻。这一正确的民族政策,传到西夏境内后,很有感染力和说服力。

一系列的军事行动及其他正确的举措,使元昊意识到新来的宋军统帅范仲淹不同寻常。西夏军队中开始传言:"不要再打延州的主意了,宋国新来的小范老子,胸中自有百万兵。不像以前的大范老子,我们可以随便揍他。"①小范自然指范仲淹,大范指范雍。

在取得初步胜利的基础上,范仲淹踌躇满志,指挥六个将领,训练士卒,考察山川地理形势,准备丰足的武器和粮草,为将来的大规模反攻做充足的准备。

范仲淹对自己待了将近两年的延州城,充满了感情。几年以后,他在一首诗中描述了延安的秀美春光:

种柳穿湖后,延安盛可游。远怀忘泽国,真赏即瀛洲。江景来秦塞,风情属庾楼。刘琨增坐啸,王粲斗销忧。秀发千丝坠,光摇匹练柔。双双翔乳燕,

---

① 当时陕西一带俗语,称呼父亲为老子。西夏人这样称呼他们二人,是尊崇他们为父的表现。

两两睡驯鸥。折翠赠归客,濯清招隐流。宴回银烛夜,吟度玉关秋。胜处千场醉,劳生万事浮。主公多雅故,思去共仙舟。

在范仲淹的治理和当地军民的努力下,延州城俨然塞上江南。

三、君子和而不同

范仲淹到西北战场,本是应好友韩琦邀请而来,但是,范仲淹到了之后,在宋军对西夏军队的作战策略上,二人却逐渐产生了很大的分歧。当然,二人之间的分歧,也是自朝廷到西北战场主攻派与主守派分歧的反映,主攻派攻击主守派示弱于西夏,主守派攻击主攻派的冒险行为必将给国家带来更大的灾难,远在东京的仁宗和高级臣僚们,一度举棋不定。

(一)韩琦主张毕其功于一役

韩琦担心一旦战争旷日持久,宋军的后勤补给线又太远太长,必将加重民众的负担,而国家积贫积弱的国情也经不起长期的战争,所以主张打积极的进攻战,西北战场的四路大军一齐压上,打到西夏境内,毕其功于一役,彻底击垮对方的主力部队。

韩琦之所以主张攻策,也是建立在全面分析宋夏双方的军事实力、战略战术的基础上,绝不是因为自己年壮气锐,考虑问题没有远见,靠运气做决策。他认为西夏虽然全民皆兵,但是元昊手下真正能够投入战场的兵力也就十五万人左右,每次作战也就五万人左右。赵宋布置在西北的兵力不算少,但是处处设防,兵力太分散,给了元昊各个击破的机会。三川口之战,元昊兵数万,刘平手下的军队不到一万,等到其他地方的援兵到来时,元昊的军队已经撤退,于是出现"屯二十万重兵,只守界壕,不敢与战,中夏之弱,自古未有"的局面。

针对以范仲淹为代表的积极防守基础上的进攻策略,韩琦也予以理性的反驳,他认为如果春天丢几个堡寨,秋天又丢几个堡寨,西夏的这种蚕食战略,最终会吞掉整个西北,也将会使宋军士气越来越低,民众对朝廷的不满也将日益滋长。目前,二十万军队的后勤供应,已经成为西北民众的沉重负担,如此下去,也将成为整个国家的沉重负担,后果不堪设想。

(二) 范仲淹积极防守的策略

范仲淹主张实行积极防御基础上时机成熟后的大反攻策略。在庆历元年(1041 年)正月的《谏深入讨伐西夏奏》中,他写道:"去年深秋,派遣大将朱观等兵分六路,深入西夏境内,实施破袭战,虽然也有一些战果,但是,花费很大,而且时间仅仅一夜,就被迫班师。最近又奉官家的密诏,派遣王仲宝等将官再次深入西夏境内,实施破袭战,不但没有战果,反倒几乎全军覆没。如果再进一步深入,后果可想而知。臣与韩琦等人在打败元昊这个目标上,没有任何隔阂。但是,战争是世上最危险的事情,一旦有大的闪失,可能将大宋拖入久战不决的境地,不可不慎重。所以,我们几个在战略上出现分歧,很正常,并不是不齐心协力的表现。"从范仲淹的解释看来,他考虑问题很全面,尤其是关于内部分歧的解释,既不给仁宗和朝臣以误解,也不给韩琦等人以误解。

当然,攻与守,都是利弊兼具的决策。面对这种两难处境,范仲淹强调,如果用攻策,北宋军队的进攻,必须以近攻为主,也即北宋军队的反攻只能局限于深入西夏境内的沿边地区,可称为大举浅攻。绝对不能像西汉卫青、霍去病一样,率军远征大漠,一举击溃匈奴军队,因为现在的西夏军队不像彼时匈奴的军队,现在的宋军也不像彼时西汉的军队,倘或军队深入西夏境内,全军覆没的危险非常大。倘若用守策,必须着眼于长远,做好持久战的准备,不可因为战争大大加重民众负担,激化国内的矛盾。

韩琦一度派他们共同的好友尹洙到延州做范仲淹的思想工作,约范仲淹与韩琦同时派大兵出击西夏境内。但范仲淹认为时机不成熟,便耐心地对尹洙解释反对的理由。他说道:"方今之际,需要的是认真防守,以逸待劳,促成战机成熟。"尹洙听后说道:"范相公这一点就不如韩相公。韩相公曾经说过,大凡用兵,应该首先置胜败于度外。"范仲淹听后,猛然站起来,大声说道:"大军一动,关乎上万人的生命,岂能先置胜负于度外!"虽然有"慈不掌兵"一说,但是,自古以来,就有人不妥当地理解其意,慈不掌兵不是不能有仁爱之心,而是不宜仁慈过度。范仲淹此言,恰是对"慈不掌兵"的正确理解和把握。

但是,朝廷中包括仁宗在内的大部分人却倾向于支持韩琦的积极进攻的策略。可是,紧接着的一场大败仗,反向证明了范仲淹关于西夏战略的正确性。

(三)宋军又败好水川

宋军还没有来得及对西夏发动大规模的进攻,元昊却又一次先发制人,发动了大规模的战争。

庆历元年(1041年)二月,元昊亲自率领十万西夏军队进攻渭州(治所在今甘肃省平凉市),逼近怀远城(今宁夏西吉县偏城乡),准备同韩琦属下的泾原路军队主力决战。当时韩琦正在高平(今宁夏固原北部)巡边,获悉情报后赶忙返回镇戎军(治今宁夏固原市)驻地,布置战事。

作战部署会上,韩琦指着地图,向任福等将领面授机宜(此前任福已经转为韩琦属下的将领)。韩琦要求采用并兵合势的策略,集中兵力,消灭南下的西夏军队。安排任福率军自怀远城去得胜寨,然后到羊牧隆城,从后边包抄敌人,各支军队每天安营扎寨时,相距不要超过四十里,且选择靠近道路和易于行军的地方,随军粮草供应也非常充足。与敌人相遇后,如果发现不可与敌军作战,就据险设伏,等敌人返回时,以逸待劳,利用有利地势,伏击夏军。韩琦对战役的布置,考虑到了各方面的情况,不可谓不细致,不可谓不妥当。

任福等上路之前,韩琦又送至城外,一再叮嘱任福等人,并且说道:"如果违反军令,即使打了胜仗,也要斩首!"任福满口答应。任福等出征后不久,韩琦还是不放心,又亲自写了一封短札子,派亲兵前去送给任福,提醒任福等人千万不要中了西夏军队惯用的各种诱惑之计，贪功追逐。

当任福率军北上时，元昊率领的军队已经抵达怀远城，很快通过谍报知道任福军队正奔怀远城而来，于是命令军队趁着夜色的掩护，向西南方的羊牧隆城推进，在羊牧隆城南、瓦亭川东面的山地设下包围圈，另派少数军队前去引诱任福军队进入埋伏圈。

任福率领数千名轻装骑兵越过六盘山，直奔怀远城，到达笄头山西麓时，遇上镇戎军西路巡检常昆、巡检内侍刘肃率领的军队，他们告诉任福在南边的张义堡附近发现数千名西夏军。任福听后，没有多做考虑，马上改变了韩琦行前的战役布置，西向得胜寨，又转而向南，跟着常昆、刘肃率领的军队前往张义堡。

常昆、刘肃的军队很快消灭对方几百人，剩余的西夏军丢下大量马、羊和骆驼，佯装战败，落荒而逃。常昆、刘肃的军队马上追击败兵，作为前锋军指挥官的裨将桑怿也毫不犹豫地率军紧跟。这个时候，最应该保持冷静的主将任福也被小胜冲昏了头脑，稀里糊涂地也率大军跟了过去。临近黄昏，任福和桑怿的军队在好水川会合，屯兵扎寨。裨将朱观和武英率领的一支军队，屯于笼洛川（好水川支流），两个营寨隔山相距五里地，约好明日会兵川口，聚歼西夏军队。任福在获悉西夏军队人马并不多的虚假情报后，愈益轻敌。

第二天早饭后，宋军兵分两路，追击"逃亡"的西夏军队，任福军在河南，朱观军在河北，顺着好水川追击。西夏军队故意和追击的宋军一直保持四五里的距离。任福等仍然没有觉察到正被对方牵着鼻子往埋伏圈里钻，追到笼竿城北的时候，才发觉中计。

任福和桑怿等为了冲出包围圈，率军沿好水川西行，在距羊牧隆城五里处准备扎寨迎敌，忽见道旁有几个封闭严密的泥盒子，看不出里面装了什么东西。只听到里面有响动，任福不假思索，命士兵打开盒子。瞬间，百余只哨鸽腾空而起，盘旋于宋军营地之上。任福和将士们仰头观望，平时可爱的鸽子刹那间宛如一只只乌鸦，叫声中更是显出恐怖，任福等将士顿时产生了绝望之感。

对此细节的处理，更看出任福有勇少谋。

元昊听到鸽子的叫声后,仰天大笑,于是按照预先的布置,分割包围处于绝境的宋军。将军克成率领五万人马包围驻扎在南山东边的朱观和武英率领的宋军,元昊率领亲军及其他军队包围任福和桑怿率领的军队,任福等率军拼死作战,自辰时交战到午时,人困马乏、饥渴交迫,也未能冲出包围圈。桑怿等神将先后战死。小校刘进劝任福投降,任福叹道:"我作为大将,而今打了败仗,只能以死报国!"在身负重伤、无法继续作战的情况下,自扼咽喉而死。他的儿子任怀亮也死于此次战役。

在任福军队被围困的同时,朱观和武英的军队也在东面被包围,两军虽然隔山只有五里,却完全失去了联系,彼此不知道对方的情况。危急时刻,幸好王圭率领的四千多名步兵从羊牧隆城前来增援,渭州都监赵津率领的二千二百多骑兵也自瓦亭堡前来支援,这才暂时摆脱了被围困的危境。四将合兵一处,向西夏军队发起攻击。但是元昊率领的亲兵也从他们后边掩杀过来,宋军很快又处于腹背受敌的境地,武英、王圭、赵津等十五名战将先后战死,士卒死伤一万余人,只有朱观率领的一千多人退守一处围墙之内顽强抵抗,等到夜幕降临,西夏军退出战场后,才得以保全。

这次战役,宋军死伤惨重,任福等几十名将校战死。败报传到东京,仁宗和朝臣们气得浑身打战。群臣交章弹劾夏竦,仁宗很快撤销了夏竦的职务。谏官孙沔等人欲严厉追究韩琦的责任,亏得夏竦后于任福的血衣上,找到了韩琦最后派亲兵送给任福的短札,才减轻了韩琦的责任。翰林学士、陕西体量安抚使王尧臣仗义执言,率先为韩琦和范仲淹辩解,说他俩是"天下之选也,其忠义智勇,名动夷狄,不宜以小故置之",韩琦也上章自劾,最终被贬至秦州(今甘肃省天水市)任知州。

这次战役中,先前因为科场失意而投奔西夏的华阴人张元,作为行军参谋跟随在元昊左右,战役结束后,张元奉元昊之命在宋夏交界一所寺院的墙壁上题诗一首:

夏竦何曾耸,韩琦未足奇。

> 满川龙虎辇,犹自说兵机。

该诗充满了对夏竦和韩琦戏谑及对北宋朝廷的嘲笑和蔑视,也反映了西夏君臣得胜后的自豪和喜悦。

好水川之战的失败,也说明了韩琦等攻策的不切实际,良好的愿望遭到严重挫折。韩琦率领部队迎接突围归来的将士时,路上遇到数千名阵亡将士的家属,号哭之声穿透阴暗的天空,在裸露的旷野上空来回飘荡。韩琦听到后,伤心极了。他下马后,以袖遮面,无颜面对,泪如雨下。

此次战败,也不能把责任全部推到任福头上。任福此次作战率领的军队,来自各个地方,骤然重组,许多将官互相都不认识,何谈互相配合作战,且任福也没有在诸将中树立必须有的权威,导致任福名为大将,打起仗来竟然自当先锋官。

(四)第四次被贬官

好水川之战失败后,上至仁宗及高级臣僚,下至在西北的将士和黎民百姓,都难以咽下这口恶气,急于复仇的呼声非常高。见此情景,庆历元年(1041年)三月,范仲淹急忙递了《论不可乘盛怒进兵奏》,坚决反对大败之后激于义愤而仓促发动大规模的报复性进攻,认为这样做的后果适得其反。任福是西北战场的名将,尚且如此表现,若是他人,恐怕更糟糕。范仲淹且引用了《孙子兵法》中"主不可以怒而兴兵,将不可以愠而致战"的名言来警醒众人。仁宗收到札子后,很快冷静下来,痛定思痛,日益认识到范仲淹军事策略的正确性。

庆历元年(1041年)正月,范仲淹负责的鄜延路,积极防御的战略方针开始见效,防线日益稳固。元昊见鄜延路无机可乘,转而准备进攻韩琦负责的环庆路。

元昊首先在此路发起外交攻势,派以前俘虏的宋将高延德携带元昊的书信前来求和,实际上又在玩弄上次欺骗范雍的诡计。范仲淹虽然知道元昊在玩把戏,可还是认真对待,写了长长的《答赵元昊书》,书信题头仍然给元昊加以赵姓,可见范仲淹对元昊的强硬态度和立场。在正文中则回顾了宋夏交往的友好历史,对元昊晓以民族友好的大义,指出双方恢复经济文化的和平交往,才是唯一正确的出路,又派人跟随高延德携带此信送给元昊。

任福兵败好水川后,元昊又派人送信给范仲淹,作为此前回信的答复。打败赵宋的元昊,不再像在上封信中假意求和,而是充满了对赵宋的嘲弄。据范仲淹在给仁宗的上奏中所说,书信共二十六页,其中不可让朝廷大臣看的有二十二页,可见书信的主题就是侮辱。范仲淹看了元昊的来信之后,当着西夏使节的面,就将书信烧毁,烧毁之前让手下人抄录了除谩骂之语、侮辱之语以外的所有内容,作为副本上奏朝廷。范仲淹之所以这样做,完全是为了维护仁宗的尊严和赵宋的国体,也挫败了元昊的阴谋。如他在庆历元年(1041年)三月的《焚元昊复书奏》所言:"任福兵败之后,元昊派人送来的复书愈加猖狂,让朝廷看到后却没有能力反击,则辱在朝廷。臣这样做,只让知道此事的极少数人受辱。"忍辱负重,可见范仲淹的忠君体国。

范仲淹不是不知道这样做的后果,朝中的一些"倒范派",即使在大敌当前的背景下,也时刻不忘寻找范仲淹的"罪证"。也有一些臣僚教条地理解朝廷的一些规则。范仲淹的良苦用心,却被朝臣宋庠等人以"人臣无外交"的禁令为由参劾,亏得宰相杜衍仗义执言,为范仲淹辩解。于是,朝廷给了范仲淹降一官知耀州(今陕西省铜川市耀州区)的处分。五个月后,又改知庆州(今甘肃省庆阳市),迁左司郎中,为环庆路经略安抚、缘边招讨使。

范仲淹知庆州期间,还是首先围绕战略要地修筑堡寨。庆州东北的马铺砦,地处后桥川出口,是西夏军队南下的必经之路。范仲淹决心在此修城,考虑到西夏军队知道宋军筑城的行动后,一定会来争夺,破坏宋军修城,于是密遣范纯佑与蕃将赵明率军首先占据其地,然后范仲淹率军引兵前去,诸将都不知道此行的目的地。到了柔远寨,才下达命令,版筑器具很快准备好,十天后城成,后来改名大顺城。西夏军队发现后,三万骑兵前来进攻,又施展假装失败后逃跑的伎俩,引诱宋军来追。范仲淹告诫众将官一定不要上当,果如范仲淹所料,西夏军队又在前边设置了埋伏圈。大顺城修成后,与白豹城、金汤城结为一体,西夏军队再也不敢对这三个城发动进攻,对环庆路的进攻也越来越少。

(五)宋军三败定川砦

庆历二年(1042年)闰九月,元昊又一次对宋军发动了大规模的进攻,西夏军从屯驻的天都山南下,进攻镇戎军,欲经渭州(治今甘肃省平凉市)而直指关中,占领凤翔府(治今甘肃省凤翔县),阻绝赵宋来自两川的供赋,进而包抄永兴军。如果永兴军被占领,西夏军将直指潼关,后果不堪设想。

宋军方面,负责泾州、原州一路的主帅王沿资历虽老,但缺少知人之明,委派副都部署葛怀敏率军前去抵御。葛怀敏最大的缺陷是既无谋略又刚愎自用,韩琦在给仁宗的一封上疏中谈及葛怀敏来战场之前竟然没有在军队履职的经历,与书生没有什么不同。范仲淹及大臣王尧臣和王沿的儿子王豫都早就认识到了这一点,可朝廷对于这样的将领,照用不误。朝廷的错误导向,导致葛怀敏面见范仲淹和韩琦时,竟敢傲慢无礼。

一贯骄横轻敌的葛怀敏,违背王沿稳扎稳打、诱敌深入,然后逐路合击的战略计划,又一次像任福一样,被元昊牵着鼻子走,在定川砦(今宁夏原州区中和乡)被西夏军铁壁合围。西夏军烧毁寨后定川河上的木板桥,断了宋军退路,又阻断了定川河上游的水源,使宋军愈加绝望。最终葛怀敏等十六名战将力战而死,部众九千余人被俘,仅极少数将士生还[①]。

随后,西夏军直抵渭州,在方圆六七百里的范围内肆意烧杀抢掠。元昊还用诏书的形式告谕关中百姓,"朕今亲临渭水,直据长安",得意之情,跃然纸上。

定川砦战役,是宋夏战争爆发以来最惨重的一次失败。关中大震,民众纷纷躲入深山躲避,"长安落日孤城闭"。

获悉定川砦战败的消息后,范仲淹立即率领六千多将士,由邠州(今甘肃省彬州市)、泾州(今甘肃省泾川县)西北前去增援。仁宗皇帝知道后,看着地图对旁边

---

① 直到今天,战场的遗址范围内,战马骸骨仍到处可见。

的人说:"范仲淹出援,吾无忧矣。"但是,范仲淹率领的军队走到半路,西夏军队已经带着抢掠的物品,满载而归。

任福、葛怀敏等一败再败,除了客观原因外,都犯了低级错误,其失败绝非偶然,说明宋军军事制度积弊太深。比如,军队腐败之风蔓延,大大降低了北宋军队的士气和战斗力、凝聚力,沿边堡寨的军队多带随军娼妓,高级将领大多有勇无谋,更没有把握全局的能力。以至西夏军一看见高举禁军旗子的宋军,就高兴得嗷嗷直叫,直喊又该吃肥肉馅的饺子了。

著名诗人苏舜钦写于景祐元年(1034年)的一首诗,早就看出了宋军的弊端,可掌握大权的宰执们,谁去理会诗人的吹哨声。

无战王者师,有备军之志

天下承平数十年,此语虽存人所弃。
今岁西戎背世盟,直随秋风寇边城,
屠杀熟户烧障堡,十万驰骋山岳倾。
国家防塞今有谁?官为承制乳臭儿,
酣觞大嚼乃事业,何尝识会兵之机?
符移火急蒐卒乘,意谓就戮如缚尸。
未成一军已出战,驱逐急使缘崄巇。
马肥甲重士饱喘,虽有弓剑何所施?
连颠自欲堕深谷,虏骑笑指声嘻嘻。
一麾发伏雁行出,山下奄截成重围。
我军免胄乞死所,承制面缚交涕洟。
逡巡下令艺者全,争献小技歌且吹。
其余剸馘放之去,东走矢液皆淋漓。
首无耳准若怪兽,不自愧耻犹生归!
守者沮气陷者苦,尽由主将之所为。

地机不见欲侥胜,羞辱中国堪伤悲!

(六)宋军战略体系成熟

庆历二年(1042年)十月,王沿因战败降知虢州(治今河南省灵宝市),文彦博知泾州兼泾原路主帅。十二月,仁宗又欲让范仲淹知泾原路,与文彦博对调。范仲淹接到仁宗的御前札子后,马上上书仁宗,提出不同意见。他认为泾原路地处宋夏战场的要冲之地,由于处于南北向的河谷地区,几乎没有什么险阻,非常有利于以骑兵为主的西夏军队作战。虽然也有一些堡寨,但是都在平地。范仲淹恐怕自己不能独当一面,希望能够与韩琦共同经略泾原路,均驻扎在泾州,遇事情好商议,韩琦兼任秦凤,范仲淹兼任环庆。一旦泾原有战事,韩琦与范仲淹可以集中两路重兵,掎角并进。如果秦凤、环庆有战事,韩琦和范仲淹可以同时率领泾原之师,前去增援。仁宗认为范仲淹言之有理,接受了他的建议。秦州、渭州、庆州,也均有得力之人担任知州。

北宋时期,与西夏国土毗邻的西北地区,也即黄河及其支流泾水、渭水上游,湟水、洮水和岷江流域,以及狭长的河西走廊,散布着许多党项人、吐蕃人以及其他族属不很清楚的部族,宋人把他们分为熟户和生户。这些部族一度为元昊所利用,成为其进攻北宋的重要协助。范仲淹知庆州前,环州、庆州一带的少数民族部族酋长有六百多人及其属下的武装,成为元昊进攻北宋的先导。随着宋夏战略地位的变化,这些部族虽然首鼠两端,但是大多还是倾向西夏。范仲淹到任后,采取软硬兼施的灵活手腕,一方面用皇帝颁布诏令的形式犒赏这些部族首领;另一方面,派人亲自到这些部族,点阅他们的人马,并与他们签下盟约,"西夏军队进入该部族界内,不能马上逃避者,每户罚羊两只,其酋长将被大宋作为人质,限制人身自由。逃入本寨者,大宋予以解决生活需要的一切物资"。从此之后,这些部族绝大多数都在北宋的掌握之中。

在此基础上,范仲淹又和其他朝臣一起,建议朝廷用授予官职的形式来笼络这些部落酋长,给予他们闲田,使他们逐渐过上以农耕为主的定居生活——定居之后,就不再首鼠两端了。

这些少数民族部族体格健壮,兵马娴熟,又适应当地的气候,熟悉地形,如果能将这些部族中的成年人培养成为北宋所用的军事武装力量,那就更好了。范仲淹于是将他们组建为蕃兵。但是,范仲淹当时对他们的信任度还比较低,只是作为协助性武装力量来使用。

定川砦战役战败,从反面印证了范仲淹积极防守、在条件成熟后发动战略反击的正确性。范仲淹在庆历三年(1043年)二月的《论元昊请和不可许者三大可防者三》上奏中进一步说明了此策的内容:"两年之内训练精兵三四万,号令齐一,战阵精熟,配合得力。由熟户组成的蕃兵可以和禁军一起作战"。

战略防御体系的调整,逐渐收到了成效。韩琦与范仲淹一起,齐心协力,统筹规划,选将练兵,元昊此后在战场上逐渐处于被动地位。"军中有一韩,西贼闻之心骨寒;军中有一范,西贼闻之惊破胆"的民谚,传遍西北战场,甚至传到西夏境内。虽然不无夸张之处,但是论及赵宋抗夏名将,首推韩、范。

(七)宋夏达成协议

西夏由于多方面原因导致的生产力不发达,加上长期以来经济结构较为单一,为了生存,也为了满足统治集团骄奢淫逸的需求,长期以来只能通过各种途径从北宋谋取经济利益。

元昊发动战争之前,进行了较长时期的物资积累。发动战争之后,来自北宋的赏赐全部中断,北宋又采取经济上的制裁措施,断绝双方贸易中对于西夏而言非常重要的盐的销售。所以,西夏虽然在战场上屡屡取胜,但是较之北宋,国小力弱,更经不起长期的战争,以前的积累也基本上耗尽。

战争也使西夏国内的矛盾走向尖锐化。连年的战争对于广大的民众而言,灾难日益显著,西夏人口少,战争导致的伤亡和北宋比较起来,比例显然要大。一般的民众,除了承担兵役和徭役,用于生产的时间也基本上被剥夺,各方面因素叠加起来,导致物价飞涨,民众已经挣扎在死亡线上,纷纷怨声载道,宣泄对元昊不满的

《十不如》的歌谣到处传唱。《十不如》的具体内容现在虽然不能详见,但从题目可以推测出,其包含的怨恨应该涉及方方面面。

定川砦战役之后,双方没有再发生大规模的战争。元昊迫于内外的压力,转而主动向北宋求和。双方进入了艰难的谈判时期,双方使节奔波于两国都城之间。赵宋宰执对元昊提出的纳款条件,展开了激烈的争论。

正当赵宋宰执在讨论是否接受元昊的纳款条件时,元昊又玩弄两面派手腕,请求辽国与之联合攻宋,遭到辽国拒绝。元昊不满意辽国背弃与西夏的盟约坐收宋朝的岁币,于是开始侵扰辽国的边境,并招诱辽国境内的党项族和其他部族。元昊的上述做法,使辽兴宗大为恼火。早先辽国答应赵宋,向元昊施压使其对赵宋"称臣纳款"。允诺无法兑现,则使辽国在赵宋面前颜面全丢。现在元昊又公然侵扰辽国,使其宗主国的面子也丢光。

辽兴宗为了挽回自己的面子,派遣使节到北宋通报此事,将讨伐西夏说成是"西夏负中国当诛",言外之意是辽国替赵宋主持公道。

西夏又与辽国开战,一下子陷入两线作战的局面,迫使元昊对北宋的外交必须进行根本性的转变。他一改原先"称男不称臣"的条件,转而同意对赵宋称臣纳款。而辽国为了孤立西夏,要求北宋不要接受西夏的称臣纳款。面对三国之间复杂的关系,赵宋宰执们各抒己见。范仲淹提出两点意见:

第一,西夏对赵宋称臣纳款,理由充足,从大宋的国家利益出发,不应该拒绝西夏的请求。

第二,西夏背叛辽国,辽国如何应对,是辽国的内政问题。辽国如何解决,不应该把赵宋也裹挟进来。

言外之意,这是两个独立的外交问题,应该分割得清清楚楚,以最大限度地维护大宋的国家利益。

很明显,范仲淹的观点,很符合现代处理国家外交问题的基本原则。仁宗和宰执们讨论之后,最终接受了范仲淹的意见。

经过一年的艰难谈判,在求同存异的背景下,庆历四年(1044年)十二月,双方

终于达成了和约,内容主要包括如下六条:

第一,西夏国主对宋称臣,奉正朔,也即遵循宋朝所颁布的历法。在中国古代,朝廷每年厘定正朔并向所统治的地区和从属的周边政权颁赐历法,是确定天下一统的大事。

第二,宋册封元昊为夏国主,并承认西夏现有领土。

第三,大宋每年赐予西夏银七万二千两,绵帛十五万三千匹,茶叶三万斤。

第四,双方在边界地区,再次设置贸易的场所榷场,但是西夏的青盐不得再卖给大宋。这是因为宋河东路盛产池盐,西夏卖给宋的青盐价格很低,直接导致河东路的池盐滞销,影响国家的财政收入及就业。

第五,双方以前俘获的对方军民,都不再归还。今后本国人逃往对方,均不得越界抓捕。

第六,两国边界以山脉和河流的中间为界,在各自界线内,都有修筑堡寨的权利。

第五讲

先天下之忧而忧
——庆历新政

从庆历三年九月到庆历五年正月，在范仲淹等人的主导下，赵宋王朝进行了一场涉及政治、经济、军事、教育、文化等方面的改革。改革虽然也取得了一些成就，但是由于既得利益集团的强烈反对、改革派自身的一些缺陷以及仁宗皇帝的摇摆不定，最终以失败收场。

第一节　新政出台的背景

一、王钦若施展离间计

　　澶渊之盟之后,宰相寇准、毕士安等人鉴于国家财力已经紧张的局面,主张实行休养生息政策,裁减军队和少量官员,以减轻财政负担。宋真宗在二位能臣的辅佐下,也开始励精图治,发愤图强。君臣和谐,内外齐心,国家的政治、经济形势逐渐好转。西北地区,与党项族首领李德明的议和也开始进行,虽然最终达成和议尚需时日,但是和议已经是定局。

　　景德二年(1005年)十月,毕士安突然发病去世,形成寇准独相的局面。之前的宋辽大战,亏得寇准在危急关头的坚决果断,真宗才鼓足勇气御驾亲征,否则宋辽两国之间隔着淮河或长江对峙的局面,必不可免。真宗每每想到此,就倒吸一口凉气,所以对寇准也充满了感激、敬畏之情。

　　当初主张南逃金陵(今江苏省南京市)的副宰相王钦若,因为受到寇准不点名的斥责,后被贬为地方官。澶渊之盟后回朝,又担任副宰相,因为不愿意与寇准同为宰执,改官为刑部侍郎、资政殿学士。

王钦若对寇准斥责自己的事情,牢记在心,时刻寻找报复的机会。君子报仇,十年不晚。小人报仇,就在当下。一日朝会完毕,寇准先退,真宗恭敬地目送寇准走远。王钦若趁机对真宗说道:"陛下如此敬重寇准,是因为他对社稷有功吧?"真宗不假思索地回答道:"对!"王钦若带着悲愤的语调说道:"澶渊之役,陛下不以为耻,却认为寇准有功于社稷,大错特错呀!"真宗听到如此怪异的评价后赶忙问道:"怎么这样说?"王钦若带着悲怆的语调厉声说道:"城下之盟,《春秋》耻之。澶渊之举,是典型的城下之盟。万乘之君,亲自参与城下之盟,还有比这更耻辱的事吗?"[①]真宗听后,脸色陡变,一下子说不出话来。王钦若抓住时机,巧言令色地说道:"陛下知道赌博的事吧?赌徒快输光钱的时候,往往罄其所有,孤注一掷。陛下,当初您就是寇准的孤注呀!危险不危险呀!"这句话如五雷轰顶,一下子揪住了真宗的心。真宗坐在龙椅上,点点头,细细品味王钦若的最后一句话,恍然大悟,心中默念道:"多亏赢了,否则我岂不成了亡国之君了。寇老西呀寇老西,你原来是一个赌徒呀,朕原来是你的孤注呀!"

王钦若的离间计很成功。景德三年(1006年)三月,寇准被罢相,改为刑部尚书、知陕州(治今河南省三门峡市)。副宰相王旦升为宰相,王钦若成为知枢密院事,又成为大权在握的宰执。

二、举国上下造神忙

可是,罢免寇准,起用王钦若后,真宗还是郁郁寡欢,"城下之盟"四个字,一直

[①] 据现代研究辽宋史的学者研究,澶渊之盟并不是传统意义上的城下之盟,而是宋辽两国军事实力基本平衡的反映。

郁结在心，因为竭力主张和辽国签订城下之盟的并不是寇准，而是真宗本人。他想臣僚和国人肯定一直在背后议论他，后代的史书，也会如此记载。真宗是一个很爱虚荣、很爱面子的皇帝。

真宗于是向王钦若询问雪耻之策。王钦若明知真宗患有"恐辽症"，所以才会在宋军取胜的背景下有澶渊之盟之举，却提出更高的目标来迷惑真宗，说收回幽云十六州①，才能雪耻。这个目标，对于后宫里长大的真宗而言，自然是痴人说梦。

见真宗上钩后，王钦若转而提出封禅一策，说只有封禅才能镇服四海，夸耀夷狄。封禅是秦汉以来建有不世之功的帝王才有的行为，且封禅之前还要有上天赐予的祥瑞，因为皇帝是天的儿子，天赐祥瑞，说明上天对皇帝治理万民的政绩非常满意。封禅的地方一是泰山（祭天），秦始皇、汉武帝等帝王都曾经于泰山封禅；二是汾阴（祭地），祭祀主管土地和人类生育繁衍的女神，汉武帝、唐玄宗等帝王在位时期都曾经到此祭拜，合称祭祀皇天后土。通过祭祀规模的浩大和祭祀过程的神秘性，来宣传君权神授的理念及帝王的功绩，粉饰太平，进一步渲染个人崇拜的气氛，以维护自己的统治。

真宗一听，认为言之有理。但是，封禅之前必须有祥瑞出现②。澶渊之盟后的赵宋，肯定不会有老天赐予的祥瑞。真宗为此又苦恼不已。王钦若带着十分认真的口气对真宗说以前搞过封禅的帝王，有的事先人为制造祥瑞，言外之意可以仿效，君臣二人于是决定制造祥瑞，为封禅做舆论准备。宰相王旦提出反对意见，真宗一方面让王钦若私下告诉王旦制造祥瑞的真实目的，另一方面于宫中设私宴招待王旦，借赐酒为名，给了王旦整壶珍珠。由于是皇帝赐予的，王旦不敢不接受，有苦难言。事已至此，王旦再也不敢提出反对意见。

---

① 幽云十六州主要位于河北省的北部、山西省的东北部以及京、津二市境内，正好位于燕山山脉和北太行地区，是历史上汉民族和北方游牧民族活动的天然分界线，也是汉民族抵御北方游牧民族军队南下的天然屏障。后晋石敬瑭为了做皇帝，竟然把这一带地区割让给了辽国。后周和北宋初期，周世宗和宋太祖、宋太宗三位皇帝，一直力图收回此地区，均未能成功。

② 玉兔、白鹿出现，皇帝居住的宫殿的柱子上长灵芝，黄河清，天上出现祥云等都视为祥瑞的符号。

景德五年(1008年)正月的一天,真宗对王旦、王钦若等大臣说道:"去年十一月二十七日,有人见到神人降临内宫,并说要降天书《大中祥符》三篇。刚才有臣下奏称在左承天门(在东华门内)的屋之南角的鸱吻之上挂有黄帛,应该就是天书。"于是真宗毕恭毕敬地步行到承天门,跪拜、迎接天书,然后命两名宦官登上门楼屋顶去取天书。取下来之后,真宗又对着天书叩拜,命令将天书放进皇帝乘坐的车舆中,抬到正殿做黄箓道场,然后命令陈尧叟启封天书,只见黄帛(天书)最外面有以下文字:"赵受命,兴于宋,付于恒。居其器,守于正。世七百,九九定。"天书里面的内容分为三部分,第一部分是夸赞真宗将国家治理得很好,第二部分是劝诫真宗要清净简朴,第三部分讲到赵宋天下将长久延续。

陈尧叟声情并茂地念天书,真宗跪在地上毕恭毕敬地听,唯恐漏掉了一个字。陈尧叟念完后,真宗站起来之后略作停顿,又一次跪下去接受天书,然后命令把天书拿给大臣们看。趋炎附势的大臣们都认为是天书,个个显得兴奋不已,宛如打了鸡血一般。真宗命令把天书用四川织造的最好的绢包好,藏到金匮中。接下来有大臣提出应该改年号来感谢上天的赏赐,众人赶紧随声附和,唯恐表态落后,给皇帝留下不忠的表现。于是决定改年号为大中祥符元年。

紧接着伴随天书降临的活动便是人间的响应。三月,先是泰山所在地的兖州父老一千二百人到东京请求封禅,接着是兖州及诸路进士八百四十人到东京请求封禅,然后是文武百官、蛮夷、僧道等两万四千三百七十余人到东京请求封禅,搞得东京像过年一样热闹。真宗则四次表示坚决反对,一直到接到第五次请愿后,才以天意难违、民愿难违为由表示接受。

四月,真宗下诏于十月到泰山封禅。又于东京开始修建规模宏大的昭应宫(后改名玉清昭应宫),以供奉"上帝"和"天书"。由于花费太大,宰相王旦等提出反对意见,可真宗还是在几个马屁大臣的支持下,花费巨资完成了此项标志性建筑。六月,天书又两次降于泰山周围。十月,真宗带着"天书"到泰山封禅。结束之后的当天,又到泰山西南的社首山祭祀地神。该年十一月,又去曲阜祭祀孔夫子。

大中祥符四年(1011年),真宗又以仅次于泰山封禅的程序和规模到汾阴祭祀后土。

与这些行为相伴随的是僧尼和道士的人数大量增加,佛塔和寺庙广泛兴建。道观和寺庙占有大量土地和劳动力,却不用缴纳皇粮国税。

一系列的旷世大典,将太祖、太宗两朝及真宗前期国库的积蓄花个精光,积贫积弱的局面开始出现。

真宗去世后,刘太后垂帘听政的时期,内侍们只要拿着白条子,就可以到国库支取财物,连起码的制度都没有了。积贫积弱的状况进一步加剧。

而宋夏战争的爆发,进一步加剧了国内的矛盾。最终元昊愿意向宋称臣,仍称夏国主,遣使议和,庆历四年(1044年)十月,双方达成和议。北宋又以花钱买和平的方式,结束了这场战争。

战争虽然结束了,但是,这场战争使北宋积贫积弱的国情彻底暴露。朝廷中的有志之士意识到,面对问题实行的"保守主义"政策[①],再也不能继续下去了,改革才是唯一正确的出路。

三、问题症结

积贫指的是表面上看起来北宋的经济一片繁荣,其实政府越来越入不敷出,只好不停地加税,大多数民众的生活水准只能每况愈下。

积弱一是对外弱,尽管先后和辽国、西夏签订了和平协议,但是,辽国仍然对北宋形成巨大的国防压力。二是对内弱,社会底层为生活所迫,不断起来反抗,小规模的抗争此伏彼起。庆历三年(1043年)五月,禁军士兵王伦率领四五十名兵士叛

[①] 此政策又被戏称为"鸵鸟式"政策,遇到问题不是想方设法去解决,而是竭力掩盖,假装太平无事。

乱,在官兵的追击下,转而南下,发展到二三百人时,竟然在楚州(今江苏省淮安市)、泰州(今江苏省泰州市)一带如入无人之境。沿途各县负责治安的官员,手下只有数十名战斗力很弱的士兵和差役,根本无力抵抗。县官们或是望风而逃,或是干脆开门揖盗,以好酒好肉招待,再厚礼相送,以求得县城的平安。

导致积贫积弱的原因很多,最关键的有三个:

其一是"冗兵"。赵匡胤建立赵宋政权后,鉴于历史上每逢灾荒就出现大规模的社会动荡,便将灾民中身强力壮的男丁吸纳进军队,此策自然有其实施的合理性,也起到了遏制大规模社会动荡的作用。后来面对辽国和西夏的军事压力,只好再扩充军队,到仁宗庆历年间,兵员骤然增加到一百二十多万。国家的财政收入,五分之四用于养兵,这个比例实在太大了。

其二是"冗官"。赵宋政权大力发展科举制,每年录取的进士人数较之唐代大大增加,虽然促进了思想、文化的大发展,扩大了统治基础,但是其显著的弊端就是官员数量急剧增加,而恩荫制度的泛滥更是导致"冗官"现象的最主要原因。

官员数量多,有时候一个位置竟然同时安排三个人,遇到事情就互相推诿、扯皮,内讧则成为常态。中高级官员的俸禄较高,这也是财政困难的原因之一。

其三是"冗费"。前边已经写到真宗和刘太后垂帘听政时期胡乱花费,此外还有对官员的赏赐、送给辽夏二国的"和平外交"费用。"冗费"进一步加剧了财政的紧张状况。

因此,若改革,必须拿"三冗"问题开刀,开刀必将触及强大的既得利益集团,利益集团对待改革的态度则成为改革成败的关键。在范仲淹等改革派眼中,担任宰执二十余年的吕夷简,则是既得利益集团的标志性人物,也是改革的最大障碍。

第二节　风雨中的新政

庆历三年(1043年)四月,范仲淹和韩琦均因为在宋夏战争中的卓越贡献而被仁宗召回朝廷,同时担任枢密副使,进入宰执的行列。在改革派一再向仁宗提出彻底解除吕夷简一切职务的请求下,仁宗终于答应了改革派的要求,为改革创造了较好的人事环境。

八月,范仲淹由枢密副使升任参知政事,好友富弼则成为枢密副使,加上韩琦,形成"改革铁三角"。九月,仁宗督促范、富二人与宰相章得象一起,尽快上奏改革的顶层设计。看起来,仁宗改革的决心很坚定。

范、富二人商议后,很快以范仲淹的名义,上奏《答手诏条陈十事》。这一纲领性文件基本上反映了以范仲淹为领袖的改革派多年的认识和主张,包括明黜陟、抑侥幸、精贡举、择官长、均公田、厚农桑、修武备、推恩信、重命令、减徭役。除厚农桑、修武备、减徭役三条外,其他七条都属于政治改革的范畴。而在专制政治时代,政治改革的走向一般均指向改革吏治。改革派认为只要吏治清明,其他问题就可以迎刃而解,这也可看出改革派的幼稚。

十月中旬,改革举措正式铺开。

范仲淹等首先从中央官员中选拔张昷之任河北路都转运按察使,王素任京东路都转运按察使,张逷任淮南路都转运按察使,类似今日中央派往地方的巡视组组长。从三人的仕宦经历来看,他们都符合范仲淹要求的能够融合儒家和法家二家治国主张①。之所以选择此三路先行试点,一方面因为三路距离京师较近,便于指导、观察,出现偏差后,又便于及时纠错;另一方面改革前影响较大的兵乱,发生、发展于此三路,可见该地区吏治较差,必须马上动手术,不能再有拖延。

张昷之等三人的职责与改革前转运使重在管理财政的职责不同,而是重点考察本路各州府长官是否称职,称职且政绩优秀的,升迁重用,不称职者上奏朝廷予以罢免。再由知州(府)采用同样的方法和程序,考查所属县的县官。这就是改革纲领中的"择官长"一条。任好官,任清官,任能干的官。

十月底,又推出了第二条举措,也即明黜陟,但仅限于文官。由于宋夏之间的战争还在进行,不在军队推行此项改革,可见改革派考虑问题的成熟与周全。

改革之前,不管政绩如何,只要没有大的差错,官员的升迁,完全按照规定的年限来,也即俗语中的按资历来,论资排辈,这样的标准自然不会鼓励官员为政的积极性和创造性,熬出来了大量的庸官。新政则要求高级文官任职到年限后,必须实事求是地汇报政绩,然后听旨,朝廷根据各人政绩决定是否升迁。一般官员在任期内犯有"私罪"②的,也一律上奏,朝廷根据具体情况,决定是否升迁。该条措施在上一条举措的基础上,实施的地域范围不再仅仅限于三路,而是扩及全国。

范仲淹曾经对着官员的花名册,查找已经基本上确定的不称职官员的名字,看到之后就划掉,然后换上自己了解的称职人员的名字,被划掉的名单一大串。富弼看到后说道:"相公您这轻轻一笔简单呀,您不知道这后边可有一家人的眼泪呀!"范仲淹听后,沉重地对富弼说道:"一家哭和一路百姓哭比起来,谁的眼泪更多?"

范仲淹永远牢记他同样视为老师的王曾说过的一句话:"做官哪能把别人感谢的话都记在自己头上,把别人骂人的话推到他人头上。"他认为,做官必须做到"公

---

① 儒家主张礼乐教化,且官员首先要为人楷模。 法家主张严刑苛法。 儒家的主张理想主义色彩较浓,但是颇有人情味。 法家的主张太具现实性,但缺乏人情味。

② 因为职务失误犯罪称为公罪,其他称为私罪,如贪污受贿。

罪不可无,私罪不可有"。

十一月中旬,又推出了"抑侥幸"的举措。贵族和官员子弟由于平日生活条件优裕,大多缺乏范仲淹、欧阳修、韩琦这样的吃苦、进取的精神,能够进士及第者自然就少,所以只能走荫补入仕的道路。

荫补又叫"恩荫""任子""门荫""世赏"等,是朝廷根据官员职、阶的高低授予其子弟或亲属、门客以官衔或差遣的制度。宋代荫补的名目主要包括以下五类:一是大型的祭祀活动时期,如祭天、祭地。二是皇帝过圣节,也即皇帝的生日。三是官员退休时。四是官员申报遗表,即官员去世之前向皇帝提出此方面的待遇,当然只有高级官员才有此待遇。五是改年号、新皇帝即位、公主生日、皇后去世时的临时性恩荫。

宋代的州县官、财务官等中低级差遣,大部分由恩荫背景出身的人担任。

改革之前,由于科举录取人数的增加,已经出现了进士及第之后,不能随即安排差遣的机会,大量的恩荫之人则能够凭借家庭背景得到差遣,有的甚至尚在襁褓之中就已经有了此待遇。

以范仲淹为领袖的改革派大多是中小地主出身,对此政策导致的社会不公有切身的感受。而恩荫出身的官员,由于没有十年寒窗的经历,综合文化水准较低,行政能力较差,尤其是缺乏对底层百姓生活状况的感受,容易在做官过程中使已经比较尖锐的社会矛盾激化。

新的政策削减了中高级官员的子弟荫补为初级官员的人数,还降低了长子以外的亲属荫补后的级别。而且荫补后的初级文官还要经过礼部组织的考试,武官则考试武艺和兵书,通过之后才能出任相应的官职。

这项举措势必引发绝大多数中高级官员及其相关利害人员的强烈反对,甚至会结成联盟,向仁宗施加压力。范仲淹也深知真正赞成改革的官员并不多,而且仁宗皇帝有耳朵根子软的毛病,一旦反对的官员多了,他能否坚定地支持改革派,也是未知数。范仲淹虽然忧心忡忡,但还是义无反顾地推出了此项改革措施。

十一月底,又推出了"均公田"的举措。公田即职田,地方官员在任期间,在国家财力非常紧张的情况下,已经无力给他们增加俸禄,于是按照职务的高低,分配给他们数目不等的土地,靠出租土地,可以得到一笔收入。但是,官员应该享有的职田的面积、等级标准,都还是真宗在位时制订的,四十多年没有变过,多寡不均、苦乐悬殊,挫伤了不少官员的积极性,助长了官员通过各种关系去职田多的地方做官的腐败行为。新政出台之后,按照新标准,多退少补。

改革派希望用增加地方官员收入的方法,求得政治的清明,也即今日常说的高薪养廉,这比单纯的道德教化要好得多。

庆历四年(1044年)三月,又推出了"精贡举"的举措,这项改革包括科举制度的改革和大规模兴办学校两条。要求各州县都设立学校,士人必须在学校学习三百天,参加过科举考试的也需学习一百天。这是中国历史上第一次以诏令的形式大规模地兴建学校,影响深远。

范仲淹之所以把学校和科举挂起钩来,是因为他深知学校教育的重要。他认为如果没有学校教育环境、教育经历的熏陶,只有单纯的科举考试,是只问收获、不问过程。而按照新政的要求,学校教育,非常重视学生道德品质的教育,特别是忠君报国思想及士大夫气节意识的教育。一旦发觉学生有大的品德方面的缺陷,将取消其参加科举考试的资格。而且由于二者挂钩,可以保证学校有适量的学生,有利于教育的发展,有利于社会整体文化素质的提高。

就科举考试形式的改革而言,范仲淹将考试的次序变为先试策,再试论,最后才试诗赋,同时取消帖经、墨义两类死记硬背和简单了解儒家经典的考试形式。也即按照考试内容的重要程度排列,重在考查做官所需要的行政能力。

同年五月,又推出"减徭役"的举措,也是新政期间推出的最后一项举措。将河南府(治今河南省洛阳市)属县中的五个县降为镇(范仲淹原计划降九个县)。据范仲淹事先做的比对,唐武宗会昌年间(841—846年),河南府有十九万四千七百多户,设置了二十个县。由于该地是安史之乱的重灾区,现在河南府只有七万五千九百多户,几乎少了三分之二,竟然设置了十九个县,其中巩县(今河南省巩义市)只有七百户,偃师县(今河南省洛阳市偃师区)一千一百多户,每个县有能力承担徭役的家庭不超过一百户,但是需要服徭役的人却有二百多人。因为农户需要轮流承担徭役,导致没有承担能力的农户也被迫轮流进来。

第三节　无可奈何花落去

一、改革匆匆收场

第一项改革举措推出后,就遭到被奏为不称职官员及有各种利害关系的官员的不满。第二、第三项举措推出后,反对的声音就越来越多,甚至开始出现将改革派污为"朋党"的声音。但是,范仲淹顶住压力,不为所动,坚持要将改革进行到底。

庆历三年(1043年)四月,范仲淹从陕西被召回担任枢密副使,欧阳修等担任谏官,吕夷简被解除一切职务。四月,新任枢密使夏竦刚刚回到东京,就受到台谏官的强力弹劾,抨击他在陕西不肯尽力,每论边事,仅仅罗列众人之言,朝廷派人前去监临之后,才拿出十策。率军巡边,还不忘带着侍婢,几乎酿成兵变。由于他的懦弱无能,元昊曾经悬赏两千铜钱要夏竦的头颅,以羞辱夏竦,也羞辱赵宋朝廷①。

―――――――――
① 此前夏竦悬赏捉拿元昊的赏金是五百万贯铜钱。

仁宗见此情景,赶忙又免掉了他的职务。

范仲淹等改革派人物的好友石介,时为国子监①直讲,也是当时知名的学者。石介平素就喜欢声名,疾恶如仇,敢作敢为,爱冲动。他看到仁宗亲政后,一心求治,而范仲淹等改革派人物一时势力颇盛,且勇于改革,以为改革成功有望,没有意识到改革的复杂性、艰巨性,更没有意识到既得利益集团的顽固性和力量的强大。他写了一首篇幅很长的《庆历圣德诗》,诗中除赞颂仁宗之外,将改革派的主要人物范仲淹、富弼、韩琦、欧阳修等挨个赞扬了一遍,言辞之高调,很容易导致反改革派的反感。即使改革派内部,有人看了以后,也有微词。同为改革派的知名学者孙复就说道:"(石介)大难开始了。"孙复此言,实际上隐含着对改革前途的担忧,对改革派命运的担忧。正在从陕西往东京赶的范仲淹和韩琦,也见到了这首诗。范仲淹拍着大腿说道:"大事要毁于这种怪人之手!"

石介在该诗中用"大奸之去,如距斯脱"暗指夏竦。夏竦被免掉枢密使之后,恨死了石介,让装神弄鬼的道士在自己家中立了一个诅咒石介的牌子,牌子上写着"夙世冤家石介",寻找报复的机会,并设计周密的筹划,指导家中一个书法基础比较好的女婢,让她在家练习、模仿石介的书法,一段时期后,基本上达到了真伪莫辨的程度。

夏竦终于在石介给富弼的上书中找到了可以大做文章的地方。石介的上书中本来写的是希望富弼像商代的伊尹、周代的周公一样,辅佐仁宗中兴赵宋。夏竦却到处散布流言蜚语,将上书中的周公换成霍光。这一换问题太大了,伊尹是传说中商代的元老重臣,一度主持商的国政,先立外丙为王。三年后废掉外丙立仲壬为王,四年后又废掉仲壬立太甲为王。由于太甲的昏庸,商的国政出现严重的危机,伊尹于是将太甲外放到商王汤的葬地桐宫(今河南省洛阳市偃师区境内),让其悔过自新,重新学习治国之典籍,而由伊尹暂时代为处理国政。三年之后,太甲通过悔过自新和对治国典籍的认真学习,完全具备了治理国家的能力,伊尹又亲自将其

---

① 宋代最高学府,招收七品以上官员子弟为学生,庆历新政期间成为掌管全国学校的总机构。

接回来,将治国之权还给他。而霍光则是废掉了荒淫无道的昌邑王[1],另立汉宣帝。此种修改的险恶用心,不言自明。又拿出伪造的石介替富弼起草的废掉仁宗、另立新帝的诏书。此做法之毒辣,足以陷范仲淹等改革派于死地。

专制时代的帝王,对此类谣言,基本上是抱着宁可信其有不可信其无的态度。开明如仁宗,听到此谣言后,虽然表示不相信,却没有追查此事的来龙去脉。范仲淹等人已经感觉到山雨欲来,开始寻找退路。

此时,辽国又开始发兵讨伐西夏,西北的局势又变得复杂、紧张,范仲淹趁机向仁宗提出亲自去宣抚西北地区的要求,仁宗马上予以批准。六月,范仲淹任陕西、河东路[2]宣抚使。八月,富弼出任河北宣抚使。二人虽然仍保留参知政事和枢密副使的官衔,实际上已经不再参与朝政。保守派趁机反攻倒算,集中攻击范、富二人。

庆历四年(1044年)十二月,宋与西夏正式议和,仁宗认为范仲淹、富弼二人的使命已经结束,下诏令免掉范仲淹、富弼二人的宰执衔。宰相杜衍强烈反对,但范仲淹还是主动请求免掉自己的宰执衔。仁宗采纳宰相章得象的意见故意赐诏不许。书生气很浓的范仲淹以为仁宗还想进行改革以改变积贫积弱的局面,于是马上上表谢恩。章得象及其党羽趁机攻击范仲淹此前的辞职行为是"携诈要君",欺君之罪,这在古代可是杀头之罪。

庆历五年(1045年)正月,辽国使节向赵宋朝廷通报辽与西夏的战争已经结束,以向赵宋示好,仁宗见状,以为天下太平已见,于同月下旬,将范仲淹、富弼和支持他们的宰相杜衍,全部罢免宰执,出任地方官。

已经颁布的六项改革举措,除"均公田""减徭役"之外,其他都于庆历五年被废除。"减徭役"虽未明令废除,实际上也是停留在了纸面上,庆历新政就此画上休止符。

赵宋政权在积贫积弱的道路上继续下滑。但范仲淹等人的政治遗产,后被王

---

[1] 2011年在江西省南昌市发现的震惊中外的海昏侯的墓葬就是他的葬身之地,霍光废海昏侯时,宣布他登基后仅仅27天,就干了1127件荒唐事。

[2] 主要管辖今山西省所辖地区。

安石等改革派继承、发扬光大。

二、失败原因探讨

庆历新政失败的原因非常复杂,既有仁宗的因素,也有保守派筹划精密的反击,还有改革派自身的许多因素。

(一)仁宗皇帝的"异论相搅"

仁宗皇帝的性格虽然有许多优秀的地方,但是优柔寡断、猜疑防范的一面,却是对改革和改革派尤为不利的。欧阳修在改革之初就预见到了这一点。他在上奏中指出新政必将牵涉一些官员的利益,这些人为了维护自己的既得利益,不惜牺牲国家的前途,找出种种理由反对改革。仁宗一旦接受了他们的意见,必将助长他们反改革的信心和勇气,使改革陷入困境乃至失败。

仁宗皇帝的性格还和赵宋王朝的祖宗家法有很大关系。从太祖赵匡胤开始,经过太宗、真宗时期的发展,为了维护专制统治,逐步确立了几项祖宗家法,除了众所周知的严密防范武将,还有一条就是防范朝臣结党。为了对付朝臣的结党行为,皇帝在用人方面必须"异论相搅",实际上还是先秦法家权术之学的运用。

"异论相搅"政策,始于宋真宗。王钦若出任宰相之后,真宗又故意把与王钦若派系不同、政见不同的寇准任命为参知政事,有大臣对此奇怪的用人做法表示不理解。真宗嘿嘿一笑,不小心道出了奥秘:"就是要让他们异论相搅,这样谁也不敢做违法之事,谁做了非法之事,朕可以马上知道。"

所以"异论相搅",就是同时起用派系不同、政见不同的大臣,以便相互牵制,其意图在于使士大夫之间产生不同的政见,从而互相制约,强化君权。虽然它在一定程度上使中央的政治控制能力得到增强,而且客观上促进了"言论自由",但也是一把"双刃剑",一旦使用不当,把握不好分寸,也会使中央的政令难以得到贯彻执行,这也是两宋亡国的重要原因之一。

庆历新政时期,宰相章得象实际上扮演着"搅局"的角色。当改革派的韩琦、富弼作为少壮派官员凭着能力和优异的政绩成为宰执,锐意与范仲淹一起改革之时,章得象私下对人说道:"我常常见小孩子们疯狂地奔跑跳跃,大人害怕出危险,常常呵斥他们停下来,可小孩子们往往不听,直到撞到墙上,碰个头破血流,自然就停下来了。"这句话典型地反映了他老于世故的嘴脸。

元人所修《宋史》记载章得象于庆历新政期间"无所建明",仿佛是局外人,这是很不正常的事情,很难想象一场改革没有宰相的大力参与和支持能够成功。实际上章得象城府很深,他从一开始就预料到了新政失败的结局,故而先是沉默,明哲保身,等到改革派失利的时候,挺身而出,捍卫既得利益集团的利益。

关键时刻,他以娴熟的政治手腕和政客惯用的流氓手段,使出撒手锏,授意右正言钱明逸以朋党的罪名,直刺改革派的咽喉。

反对派的另一重要人物陈执中,也是仁宗宠幸的官员,庆历三年(1043年)九月担任参知政事,谏官蔡襄、孙甫都认为他刚愎自用、不堪重任,可仁宗还是重用且非常信任他,为相八年,无政绩可言,苏轼称其为"俗吏"。杜衍被罢相,就是由他一手操纵。

此外,参知政事贾昌朝,地方官中的知河南府范雍、知许州王举正、知陈州任中师、知河阳任布等也是极力反对改革之人。

在这些反对改革的官员的推波助澜下,仁宗把"异论相搅"的祖宗家法发挥到了极致。

(二)改革派自身存在的问题

1. 缺乏策略和谋略

传统儒家从孟子开始,理想主义的色彩过于浓厚,认为只要高举道德的大旗,就可以做一番壮丽的事业,岂不知专制时代,政治体制改革是最危险的举措,稍有不慎，就会惹火烧身。在准备工作远不够充分、改革派的队伍还很弱小的时候，就仓促发动了这场规模宏大的改革。

从孟子开始，以单纯的人性本善的理论，加上二元对立的逻辑思维，把臣僚分为君子和小人两类，君子基本上十全十美，小人基本上百无一是。而人性决非先天的"性本善"或"性本恶"所能解释的。被改革派视为"小人"的保守派高级臣僚，也绝非草包笨蛋，一无是处。

蔡襄在诗歌《四贤一不肖》中斥为不肖之徒的高若讷，做谏官时期，也有过不少称职的行为。刘太后的姻亲王蒙正，朝廷准备让其知蔡州。高若讷马上提出反对意见："王蒙正商贩起家，靠刘太后的关系，得以挤入官员的行列。以前知徙州，遇到的非议就很多，现在又让他知大州，怎么可以？"朝廷于是撤销了此任命。朝廷要在大庆殿设祈福道场，高若讷又上奏表示反对："大庆殿是朝廷举行重要礼仪活动的场所，岂可让道教和佛教徒在此举办活动？"阎文应为入内都知，高若讷弹劾他在内宫肆横不法，并请将其赶出内宫，仁宗于是让阎文应出为相州兵马钤辖。

宋代谏官的地位比较高，但是并非所有的时期、所有的谏官都能做到疾恶如仇，其中还存在着许多变量，比如谏官个人的道德素质及其对个人利益的考虑。

夏竦作为宋夏战场宋军的总指挥，针对战场局势所提出的十策，许多与范仲淹的主张不谋而合。所以，蔡襄、石介等人对保守派的攻击，可谓攻其一点不及其余，存在因人废事的地方，也很容易激化改革派和保守派的矛盾；不能做到求同存异，尽可能地减少改革的阻力，则容易使仁宗找到改革派的偏激之处。

2. 少数改革派人物的言行给改革派帮倒忙

古今中外的政治体制改革，反改革派在攻击改革派的策略上，一般都是实行先打外围、再打中间的策略，先找和改革派有密切关系的人开刀，然后再打击改革的领袖人物。庆历新政期间，保守派同样采取这种屡试不爽的策略。

改革伊始，保守派就抄范仲淹的后路。范仲淹刚刚离开陕西，保守派就把矛头对准了范仲淹的好友、同年进士、尚在陕西任职的滕宗谅，指责滕宗谅在知泾州期间，大肆贪污公款，中饱私囊，请求朝廷派人前去调查。监察御史梁坚且要求把滕宗谅立即革职并下狱调查。查来查去，几乎把账簿翻烂，也只是存在少量的"公使钱"使用不当的问题。

北宋朝廷为解决地方官署办公经费不足、宴请开支困难、迎来送往无资金和部分官吏生活困难问题，设置公用钱，又称公使钱，按来源分为两部分：一是国家财政拨付的正赐钱，分岁给、季给、月给三种，相当于现代财政拨给的公务经费；二是当地地方性附加收入，政府部门通过多种经营等办法自筹的收入，称为非正赐的公使钱，又称公使库钱，相当于现代的地方预算外收入。为了防止官吏对地方过度搜刮和用预算外资金贿赂上司，宋王朝对地方自筹的非正赐钱管理一般比较严格，对正赐钱管理相对宽松。

范仲淹、韩琦等人在西北战场期间，也曾经用"公使钱"宴请、送礼给羌戎部落的首领，所以，他们对这个问题一点也不奇怪，竭力在仁宗面前为滕宗谅辩护。但是，滕宗谅在保守派的一再攻击之下，一来觉得自己忠心耿耿，受此冤屈，难以咽下这一口怨气；二来害怕把好友范仲淹也牵扯进来，于是一气之下，干脆把相关记录文件和账本全部销毁，把一个完全可以说清楚的问题搞成了说不清，陷自己于被动境地，也陷范仲淹等改革派于极为难堪的境地。

由于保守派揪住此问题不放，仁宗只好将滕宗谅贬官。范仲淹虽然没有被直接牵涉进来，但是，保守派无形中给范仲淹扣了一个"党同伐异""双重标准"的政治领袖形象，让范仲淹有苦难言。

接下来保守派又发动了对改革派的第二轮进攻。东京官署每年春秋两季，都要举行"赛神会"，这已是多年的传统，志同道合的同僚们轮流做东，在一个酒楼聚会，诗酒唱和，歌伎相伴，有时候通宵达旦，一来联络感情，二来释放一下郁闷的情绪。不管年龄大小，背景如何，当时几乎没有官员未参加过此类聚会。

进奏院是皇帝的机要文书处，废纸及其他废品自然很多，卖掉进奏院的废纸张作为宴会的费用，这在当时是朝廷公务机构中很普遍、很正常的行为，也是律令许可的惯例。与会者刁约、王益柔、江休复等十人的官宦生涯中都曾经经过范仲淹的引荐。酒酣耳热之际，王益柔（其父王曙曾为仁宗朝的宰相）在即席所赋的《傲歌》

中吟出了"醉卧北极遣帝扶,周公孔子趋为奴"的诗句。常言道"文人无行",仁宗时期较为宽松的社会环境,更容易助长有些文人的这种"无行",尤其是酒酣耳热之时。这些诗句即使传到仁宗耳朵里,大不了私下骂上几句,也就了事了。

聚会之前,与苏舜钦结识的李中要求参加。由于李中和与会几人都不是同道之友,理所当然被苏舜钦拒绝。李中知道王益柔吟诗的内容后,马上告密给御史中丞王拱辰。王拱辰虽然和欧阳修是连襟,但是感觉到处处不如欧阳修,所以早对欧阳修非常忌恨,而欧阳修又是范仲淹改革的得力助手,因此,作为保守派的中坚人物,王拱辰立即让监院御史刘元瑜弹劾苏舜钦和王益柔诽谤周、孔,并犯有大不敬之罪,要求处以极刑。仁宗连夜派宦官逮捕了所有与会者,令开封府严加审讯,王拱辰高兴地声称要"将对方一网打尽"。

苏舜钦是宰相杜衍的女婿,范仲淹又是他做官的举荐人,杜、范二人都是改革派的中坚人物。

亏得韩琦从中斡旋,最后,苏舜钦被给予永不再用的处分,其他宴会参与者也受到降官处分。其实,借机打击迫害苏舜钦等人,目标对准的是改革派的主心骨杜衍和领袖范仲淹。

宋代史书上称此事件为"奏邸之狱"。"奏邸之狱"给了改革派一个不大不小的打击。

3.对改革缺乏全面的顶层设计,改革的突破口也选择不当

有些措施缺乏可行性,所以在改革中遭到来自各方面的抵制,也在情理之中,比如"修武备"一项,实际上是要全面恢复唐代实行的府兵制,这是一种全面倒退的改革设计。

府兵制开始于西魏[①],成熟和盛行于隋唐,这是一种建立在均田制基础上的兵农合一、寓兵于农的制度。凡年满二十一岁到六十岁接受国家分配土地、身体符合

[①] 西魏(535—557年),鲜卑族建立的北魏,于535年分为东魏和西魏两部分,其中西魏建都长安(今西安),至557年被北周取代,经历两代三帝,历时二十二年。

服兵役的男丁,都要自备兵器装备和粮食参加府兵,实际上是一种强制性的劳役制度。府兵平时耕作,冬天要学习军事作战技能,此外还需要戍守边境和内地重要地区,作战时期自然是根据战争的需要到处征战,"可怜无定河边骨,犹是春闺梦里人",典型地反映了他们的生活。安史之乱之前,由于土地兼并导致的均田制崩溃,府兵制已经瓦解。府兵制瓦解之后,唐朝失去了内重外轻的军事布局,逐渐形成了藩镇割据的局面。

府兵制瓦解之后,取而代之的是募兵制,国家出钱雇人当兵,兵农分离,军人成为一种职业。募兵制虽然是赵宋出现"三冗"问题的原因之一,但是,军人之外的广大民众,除缴纳皇粮国税和服劳役之外,却免受征战之苦,保证了农业和手工业生产所需要的劳动力,保证了社会经济的发展,这是社会发展的基础。此外,作为一种职业,军人可以专心练习作战所需要的所有技能,一心保家卫国,可以提高军队的作战能力。而且一人当兵,全家享受国家军俸的供养,兵士和家人共同居住于军营中,这样军人也免除了相思挂念之苦,可以安心当兵。范仲淹以国家财力紧张和军队素质差为理由①,请求恢复府兵制,这种倒退的做法,显然不能适应经济基础已经发生重大变化的形势,如果确要实行,肯定行不通。

范仲淹这样做,力图复制宋夏战争期间在西北少数地区实行的且较为成功的"土兵制"模式,岂不知这种模式是特殊情况下的产物,不具备可比性,将其推及全国并取代募兵制,实为典型的经验主义错误。

科举考试第一级废除糊名誊录制,同样是全面的倒退设计。

隋唐时期,科举考试过程中,考生的姓名等重要信息在考试过程中是完全公开的,这在裙带关系盛行的地主制专制社会,根本无法保证考试的公正性。五代后周时期,曾经在一次科举考试中,尝试将考生试卷上的姓名、籍贯等重要信息,用纸条糊住。但是,这个重要的创新举措,却只实行了一次,未能形成制度。赵宋建立后,才逐渐在科举考试的过程中推行这一举措。而且又发明了新的举措。由于古人用

---

① 南宋初期,同样是在募兵制环境中,岳飞锻造出了一支素质较高、战斗力很强的岳家军。

毛笔写字，有些人的毛笔字写得很有特点，比如苏轼、黄庭坚等人，熟悉的人一下子就可以辨认出来，一旦批改卷子的考官和此类考生有各种各样的亲密关系，就可能影响评卷的公正性。于是，考生上交考卷后，专门负责誊录试卷的誊录院，预先找一部分毛笔字书写工整且无特点的人，将考生的试卷全文誊录，称作副卷，然后另有二人将考卷的正本和副本仔细地对读一遍，确信无误后，再由专人将考卷上考生的姓名、籍贯等重要信息用纸条糊住。批改试卷的考官所看的试卷，只是试卷的副本，这样最大限度地保证了考试所有过程的公正性。人类文明的进步，就是漏洞和补漏的不断较量。

仁宗明道二年（1033年），将糊名誊录的制度推广到了科举考试的各个阶段。这是宋代科举制走向完备的重要步骤和标志，它使科举考试的公平性和客观性得到保障。

有一个事例很能说明糊名誊录制度的优点。仁宗时期，国子监学生郑獬，很有才气又心高气傲，国子监选拔考生时，他排名第五。郑獬很不服气，认为是主考官对他不公正。按照当时的惯例，考试结果公布以后，被录取的考生要向国子监的主考官写感谢信，郑獬公然在信中写道："李广事业，自谓无双。杜牧文章，止得第五""骐骥已老，甘驽马以先之。巨鳌不灵，因顽石之在上"，将自己比作李广和杜牧，却将主考官比作驽马和顽石。主考官看后，气得牙齿发痒。几年以后，郑獬参加殿试，冤家路窄，主考官恰恰又是昔日的那位"驽马和顽石"，有道是小人报仇，就在眼前，主考官决心在评卷时报一箭之仇。当他看到一份试卷极像郑獬的笔迹时，毫不犹豫地将其排到最后。但是，阅卷完毕拆封试卷后，主考官发现郑獬反而是当年殿试的状元郎。

当然，追求程序上、细节上的公平，有可能偏离科举考试选拔德才兼备治国之才的根本意图，完全不可能考查举子平常的才学和德行，以考卷定终身，可能遗漏一些有真才实学的人才。因此，有人认为严防考试作弊的种种举措，不一定符合考试的真正意义,因此主张改革。范仲淹的科举改革举措中,主张科举考试第一级[①]就废除糊名的办法。

但是,人是很复杂的动物,其品行是很难考定的,更何况考官未必能以公正之心来评判考生的品行,于是,一些有志之士就起来反对,比如包拯。欧阳修在英宗时期更认为糊名誊录制度是"无情如造化,至公若权衡"。

再如,兴学养士的举措,也存在不小的漏洞。兴办太学后,只规定必须在学校学习三百天,才能参加科举考试的初试,但是没有规定在学校学习的严格期限。太学生学习再出类拔萃,也只是获得了参加科举考试的资格,不能直接授予官职,对太学生缺乏激励性和吸引力,所以一旦科考结束,学生星散。太学的官员和讲席,也不能强制学生留在学校。

(三)仁宗对朋党之争的警觉

秦汉以来,随着地主阶级专制主义中央集权制的确立和发展,在统治阶级内部,拉帮结派的"结党"行为尽管一直为帝王高度警惕,但形形色色的"结党"行为却屡见不鲜。

保守派对于以范仲淹为代表的改革派的攻击,并不是集中精力去挑改革措施中的毛病,而是"打蛇打七寸",围绕仁宗最忌讳的"朋党"二字大做文章。

保守派先是唆使蓝元震参上《范仲淹等结党奏》,指斥以范仲淹为首的改革派结党。上奏中写道:"范仲淹、欧阳修等五六人先是结成小集团,如此下去,每个人再联络十个人,就可以达到五六十人。这些人在官场互相提携,不用两三年,就把朝廷的重要位置全部占据。一旦占据之后,什么事不敢做,谁还敢提出反对意见。官家必将被他们完全蒙蔽。"接着,夏竦又从幕后跳到前台,指斥范仲淹等公开结党,宰相章得象也公开附和夏竦的观点。不明真相的人被搞得真假莫辨,连仁宗皇

[①] 第一级的考试包括州试(乡试)、转运使司试(漕试)和国子监试(太学试)等几种形式,合格者参加尚书省礼部举行的省试。

帝也被搞得昏头昏脑。庆历四年(1044年)四月的一天,仁宗对宰执们发问:"自古以来只有小人才结党,难道君子也结党吗?"仁宗的这句话,说明他对范仲淹等改革派的信任,已经大打折扣——毕竟"朋党"二字,一下子触碰了他最敏感的神经。

景祐三年(1036年),吕夷简就曾经以范仲淹"荐引朋党,离间群臣"的罪名,让仁宗把范仲淹逐出朝廷,贬官饶州。此次的"罪名",很容易使仁宗联想到范仲淹的"前科"。

针对守旧派对改革派的污蔑,范仲淹在朝对时,当着仁宗和其他朝臣的面,公开亮明了自己的观点,"物以类聚,人以群分。自古以来,邪正在朝,未尝不各为一党,这是禁止不了的事情,贵在圣上如何辨别的问题。诚使君子为了道义结为党,对国家又有什么害处呢?"范仲淹的解释,等于不打自招,愈描愈黑。

接下来,欧阳修又以其渊博的学识,旁征博引,写下了有名的《朋党论》。欧阳修在该文中指出:"小人为了共同的利益结成朋党,其中间没有什么道义而言,等到他们为了利益发生冲突时,转而翻脸相对,即使骨肉亲戚也免不了如此。但是,君子之间,以道义相结为朋,所行者又是忠信之事,最爱惜的又是君子才有的名节。以此来修身,则互相促进,以此来治国,则同舟共济,始终如一。所以,一国之君,贵在警惕小人的拉帮结派,而对君子们结成的团体力量,则应该大胆使用,这样才能天下大治。"

仁宗将欧阳修的这篇宏文发给朝臣,让朝臣们在朝堂上进行讨论。以改革派居多的朝臣自然是拍案叫好。最深莫过帝王心。一片叫好声里,仁宗皇帝倒吸一口凉气,愈益坚定了对范仲淹等人结党的怀疑。

因此,不管范仲淹等改革派如何辩解,仁宗一听"朋党"二字,就高度警惕,就吓昏了头脑,更不会去仔细辨析二者的区别。

古今中外的改革,以牵涉政治领域的改革最为艰难,一个社会在经历了六七十年的发展后,都会形成强大的利益集团。国家的各项政策是不能被利益集团绑架的。但此时的赵宋,已经被利益集团绑架,仁宗却不明就里,他牢记的是太宗"朝廷没有外患,必有内患"的谆谆教诲。宋夏战争结束后,最应该警惕的是内患,"朋党"

就是当时最大的内患。

庆历新政虽然以失败收场,但是社会矛盾还在继续发展,新的改革派又在形成之中。而神宗时期王安石主导的变法,在一些方面继承了庆历新政的遗产。王安石对范仲淹做出了很高的评价。

第六讲

塞下秋来风景异
—— 文学成就

范仲淹一生最重要的活动是在政治和军事领域，特别是政治领域。他根本没想到在文学领域争有一席之地。但是，他的一些文学作品却在文学领域流传千古。

第一节 诗 歌

范仲淹诗歌现存的有三百多首,就内容而言,主要可以分成言志感怀、关注民生、寄情山水、咏物比兴四大类。

(一)言志感怀

《尚书·舜典》篇章中就提出了中国诗歌的开山纲领"诗言志"。何为志?"在心为志,发言为诗"。人的内心有多么丰富,诗的内容就有多么丰富。几千年的中国诗歌,就内容而言,还是以"言志"为主。

范仲淹是一个非常善于思考的人,更是一个很早就有远大志向的人,其成年时期主要生活于真宗和仁宗时期,进士及第后的仕宦生涯则完全在仁宗时期。仁宗一朝,尽管从真宗朝后期开始,积贫积弱的国情继续发展,但是,地主阶级在上层建筑许可的范围内,最大限度地许可士大夫享有较大的言论自由的空间。这为诗歌言志功能的发挥,提供了较好的社会环境。

《睢阳学舍书怀》一诗,写于范仲淹在应天书院求学期间。时年范仲淹二十六岁,快要到三十而立的年龄了,可他并没有像大多数同窗那样梦想着走学而优则仕的道路,沿着先帝真宗指引的"康庄大道",实现人生的"远大理想"——"书中自有黄金屋,书中自有颜如玉,书中自有千钟粟"。范仲淹显得很另类,不合群,当然也很孤独。他曾赋诗一首，这样表达自己的志向：

> 白云无赖帝乡遥，汉苑谁人奏洞箫。
> 多难未应歌凤鸟，薄才犹可赋鹪鹩。
> 瓢思颜子心还乐，琴遇钟君恨即销。
> 但使斯文天未丧，涧松何必怨山苗。

颜子指颜回，春秋末鲁国人，是孔子最得意的弟子。《论语·雍也》中孔子评价颜子："一箪食，一瓢饮，在陋巷，人不堪其忧，回也不改其乐。"一个人即使在非常贫穷的物质环境中，也可以有非常幸福的生活，颜子就是这样的人，这是难能可贵的。范仲淹正在最艰苦的岁月中求学，其情景与颜子颇为相似，颜子的幸福观自然也是范仲淹所赞许和欣赏的。物质的享受只是生存层面的享受，达到一定高度之后则会有厌倦感。而精神层面的享受永远没有高度的限制。

"琴遇钟君恨即销"的典故，即众所周知的俞伯牙和钟子期的知音故事。俞伯牙的琴声所包含的意思，有时候只有自己才能明白，俞伯牙为此很孤独、很寂寞。遇到钟子期之后，每奏一曲，钟子期立即就能悟透其中旨趣，让俞伯牙从此之后没有了孤独和寂寞，琴艺也愈加长进。而此时的范仲淹，正如俞伯牙遇见钟子期之前的感觉，他也盼望早遇知音。

"涧松何必怨山苗"的典故来自西晋著名文学家左思的诗，原诗内容如下：

> 郁郁涧底松，离离山上苗。
> 以彼径寸茎，荫此百尺条。
> 世胄蹑高位，英俊沉下僚。
> 地势使之然，由来非一朝。
> 金张藉旧业，七叶珥汉貂。
> 冯公岂不伟，白首不见招。

左思花了十年时间写成《三都赋》一文,在京城洛阳广为流传,人们啧啧称赞,竞相传抄,一下子使纸昂贵了几倍,原来每刀千文的纸一下子涨到两三千文,后来竟倾销一空。不少人只好到外地买纸,抄写这篇千古名赋。"洛阳纸贵"这一成语,即源于此。但是,才华横溢的左思,由于家族门第不高,一生不被重用,郁郁而终。

该诗讽刺贵族世家的子弟凭借门第霸占高位,真正有才能的人,却被埋没在低级职位中。范仲淹在应天书院读书的时候,北宋为之骄傲的科举盛世还没有到来,阶层固化现象还比较严重,怎能不让正在寒窗苦读以求得改变自己和家族现实状况的范仲淹等寒门子弟痛苦和不满。

该诗连用孔子弟子颜回箪食瓢饮不改其乐、俞伯牙巧遇知音钟子期、左思赋诗山苗荫涧松三个典故,表达了青年范仲淹穷且益坚、不坠青云之志的胸怀。

真宗天禧二年(1018 年),范仲淹三十岁,仍然是一个低级幕僚官,壮志未酬。该年,范仲淹得空游历河朔①。北宋由于自唐朝安史之乱之后,国家的经济重心日益向江淮地区转移,不得已定都于无险可守的东京。由于后晋石敬瑭为了做皇帝,将幽、蓟、瀛、鄚、涿、檀、顺、妫、儒、新、武、云、应、朔、寰、蔚十六州割让给辽国,这些地区所在的燕山和太行山地区的重要关口,是古代汉民族抵御北方游牧民族南下的天然屏障。这一带地区又是一马平川的平原地区,对于以骑兵作战为主的辽国而言,可谓如鱼得水,而对以步兵作战为主的赵宋而言,劣势显见。从后周到北宋初期,周世宗、宋太祖、宋太宗一直试图用武力收回,但由于多方面因素的制约,未能如愿。北宋的有志之士,包括神宗,甚至徽宗,一直没有放弃收回"幽云十六州"的梦想。

读万卷书、行万里路且勤于思考,是范仲淹自青年时期以来就养成的好习惯,他出生的河北西路成德军(即真定府,治今河北省正定市),更是战略要地。他两岁多时,父亲范墉就英年早逝,母亲谢氏带着他跟随继父游宦江南,所以他对出生地

---

① 今河南省黄河以北地区、山东省北部地区、河北省的中南部地区宋代统称河朔,又称河北。

没有一点儿印象。此番游历,一来到长山县看看从小就在一起生活的朱氏兄弟,二来看一下真定府,凭吊一下父亲、母亲生活过的地方,当然,最大限度地了解河北地区的地理、水文、风土人情,才是此行最重要的目的。

  太平燕赵许闲游,三十从知壮士羞。
  敢话诗书为上将,犹怜仁义对诸侯。
  子房帷幄方无事,李牧耕桑合有秋。
  民得袴襦兵得帅,御戎何必问严尤。

河北地区是张良、李牧两位足智多谋的文臣和武将活动过的重要地区,也是豪杰辈出的地区。范仲淹希望自己也能才兼文武,希望赵宋能够早日收复"幽云十六州"。范仲淹后来在西北能够充分展示自己的文韬武略,绝非偶然。

(二)关注民生

范仲淹幼年丧父,继父朱文翰也只是一个低级官员。范仲淹青少年时期曾经历过长期的艰难生活,他对底层民众的生活状况颇为了解,且有切身的感受[①]。

尽管从汉代开始,历代王朝都强调以农为本,实际上,更多的情况是"兴,百姓苦。亡,百姓苦"。北宋建立后,尽管社会经济的发展远超前代,但是由于"三冗"问题的压力大多还是压在了人口数量最多的农民头上,因此绝大多数农民家庭的生活状况还是比较差,特别是遇到大的灾荒时期。

范仲淹在《四民诗》中,真实地描写了农民的艰苦生活:

  圣人作未耜,苍苍民乃粒。

[①] 近几年,由于电影、电视剧以及一些文人在书籍中不负责任地美化宋王朝,让今人误认为赵宋时期底层百姓的生活好像儒家鼓吹的大同盛世。其实,完全不是这样,绝大多数民众的生活只能满足于简单的再生产。宋史研究大家张邦炜一再发文强调不可美化宋王朝。

第六讲 塞下秋来风景异

> 国俗俭且淳,人足而家给。
> 九载袭陵祸,比户犹安辑。
> 何人变清风,骄奢日相袭。
> 制度非唐虞,赋敛由呼吸。
> 伤哉田桑人,常悲大弦急。
> 一夫耕几垄,游堕如云集。
> 一蚕吐几丝,罗绮如山入。
> 太平不自存,凶荒亦何及。
> 神农与后稷,有灵应为泣。

统治阶级追求奢靡生活造成的农民生活的困苦,神农与后稷如果有灵的话,也要为之哭泣。在《祠风师酬提刑赵学士见贻》中,他写道:

> 先王制礼经,祠为国大事。
> 孟春祭风师,刺史敢有二。
> 斋戒升于坛,拜手首至地。
> 所祈动以时,生物得咸遂。
> 勿鼓江海涛,害我舟楫利。
> 旱天六七月,会有雷雨至。
> 慎无吹散去,坐使百穀悴。
> 高秋三五夕,明月生天际。
> 乃可驱云烟,以喜万人意。
> 愿君入薰弦,上副吾皇志。
> 阜财复解愠,即为天下赐。
> 八使重古礼,作诗歌祭义。
> 诚欲通神明,非徒奖州吏。

贤哉推此心，良以警有位。

正因为时刻有一颗忧国忧民之心，范仲淹才会常常把民众的疾苦挂在心头，即使在一贬再贬的处境中，仍然能够写出"岂辞云水三千里，犹济疮痍十万民"的诗句。范仲淹的这种情怀，所承继最多的还是唐代大诗人杜甫的精神。清人吴乔在《围炉诗话》中写道："只有像杜甫那样的人，才能写出杜甫那样的诗，验之范希文，此言不虚。"

（三）寄情山水

从东晋的陶渊明开始，文人墨客不仅喜欢寄情山水，而且喜欢写山水诗，唐代更是出现了以王维为典型代表的山水诗派①。他们从山水中发现美，欣赏美。在人生事业低潮时期，徜徉于山水之乐，释放胸中的块垒。

范仲淹的三十七年仕宦生涯中，有二十二年是在风光旖旎的江淮及江南地区度过，对该地区秀美山川的描述，自然占了其山水诗的绝大部分。

睦州（今浙江省建德市，又称桐庐郡）是范仲淹第二次被贬官的地方。短短的半年时间，四十六岁的范仲淹非但没有消沉，反而是"老夫聊发少年狂"，出现了诗歌创作的第一个高潮期，竟然创作了二十多首诗。

《潇洒桐庐郡十绝》是一组讴歌桐庐郡山水风光的诗：

潇洒桐庐郡，乌龙山霭中。使君无一事，心共白云空。
潇洒桐庐郡，开轩即解颜。劳生一何幸，日日面青山。
潇洒桐庐郡，全家长道情。不闻歌舞事，绕舍石泉声。
潇洒桐庐郡，公余午睡浓。人生安乐处，谁复问千钟。
潇洒桐庐郡，家家竹隐泉。令人思杜牧，无处不潺湲。

---

① 王维知名的山水诗有《鸟鸣涧》：人闲桂花落，夜静春山空。月出惊山鸟，时鸣春涧中。

潇洒桐庐郡，春山半是茶。新雷还好事，惊起雨前芽。
潇洒桐庐郡，千家起画楼。相呼采莲去，笑上木兰舟。
潇洒桐庐郡，清潭百丈余。钓翁应有道，所得是嘉鱼。
潇洒桐庐郡，身闲性亦灵。降真香一炷，欲老悟黄庭。
潇洒桐庐郡，严陵旧钓台。江山如不胜，光武肯叫来？

仔细探究中国古诗之源，我们会发现，诗歌和音乐有着不可分割的关系，诗乐同源，宛若双胞胎，从诞生之日起，诗歌就是可以歌唱的，也可称作"歌诗"。范仲淹这首《潇洒桐庐郡十绝》，就是典型的"歌诗"。

南宋时期，为了纪念范仲淹，睦州修筑了潇洒斋，著名文人王十朋写了《潇洒斋记》。从该文可以看出，宋人所说的潇洒，为自然大方、无拘无束之意。王十朋在该文中指出，范仲淹一生行事，无事不潇洒，无处不潇洒，不作伪，不虚伪，以真性情，说真话，做真事，交真朋友。

（四）比兴寄托

比兴寄托也是中国诗歌的重要传统之一，特别是一些隐含政治内容的诗歌，在无法正面表达政治态度的情况下，只好借助其他的事物，表达自己的愤怒与悲哀。

江上往来人，但爱鲈鱼美。
君看一叶舟，出没风波里。

这首《江上渔者》一诗，表面上写的是渔人的艰辛，实际上表达的是像范仲淹这样的正人君子，在险恶的官场中，不断遭到既得利益集团的围追堵截和排挤倾轧，不得不在政治的风浪里险中求生。

景祐元年（1034年），范仲淹因为劝谏仁宗废郭皇后一事被贬官睦州（治今浙江省建德市）。梅尧臣写了《聚蚊》一诗，寓含了对吕夷简集团的讽刺和对范仲淹的同情：

> 日落月复昏，飞蚊稍离隙。
> 聚空雷殷殷，舞庭烟幂幂。
> 蛛网徒尔施，螳斧讵能磔。
> 猛蝎亦助恶，腹毒将肆螫。
> 不能有两翅，索索缘暗壁。
> 贵人居大第，蛟绡围枕席。
> 嗟尔於其中，宁夸觜如戟。
> 忍哉傍穷困，曾未哀癯瘠。
> 利吻竟相侵，饮血自求益。

范仲淹收到该诗之后，也写了《咏蚊》一诗，表达共同的感情。只不过范仲淹的诗，更明白易懂，更具讽刺性质，不像梅尧臣的诗，用语艰涩难懂：

> 饱去樱桃重，饥来柳絮轻。
> 但知离此去，不用问前程。

蚊子吸饱血之后，肚子都鼓了起来，薄薄的肚皮里，装满了鲜红的人血，看上去像熟透了的樱桃一样。想想它吸血之前，扁扁的肚子，轻飘飘的犹如柳絮一样。这不正是对一些贪官污吏的形象描写吗？刚刚出仕时，囊中羞涩，骨瘦如柴，没有几年，便是大腹便便，腰缠万贯。他们就像蚊子一样，吸血就是唯一的追求，没有信仰，没有忠君报国的情怀，更没有对民生的关怀。

范仲淹在诗歌理论方面的贡献，集中体现在他为宋代音乐家、画家、诗人唐异的诗集所写的《唐异诗序》一文中。该文首先确定了诗歌创作的儒家立场，即"上以德于君，下以风于民"，教化立场，仁义内核。其次，提出了诗歌创作"抗心于三代"

的主张,三代指夏、商、周三代,特别是西周,是自孔夫子以来,儒家弟子们梦中的理想境界、大同世界,范仲淹也希望赵宋能够达到这种理想境界,诗歌创作自然要为此目标的实现服务。再次,他认为诗歌创作要一扫五代以来的斯文大丧、悲哀为主的格调,要追求率真和淳朴,乐则歌之,忧则怀之。

范仲淹这篇纲领性的文章,对北宋中期的诗歌创作具有重要的指导作用。

第二节　词

范仲淹一生的主要活动,以政治和军事为主,根本无意像好友欧阳修一样,在文坛上也占有一席之地;也不像好友韩琦一样,仔细保留自己的作品,所以,今本《全宋词》仅留下范词五首,存目三首[①],今本《范仲淹全集》[②]也仅留下四首。二书结合在一起,除去重复的,共五首。

据研究宋词的学者依据史料所作的分析,这肯定不是范仲淹创作的所有词作,散佚的应该不少。范仲淹留下的词虽然只有寥寥数首,却以丰富复杂的题材内容和姿态各异的艺术风格,为历代词论家们高度重视。

渔家傲·秋思

塞下秋来风景异,衡阳雁去无留意。四面边声连角起,千嶂里,长烟落日孤城闭。

浊酒一杯家万里,燕然未勒归无计。羌管悠悠霜满地,人不寐,将军白发征夫泪。

[①] 唐圭璋编纂,王仲闻参订,孔凡礼补辑:《全宋词》第一册,中华书局,2010年版。
[②] 薛正兴校点:《范仲淹全集》上册,凤凰出版社,2014年版。

《渔家傲·秋思》是现存范仲淹词作中最著名的一首,他也因此被视为宋代边塞词的开创者。这首词也成为宋代边塞词中最有名的作品。

这首词应该写于范仲淹知延州时期。年迈的范仲淹,不顾年老体弱,穿着厚厚的棉衣,带着病躯,经常率兵骑马视察战区。深秋时节,天还未亮,就出了延州城,天气已经较冷,远远望去,路边的野草都被白霜覆盖。一行人穿行在黄土高原的沟壑中,路不时被小河和雨季从高处塌下来的土堆截断,遇到这种时刻,只好下马爬行。士兵们搀着范仲淹,实在不行的时候,只好背着他走。范仲淹总觉得不好意思,可也感到很无奈。此情此景,使范仲淹想到了唐朝几个有名的边塞诗人,高适、岑参、王昌龄等的边塞诗,每一首他都很熟悉,可首先想到的还是王昌龄的"但使龙城飞将在,不教胡马度阴山"这两句。范仲淹心里自嘲肯定不是卫青、霍去病、李广那样的飞将军,可也坚决不能再让元昊的西夏军再在大宋的疆域内横冲直撞。于是,一首流传千古的边塞词逐渐酝酿成熟。回到延州之后,他带着悲伤的心情写了出来,他害怕影响士气,先把这首词留在了自己的营帐中。

深秋时节,天高云淡,西北边塞的风光,与灯红酒绿的东京、桂花飘香的江南,截然不同。长空中的大雁,不停地变换着雁阵,向南飞去,不时发出兴奋的叫声,叫声里透着对江南的渴望,而对生活了半年的北国毫无留恋之意。秋风萧萧,黄叶飘零,战马的嘶鸣声,兵士们杂乱的呐喊声,羌管凄凉的呜呜声,此起彼伏……一股股的狼烟摇摇晃晃地往上冒,城外的各色人等,惊慌失措地往城里逃,大人的叫喊声和骂声以及孩子们的哭声和牛羊的叫声掺杂在一起,加剧了人们的紧张和恐慌。残阳如血,人们不敢往西看,唯恐吓得丢魂失魄,只好低着头往城内冲。守门的士兵不停地喊叫和大骂,城门的门轴不时发出吱吱嘎嘎的声音。

范仲淹写这首词时应该是在夜深人静的时候。为了驱寒,为了推敲每一个字,他不时喝一口老酒,回想白天的所闻所见。他的心情相当复杂,拿起笔又搁下,又拿起又搁下。大雁为了躲避严寒,都可以飞往温暖的南方,而戍边的将士,为了国家和民众的利益,即使在滴水成冰的三九天,也必须戍守边关。他们的故乡可能在中原大地,也可能在江南。他们的乡愁,只能在梦里。

欧阳修读罢此边塞词后,给老友范仲淹冠以"穷塞主"的称号。研究宋词的知名学者张晶认为此称号乃讥讽之词[①],可能是他对这段战争的历史缺乏深刻的了解。其实,这个称号的含义,就笔者看来,一个"穷"字,精确地点明了范仲淹对边塞艰苦生活的描写。范仲淹与老友欧阳修每次喝酒闲聊的时候,肯定会给没上战场的欧阳修讲述战场的所见所闻,说不定还会戏谑一下欧阳修,欧阳修也才会给老友这么一个恰如其分的称号。

宋夏和议之后,范仲淹才将这首词拿出来。经过歌女们伴着胡琴的歌唱,这首词先是红透了东京的歌舞场所,后又流传到了大宋其他繁华的都市,让仁宗皇帝和那些朝臣、达官贵人乃至平民百姓,都彻底了解了边关军人的牺牲和痛苦。但是,那种切肤之痛,却是没有经历过残酷战争的人永远感受不到的。这首词传到了边关将士的耳中,他们只能是满眼泪水,怀念亲人,怀念家乡,怀念那个拖着残躯、转战于西北战场的范老夫子。

---

① 张晶:《心灵的歌吟:宋代词人的情感世界》,河北大学出版社,2001年版。

第三节　散　文

唐宋八大散文家①中，宋人占了六个。范仲淹虽然没有列入其中，可《岳阳楼记》一文，诞生至今，八大散文家最有代表性的作品，其社会影响，未有超越《岳阳楼记》者。诸葛忆兵教授评价其为"宋代散文的压卷之作"②。"先天下之忧而忧，后天下之乐而乐"所蕴含的精神，已经成为中华民族文化基因的一部分，成为无数仁人志士的座右铭。

一、《岳阳楼记》的创作

庆历四年（1044年）春天，滕宗谅因为"公使钱"一事，被保守派揪住不放，经历了一次贬官之后，又被贬到岳州（今湖南省岳阳市）。忠君报国的滕宗谅，一度牢骚满腹、悲观失望，在老友范仲淹的开导下，逐渐从怨恨的心态中走出来，积极清除弊

---

① 分别为唐代的柳宗元、韩愈和宋代欧阳修、苏洵、苏轼、苏辙、王安石、曾巩。
② 诸葛忆兵：《范仲淹传》，中华书局，2012年版。

政。一年之后,岳州出现了政通人和、百废俱兴的局面。滕宗谅于是决定扩建始建于三国时期的岳阳楼①,所需要的经费没有动用国库的储备,也没有让民众捐款,而是妥善地利用了民间长期存在的一些"呆烂账"。有些霸道之人有钱却不肯还欠别人的钱,既影响社会的稳定,还破坏社会的道德环境。滕宗谅于是让债权人将借款凭据交给官府,由官府去催款,催还之后,一部分归债权人,另一部分作为修楼的费用。滕宗谅采用先礼后兵的办法,先让人在岳阳城内的通衢大道张贴限期还款及逾期处罚的通告,然后拿几个逾期之后仍然不还款的"钉子户"开刀,将他们捉拿到官府,其家属赶忙还款赎人。其他欠款人见状,也慌忙还钱,修楼需要的经费很快筹够。

庆历六年(1046年)春天,岳阳楼以崭新的面貌矗立在洞庭湖边,成为岳州的标志性建筑。民众争先恐后登上岳阳楼,一睹附近的胜景。看着自己一手主导修成的岳阳楼,看着喧闹的民众,滕宗谅站在楼上,遥望君山、长江、洞庭湖,长久以来郁结心中的闷气顿时四散开来。他随即想到应该让远在邓州做官的老友范仲淹也与他分享这一美景,应该让老友写一篇关于岳阳楼的美文,毕竟老友少年时期在洞庭湖边生活过。二人以前喝酒闲聊时,范仲淹会不时提起自己少年时期在洞庭湖边游玩的时光,会说起无边无际的洞庭湖、浩浩荡荡的长江水。于是滕宗谅马上修书一封,并附上他人所绘的《洞庭晚秋图》一幅及一大木桶君山银针茶,派手下人于六月十五日飞马送往邓州。

滕宗谅写给范仲淹的这封信很长,他特别强调江南的几大名楼中只有豫章郡(今江西省南昌市)的滕王阁等名震天下,之所以如此,是因为有关于名楼的名记。如唐代著名文学家王勃的《滕王阁记》,其中的名句"落霞与孤鹜齐飞,秋水共长天一色。渔舟唱晚,响穷彭蠡之滨,雁阵惊寒,声断衡阳之浦",成了滕王阁的代名词。滕宗谅也希望借助老友的如椽巨笔,使岳阳楼能够楼以文名。

---

① 今人大多只把岳阳楼作为旅游景观看待。其实当时的岳阳楼建在西城墙上,还是城池防守的重要所在,用于瞭望、射击等。滕宗谅当时规划中的工程还包括修筑用于防洪、泄洪的堤堰。

第六讲 塞下秋来风景异

时年正月,范仲淹刚刚到达他心仪已久的邓州。七月,继室张夫人又为他生下了一个儿子(第四子范纯粹),老来又得贵子的范仲淹满心欢喜。范仲淹读了滕宗谅的来信后,又仔细看了《洞庭晚秋图》,他就开始打腹稿,默默地回顾洞庭湖在自己少年时期的记忆,回顾自己与滕宗谅同中进士之后交往中的点点滴滴,回顾老友的音容笑貌。

农历九月十五的邓州,已经开始有一些凉意。晚饭后,院子里皓月当空,银光泻地。范仲淹先让仆人去准备一杯红茶、一杯邓州产的老酒,并准备好笔墨纸砚,在院子里散了一会儿步,他朝着岳州所在的南方,沉思了一会儿,点点头,慢步走进书房。范仲淹盯着墙上挂着的那幅《洞庭晚秋图》,又仔细看了一会儿,然后开始动笔。

范仲淹先写下文章的由来,写得很简短。但是他相信,文章传出之后,"政通人和、百废俱兴"八个字,就是他对老友政绩的最好概括,也是对保守派的最有力回击。

切入正题的第二段,范仲淹用如椽巨笔去描述岳阳楼所处的广阔山水背景。他认为,君山与洞庭湖山水相连,景色旖旎,气势磅礴。洞庭湖有了巨龙一样的长江,北通巫峡,可以到达大宋富庶的天府之国;向南可以欣赏潇湘的美景。

第三段和第四段则写岳阳楼在两种截然不同背景下的自然景观。"淫雨霏霏,连月不开,阴风怒号,浊浪排空。日星隐曜,山岳潜形。商旅不行,樯倾楫摧。薄暮冥冥,虎啸猿啼"的梅雨季节,其所引发的是"登斯楼也,则有去国怀乡,忧谗畏讥,满目萧然,感极而悲者矣"的悲怆之境,实际上隐含的是滕宗谅和范仲淹等庆历新政的改革派在保守派的屡屡打压之下,胸中的郁闷、憋屈。

接下来话题突转,转到了洞庭湖春和景明时白天和月夜的美丽风光。白天是"波澜不惊,上下天光,一碧万顷。沙鸥翔集,锦鳞游泳。岸芷汀兰,郁郁青青";夜晚则是"长烟一空,皓月千里,浮光跃金,静影沉璧,渔歌互答",此时登楼,则"心旷神怡,宠辱偕忘,把酒临风,其喜洋洋者矣"。此处隐含的则是一旦国家能在改革派的主导之下,去除积弊,内忧外患一概清除,全国上下,必将是一片祥和的景象。

第二、第三、第四段都从不同角度描写洞庭湖的美景,给读者以无限的审美想象力。但是,文章如果仅仅停留在这个高度,只能称为审美散文。一生以忠君报国作为人生追求的范仲淹,绝对不会把笔墨终止在这个层次。他笔锋一转,"不以物喜,不以己悲。居庙堂之高则忧其民。处江湖之远则忧其君。是进亦忧,退亦忧"。范仲淹自踏入仕途,起起落落,但是他始终怀抱乐观的人生态度,始终不动摇忠君报国的情怀。他自然希望所有的改革派人士,也能够这样做[①]。总之,就是"先天下之忧而忧,后天下之乐而乐"。

范仲淹终于把青年时期就逐渐形成的"苦乐观",概括成了一句朗朗上口的话。当然,范仲淹此言,绝非泛泛之谈,而是有很强的针对性。从真宗开始,随着四十多年社会经济的恢复和发展,社会上的奢靡之风逐渐滋长,尤其是统治阶级中间,表现得尤为严重。

范仲淹写完后,放下笔,端起仆人泡好的红茶,一口气将一杯略微热点的茶喝下去,一股暖流直冲肺腑。透过窗户,他又朝南方看了看,长长地舒了一口气,微微一笑,想象滕宗谅看完此文后的感想。

滕宗谅收到后,将范仲淹的《岳阳楼记》和唐代人所写的关于岳阳楼的诗文,让人一起刊刻在岳阳楼的碑廊上。《岳阳楼记》则由诗人苏舜钦书写,篆刻家范𫗦撰写碑额[②]。但是只有范仲淹的这篇雄文,使人们产生了强烈的共鸣。人们对着范仲淹的文章,指点着君山、洞庭湖、长江,而对岳阳楼本身,倒好像忘记了。

"先天下之忧而忧,后天下之乐而乐",也成了岳阳楼的代名词。文以楼名,楼以文名,珠联璧合,相得益彰。

《岳阳楼记》由岳州、邓州传到了东京、西京,传到了西北边关。仁宗看到后,发出了会心的微笑。大宋太需要范仲淹这样的臣子了。

[①] 宋代一些被贬官的官员,并不都是范仲淹和苏轼这样的乐天派,有的则成天像怨妇一样。岳阳楼修成后,滕宗谅也曾经让其他的朋友作文相贺,有人不但不写,干脆说道:"落甚成!登上岳阳楼,只会凭栏痛哭几场。"

[②] 后人将滕子京修楼,范仲淹作记,苏舜钦手书,范𫗦篆刻,称为"四绝"。

宋高宗绍兴年间的诗人王十朋在《读岳阳楼记》诗中写道"先忧后乐范文正,此志此言高孟轲",对范仲淹人生观的评价竟然高于"亚圣"孟子。南宋另一诗人雷震则在与王士朋同名的诗中写道:"范公三百六十字,便是东陵山水图。此老不先天下忧,四楼所以世间无。"没有范仲淹的《岳阳楼记》,岳阳楼绝对不会有这么大的名气。

清代著名的文学评论家金圣叹在《天下才子必读书》中评价道:"一肚皮圣贤心地,圣贤学问,发而为才子文章。"此评价突出了范仲淹的圣贤人格。

二、《桐庐郡严先生祠堂记》

该文写于景祐元年(1034年),范仲淹因为反对仁宗废掉郭皇后一事,被贬官知睦州(今浙江省建德市,又称桐庐郡)期间。《桐庐郡严先生祠堂记》一文,有学者认为其完全可以与《岳阳楼记》相媲美,二文均被收录在清人吴楚材、吴调侯编纂的《古文观止》中①。

1. 杰出的隐士

严先生指严光②,是东汉知名的隐士。睦州境内的富春江畔,有严光活动的重要遗迹钓台。而纪念严光的祠堂,早已经坍塌。

严光字子陵,一名遵,会稽余姚(今浙江省余姚市)人。严光的五世祖庄助,汉武帝时期,做过会稽郡的太守,后卷入了淮南王刘安的叛汉活动,被杀。严光的父亲庄迈,做过南阳郡新野县的县令。

严光少年时期就有高名,西汉后期,曾经和刘秀一同学习于洛阳的太学。严光

---

① 吴楚材、吴调侯编纂:《古文观止》,中华书局,1959年版。
② 严光应该原先姓庄,庄姓因为避汉明帝刘庄的讳,改姓严。

比刘秀大好多岁,但因为志趣相同,二人成为忘年交,并结下了深厚的友谊。严光特立独行的性格、敏捷的才气,给刘秀留下了深刻的印象。

刘秀称帝后,昔日的亲朋故友蜂拥而来,求官问舍,刘秀基本上满足他们的合理要求,也显示一下自己的九重之威。刘秀也想到了老友严光,倒是自己治国的好帮手,但是,刚冒出这个念头,刘秀就止住了这个念头。他知道严光肯定不会主动来找自己,只好时机合适时,屈尊就驾,主动找他了。谁叫他是严光呢!

严光也考虑到做了皇帝的刘秀,一定会寻找他,于是隐名埋姓,隐居于美丽的富春江畔,过着逍遥自在的生活。果如严光所料,刘秀帝位坐稳之后,想到如何把老友严光招到帝都,为自己治国出谋划策,定能起到萧何、张良那样的作用。即使不做负责具体事务的高官,做个荣誉性的官员,也能为自己起到抬轿的作用。否则野有遗贤,而且是自己昔日的知己,若不出来做官,就像白璧有瑕,终归是缺陷。还容易让人产生无限的联想,皇帝能力有问题,严光看不起皇帝?皇帝品行有问题,严光不信任他?刘秀不敢再联想下去。

刘秀于是派人到严光家乡附近寻找严光,后有地方官报告见一男子,披着羊皮袄,在富春江畔钓鱼,很像皇帝要寻找的人。确认后,刘秀于是派专人、专车接严光来洛阳。跑了多趟,严光才答应。

但是,严光到了洛阳之后,刘秀为了显示皇帝的威严,只是让人安排了舒适的住所,并不急于见他,而是让与严光也有旧情谊的大司徒侯霸写信给严光。侯霸派人拿着信去见严光。见了严光后,来人说道:"侯公知道先生到了之后,本欲亲自造访。但是迫于政务繁忙,耽搁下来。只好恳望先生,亲自去府上见面了。"

侯霸的做法,同样是显示自己的威严。岂料严光听了来人的话后,连信也不看,将信直接还给来人,然后口授了几句话,让来人记下,送给侯霸,其中写道:"君房(侯霸的字)足下:位至三公,甚善。怀仁辅义天下悦,阿谀顺旨要领绝。"侯霸看了信后,尽管火冒三丈,但碍于刘秀和严光的情谊,也不敢公开发威,只好把信再度封好之后,上奏光武帝刘秀。刘秀看后大笑着说道:"不愧是狂奴,还是老样子。"于是即日乘车到严光居住的地方。严光虽然听到刘秀到了,却躺在地上不起来。刘秀只好坐在严光旁边,抚摸着他的肚子说道:"咄咄子陵,为何不出山帮我治理天下呢?"严光假装睡着不回答,过了很长时间,睁开眼睛看着刘秀说道:"远古时代,尧那么好的品德,巢父听了尧要把天下让给自己的话后,赶忙用清泉水洗洗耳朵,唯恐脏了自己的耳朵。士各有志,何至苦苦相迫!"刘秀听后说道:"子陵,我竟然没有办法让你为我所用,实在遗憾。"只好坐车叹息而去。和严光说话,刘秀没敢用"朕"字。

停了几天,刘秀又邀请严光到宫内叙旧,二人相对而坐,累累终日。一日,刘秀问严光道:"我和过去相比,有什么变化?"严光回答道:"陛下比过去稍微有点长进。"刘秀听后,嘿嘿一笑。双方谈累了以后,抵足而眠,严光睡相不好,有时候干脆把脚伸到了刘秀的肚子上。第二天,太史报告刘秀,负责天象观察的官员汇报,近日有一颗不明星体频繁侵犯帝星。刘秀笑着说道:"这几天朕与老友严光一起抵足而眠。"

刘秀后赐予严光谏议大夫的称号,可严光还是不愿做官,刘秀只好放他回去,听凭其自耕自乐于富春山。建武十七年(41年),刘秀又特征他去做官,严光还是不答应。严光于八十岁时去世,刘秀厚赐其家人金钱和布帛。

2.先生之风　山高水长

范仲淹公务之余,除了凭吊钓台等遗迹,抒发感慨外,又主持复建了严光的祠堂,为激励士风,还写下了《桐庐郡严先生祠堂记》一文:

> 先生,汉光武之故人也,相尚以道。及帝握赤符,乘六龙,得圣人之时,臣妾亿兆,天下孰加焉?惟先生以节高之。既而动星象,归江湖,得圣人之清,泥涂轩冕,天下孰加焉?惟光武以礼下之。
>
> 在《蛊》之上九,众方有为,而独不事王侯,高尚其事,先生以之。在《屯》之初九:阳德方亨,而能以贵下贱,大得民也,光武以之。盖先生之心,出乎日月之上。光武之器,包乎天地之外。微先生,不能成光武之大。微光武,岂能遂先生之高哉?而使贪夫廉,懦夫立,是有大功于名教也。

某来守是邦，始构堂而奠焉。乃复其为后者四家，以奉祠事。又从而歌曰："云山苍苍，江水泱泱，先生之德，山高水长！"

范仲淹写好后，大约在后来知越州时，又让被视为范仲淹门生的李觏看。李觏读后，连声感叹，为之倾倒，说道："我认为有一个字改一下更好。"范仲淹认真地问道："哪一个字？"李觏回答道："云山苍苍、江水泱泱八个字，包含的意义非常重大，这八个字所指向的空间也非常广博。而下边先生之德，一个'德'字，所包含的就太平凡了，改作'风'字如何？"范仲淹听后，默默地思考了一会儿，不住地点头称好。李觏这一个字的修改，的确起到了画龙点睛的作用。

范仲淹如此高调地宣传严光不为名利所动的气节，同样有很强的针对性。从晚唐安史之乱开始，先秦儒家以孟子为典型代表所倡导的"富贵不能淫、贫贱不能移、威武不能屈"的士大夫气节意识，日益凋零。有气节的士大夫，成为要特殊保护的稀有物种。为了做官，任何厚黑手段都可以使用。宰相范质，历仕后唐、后晋、后汉、后周四朝，在后周朝，尤其得到周世宗的赏识和眷顾。世宗去世之前，把他视作顾命之臣，希望他能够辅佐小皇帝，可他在危急关头无所事事。入宋之后，他还是宰相，连宋太宗都说他"欠周世宗一死"。宋太祖的名臣陶穀，历仕后晋、后汉、后周三朝，赵匡胤发动陈桥兵变后回师东京，需要履行虚伪的禅让仪式，正要派人去找能够写禅让书的文人，陶穀却从怀中掏出事先准备好的禅让文。宋太祖虽然当时用了此文，但是极为鄙视他。

赵宋建立后，尽管在意识形态领域，儒学开始复兴，但是买官卖官之风还是很盛行，敢于犯颜直谏的官员还是较少。一向疾恶如仇的范仲淹，对此类人自然看不上眼。

钱穆先生如此评价这一改动："范仲淹以德指其人之操守与人格，但此只属私人的。风则可以影响他人，扩而至于历史后代，并可发生莫大影响与作用。"

"云山苍苍,江水泱泱。先生之风,山高水长!"①十六个大字,宛如《岳阳楼记》结尾的名句,同样融入了中华民族的文化基因。

范仲淹此文,不仅仅是歌颂隐士严光面对皇权,面对名利,不为所动,依旧保持特立独行的高尚情操的行为,而是以此警醒当时那些追名逐利、阿谀奉承之徒,希望能够涤荡恶俗的士风。这样的士风,才可以使贪婪的人变得廉洁,懦弱的人变得奋发自立,从而改变社会不良风气。

同时,在该文中,范仲淹又赞扬了光武帝刘秀的气量,没有刘秀的宽容大德,又怎能成就严光的高风亮节?显见范仲淹希望年轻的仁宗在此方面,学习光武帝,能够接纳不同意见。

当然,此文中也透露出范仲淹若隐若现的隐逸思想。但是,万不可因此就认为范仲淹有隐逸的打算。做官与隐逸互补,是中国古代大多数文人士大夫生活的常态。宋代扬文抑武,像范仲淹这样的士大夫大多还是能够得到皇帝的信任,有较大的施展自己抱负的舞台,也无暇去隐逸。但是,他们内心,仍然会为隐逸留下一些空间,作为一种感情的寄托,这种心情或表现于对山水的欣赏中,或表现于贬谪生活中,但绝大多数人不会真心去隐逸。正如苏轼所写:"我欲乘风归去,又恐琼楼玉宇,高处不胜寒。起舞弄清影,何似在人间。"

---

① 此十六字现在一般用于对逝去的德高望重的老学者的纪念文章中。有些人将其作为对在世学者的夸奖用语,大谬!

第七讲

唯德是依　因心而友
——范仲淹与欧阳修等人的交往

　　范仲淹生活的时代，正是赵宋政治上最为宽松的岁月，也是中国历史进入大一统时代后，政治上罕见的宽松岁月。官僚士大夫之间的交往，没有那么多的限制，也没有那么多的禁忌，显得空前活跃。他们或互相举荐，或书信往来，或宴席上觥筹交错，或诗文中互相切磋，或政治场合互相支持。而范仲淹作为当时的政治领袖，他的交往自然也非常广泛。但是，范仲淹的交往，有其严格的交往标准，可以概括为"唯德是依，因心而友"八个字。

第一节　知己欧阳修

欧阳修,字永叔,自号醉翁,晚年号六一居士,庐陵(今江西省永丰县)人,宋代杰出的文学家、史学家、政治家、金石学家。生于真宗景德四年(1007年)六月二十一日,去世于神宗熙宁五年(1072年)七月二十三日,享年六十五岁,历仕仁宗、英宗、神宗三朝。

一、欧阳修冒昧书责范仲淹

比范仲淹小十九岁的欧阳修,于仁宗天圣八年(1030年),二十四岁时就得中进士,可谓少年得志,随后到西京洛阳担任幕僚官,一直待到景祐元年(1034年)三月。

其时,洛阳集聚了一大批退休的高官和知名的文人学士,既是学术文化的中心,又是议论朝政的中心。程民生教授曾经形象地比喻过北宋时期的洛阳与开封,"开封是当权派的首都,洛阳是在野派的首都。开封是宋朝的正堂,洛阳是宋朝的别墅。开封红尘滚滚,争权夺利;洛阳花气蒙蒙,修身养性,是学问家的天堂。开封是显赫的太阳,洛阳是淡雅的月亮"①。

近三年的西京时光,对青年欧阳修而言,是难得的学习、锻炼,特别是积累人气的好地方。

天圣十年(1032年)四月,范仲淹刚刚被召回东京,朝廷还没有公布他的任职情况,西京退休的高官和文人学士中了解范仲淹的人就认为,以范仲淹的脾气、性格和能力,朝廷对他的使用,不是朝官就是谏官。最后的任命果如他们所料,范仲淹成为右司谏。他们认为,假以时日,能够在庙堂上正言直色和天子争一番是非曲直的,一定有范仲淹。

西京退休高官和文人学士对范仲淹的评价和期望,欧阳修肯定不止一次听到,他对范仲淹十分钦佩。想到二人有相似的家世,欧阳修想如果能结识范仲淹,双方一定有很多共同语言,而范仲淹一旦能够身居高位,一定是一个正直的官员,对自己这样的才子,也定会赏识。况且年轻的欧阳修,已经在当时的文坛崭露头角。

但是,范仲淹上任后两个月,却未显示出其作为谏官应该有的作为,宛如一片雪花落入静静的流水中,一点动静也没有。年轻气盛的欧阳修,再也按捺不住自己的脾气。

明道二年(1033年)五月,欧阳修冒昧地给范仲淹写了一封信,信中写道:"右司谏虽然只是小小的七品官,但是天下之得失、朝野之公议,寄希望于此。因此,心怀天下的士大夫,如果没有做宰相的机会,就做一名称职的谏官。天子说是,谏官说不是;天子说必须这样做,谏官说一定不能这样做。立于殿堂,与天子争是非曲直,这是谏官的神圣职责。官员失职,要被有司责罚。但是,谏官失职,要受君子们的非议,且要载入典籍,流传百世,永不泯灭,岂能没有敬畏感。没有才识、没有胆魄的人,是不能做谏官的。官家召相公进京,就是希望相公能够仗义执言,也成就官家成为一世明君的梦想。因此,相公应该赶快有所动作,让西京的士大夫们不要失望,让普天下的士大夫们不要失望。"

---

① 程民生:《宋代地域文化史》,安徽文艺出版社,2017年版。

欧阳修的信写得很恳切，也很直白。范仲淹收到后是否回复，史料中没有记载。但是从此之后，范仲淹与欧阳修成为忘年之交。

西京退休高官和文人学士的眼光没有看错，欧阳修也太着急了一些。限于古代的交通条件，东京和洛阳之间的信息沟通还是比较慢。但是范仲淹没有辜负他们的希望，该年四月和十二月，他在反对杨太后欲继刘太后之后继续垂帘听政以及仁宗欲废除郭皇后的大是大非问题上，尽显其谏官风采。

二、无所畏惧助范公

景祐三年（1036年），范仲淹因为向仁宗献《百官图》，直指当时官场裙带关系盛行导致的恶劣政治生态，矛头对准宰相吕夷简。仁宗听信吕夷简的谗言，并结合自己的判断，坚信范仲淹有朋党之嫌，为祖宗之法所坚决禁止的规则，于是将范仲淹贬官饶州，同时被贬的还有余靖、尹洙等人。时为馆阁校勘的欧阳修，不为所惧，毅然写下了名闻天下的《与高司谏书》。

高司谏即高若讷，时为右司谏，天圣二年进士。欧阳修与他相识已经十四年，一度以为他是个真正的君子，可是，在本次朝廷新旧势力的较量时刻，高若讷却十足地暴露了他伪君子的本色。作为谏官，在大是大非面前，高若讷不是尽谏官犯颜直谏的职责，而是附会吕夷简，歪曲事实，抨击范仲淹。欧阳修在该文中写道："你家有老母，爱惜官位，不敢冒得罪吕夷简而有被贬官、丢掉优厚俸禄的风险，这是庸人之常情。正人直士眼中，你只不过落一个不称职的谏官的差名。但是，到处贬毁范仲淹，了然自得，不以为耻，反以为荣，是典型的小人嘴脸。"欧阳修又在文末直截了当地写道："你可以拿着我的这封信到朝廷，让朝廷也以朋党的罪名罢免我的官职。"

欧阳修的这封信，大义凛然。高若讷果然将欧阳修的这封信呈交仁宗，仁宗随即以妄议朝廷、责备谏官且有朋党之嫌的罪名,将欧阳修贬官为夷陵(今湖北省宜昌市)令。

三、宋夏战场和而不同

康定元年(1040年)三月,范仲淹到西北战场后,感到需要让几个得力朋友前来助阵,于是奏请朝廷让欧阳修来担任掌书记一职。但是,欧阳修婉言谢绝了。

国难当头,一向忠君爱国的好友欧阳修为何会拒绝范仲淹的请求?在《答陕西安抚使龙图辞辟命书》中,欧阳修写道:"(欧阳)修无所能,只是从小喜欢摆弄文字,为世俗之人所喜欢。这种本事,十足雕虫小技,根本担当不起范大君子的荐举。参与军事谋划,料敌制胜,筹划粮草,自然有幕僚官来处理。而掌书记一职,所管理的事情实在太简单,自可不必让我这样的人去处理。因此,修才以照顾老母之理由来婉辞。况且掌书记一职,经常要写一些四六之文。修当年为了考进士,也练过不少此类文章。但自中进士之后,就再也没有写过此类东西。"

欧阳修后来在写给梅尧臣的信中,才真正道出了婉辞的原因:"不是为了需要孝敬老人,况且从军和养老并不相碍。也不是害怕别人说我们是朋党,朋党一词只是世俗所见,我们哪有结党的行为呀?只是掌书记一职,实在不合修意。"欧阳修认为掌书记一职,不足以体现自己的能力,这才是他婉拒的真正原因。

宋承唐制,笺奏一类文书必须用四六文体,这类文字由于科举考试必考,所以考试之前必须练习。但是这种四六体文书,言之无物,格式死板,爱好写汪洋恣肆散文的欧阳修,早就对此深恶痛绝。不光欧阳修有此见解,苏轼等人也对此厌恶透顶。看来范仲淹对于好友欧阳修的了解,还是不够全面、深刻。

欧阳修虽然未去宋夏战场,但是他一直关注着战场形势的变化。在一封回复范仲淹的信中,欧阳修写道:"见相公到西北之后,幕府之中,人员委实不少。古今中外成大事者,必须有国士与之同患难。在上之人,对于属下之士,能够有深刻了解的,太难太难。而贫贱之士,以身许国,也很不容易。欲让他们以死尽忠,必须了解他们,关心他们,否则的话,谁也不会一心为相公所用。现在相公身边豪迈之士不少,就看如何使用了。但是,山林草莽之中,还有不少特立独行、慷慨自重的士人。相公如知道,尽量不要遗漏。"

欧阳修上述几句话,谈到了用人的原则,实际上可以归纳为"贵在相知"四个字,也即儒家弟子们的名言——"士为知己者死"。

欧阳修所说的特立独行、慷慨自重的士人,也非泛泛而谈,乃特指范仲淹、欧阳修二人的好友梅尧臣。

梅尧臣,字圣俞,宣州宣城(今安徽省宣城市)人。与欧阳修为诗友,欧阳修自叹其所作的诗远胜自己。面对辽、夏二国的威胁,梅尧臣也高度关注军事谋略之学,写有《孙子注》十三篇,期待有朝一日,能够效命疆场。但是不知为何,范仲淹一直未能将梅尧臣召入幕府,成了梅尧臣心目中的仇人。

四、庆历新政中的得力助手

庆历三年(1043年)十月,范仲淹主导的改革开始,欧阳修作为谏官,极力支持改革。此前他就屡屡上奏仁宗,荐举范仲淹、韩琦、富弼等人。关于范仲淹,欧阳修说他"素有大材,天下之人皆认为他有宰相之才"。范仲淹就任枢密副使后,他又上奏仁宗说"不应该让范仲淹局限在枢府,因为此部门只掌管军事上的事情;应该让他到中书,这是朝廷的根本之地,万事都要总管"。仁宗接受了他的建议,范仲淹得以升为参知政事,可以直接领导改革。

由于吕夷简已经成为改革的绊脚石,不清除他,改革难以施展开。为了给范仲淹主导的改革创造良好的人事环境,欧阳修又向仁宗上呈《论吕夷简札子》,其中写道：“吕夷简身为宰相，却外致四夷入侵，边境不宁，内致百姓贫困，纪纲大坏，二十四年，坏了天下。他安享晚年，却把一个满目疮痍的国家留给陛下。之所以一直没有人敢指责他，是因为他掌权时期，到处安插自己的亲信，把陛下完全蒙蔽。”

由于欧阳修等人均将改革的矛头对准吕夷简，仁宗只好罢免了吕夷简的所有职务，庆历新政才得以全面铺开。

改革期间，欧阳修先后上了《原弊》《准诏言事上书》等札子，其基本精神与范仲淹的《答手诏条陈十事》一致。只不过由于范仲淹年长许多，阅历丰富，所以其理论色彩和对弊端的揭露、改革的顶层设计都比欧阳修要高得多。

新政期间，守旧派两次拿改革派的次要人物开刀，矛头却都是指向改革派的领袖人物范仲淹。欧阳修两次以谏官的位置优势，配合范仲淹，击退了守旧派的进攻。

一次是陈留桥事件。负责财政的三司使王尧臣是改革派的得力干将，他在主政三司期间，以优越的理财能力，在民不加赋的情况下，使国家的财政状况得以好转。由于他两次反对对民众加税，触犯了守旧派的利益，于是守旧派就拿他开刀，矛头则是指向改革派。

陈留桥是开封府境内的一座桥，真宗在位时期，由于这座桥妨碍交通，于是诏令将该桥拆除后，移往他处。但是，权知开封府吴育又欲改修此桥，三司使王尧臣亲自勘探后，认为该桥改建不久，也没有大的毛病，况且目今国家财力紧张，所以反对改建。王尧臣和吴育无宿怨，双方围绕此事发生争执，也是正常不过的事情。但是，吴育是御史王砺的举主。知道此事后，王砺制造事端，造谣王尧臣一是受贿，二是派慎钺将行贿人杀害，慎钺的举主又是王尧臣。王砺妄图以此来报答举主的荐举之恩。他所说的罪名一旦属实，王尧臣等人即有杀头之罪，改革派众人也将被污名化，改革将被泼脏水。

获悉情况后，欧阳修在查阅真宗时期档案及走访当事人的情况下，连续上了《奏辨陈留移桥》《论陈留桥事乞黜御史王砺札子》《论王砺中伤善人乞行黜责札子》，将事情的真相搞得清清楚楚，最终仁宗将王砺贬官到外地，守旧派的进攻被粉碎。

由于范仲淹是改革派的领袖人物,守旧派接下来将矛头对准了他,所采用的手段,是拿范仲淹的好友滕宗谅开刀,妄图以此把范仲淹拉进来。

滕宗谅,字子京,河南府(治今河南省洛阳市)人,与范仲淹为同年进士,范仲淹很欣赏他的才华。范仲淹到西北战场后,又荐举他为刑部员外郎、直集贤院、知泾州,后又知庆州。葛怀敏军败定川寨后,诸州震恐,滕宗谅时知泾州,环顾城中兵少力寡,于是急忙募集民众数千人穿上军人服装,登上城墙,虚张声势,又派侦察人员随时掌握附近战场的形势,并随时通报附近的州县。范仲淹率领环州和庆州的军队前来支援,天寒地冻,连续十几天雨雪不止,士气愈加低落。滕宗谅于是拿出"公使钱"买酒买肉,犒劳将士,激励士气。又把定川寨战役中阵亡者的名单刻在佛寺的石碑上,举行公祭仪式,告慰死者,又用丰厚的钱和物资慰问死难者的家属。这些做法,可谓各得其所,无可非议,保证了泾州及附近地区局势的稳定。

知庆州期间,为了使周边一些羌戎部落首领不为元昊所用,孤立西夏,趁着这些部落首领来庆州拜见的机会,滕宗谅又拿"公使钱"及物品赠予他们。这些做法,也收到了很不错的效果。羌戎部落成为北宋抗击西夏军队南下的支持力量。而且滕宗谅的这些做法,也在职责允许的范围内。

庆历三年(1043年),先是监察御史梁坚劾奏滕宗谅在知泾州期间,违规花"公使钱"十六万贯。这个数目实在太大,如果确切的话,滕宗谅实为巨贪,应该被杀头。朝臣们知道后,大为震惊。仁宗知道后,勃然大怒,派中使①前去调查此事,调查的结果是梁坚将按月发放的军费十五万贯也算进来,显见其险恶用心。时为参知政事的范仲淹,也以见证人的身份,为滕宗谅辩护。这事最终以滕宗谅降一官,知虢州(治今河南省灵宝市)了事。

但是,梁坚死后,保守派又派太常博士燕度出马,再次就此事进行调查。燕度到了邠州后,大肆株连无辜,严刑逼供,搞得人人自危,把猛将狄青甚至枢密副使韩

---

① 此处是指衔命而出的内侍。

琦也牵扯进来,因为他们在战场期间,也必然有使用"公使钱"的行为。范仲淹见状,连忙劝谏仁宗制止燕度的胡作非为,但是,由于朝臣们为了避朋党之嫌,无人响应范仲淹的主张,导致此事继续恶性发展。见此情景,欧阳修连递两道札子——《论燕度勘滕宗谅事张皇太过札子》和《再论燕度鞫狱枝蔓札子》,指出燕度再这样下去,必将导致北宋在西北的军队得过且过,军心涣散,战斗力下降。西夏若趁混乱之际,发动更大规模的战争,局势无可收拾。

欧阳修的札子尽管尖锐地指出了保守派这样做可能导致的严重祸端,但是最终仁宗迫于保守派的压力,以滕宗谅又被贬官知岳州(今湖南省岳阳市)了事。

五、撰写范公神道碑惹出的风波

1. 呕心沥血撰写神道碑

皇祐四年(1052年)五月二十日,范仲淹去世于徐州,享年六十四岁,后安葬于西京洛阳。欧阳修应范纯仁兄弟的请求,撰写《资政殿学士户部侍郎文正范公神道碑》[1]。欧阳修没有想到,为挚友撰写的神道碑竟然演变成当时及后世的一大公案。

范仲淹的几个挚友中,文学和史学才华兼具的欧阳修,是最合适的撰写范仲淹神道碑的人选。欧阳修为许多人写过神道碑和墓志铭,逝者家属也以此为荣,这也是范纯仁兄弟请求欧阳修撰写神道碑的原因。

欧阳修接到此请求后,虽然感到为范仲淹撰写神道碑是自己义不容辞的责任,但是,他马上意识到撰写此神道碑的艰难。他先和挚友韩琦商议此事。在给韩琦的信中写道:"范公去世,天下叹息。修虽然正处哀苦之中,但义所难辞。不过,实在难以动笔。"在给好友孙沔的信中,又进一步谈及此事。较之和韩琦的信相比,这

---

[1] 立于墓道前记载死者生平事迹的石碑,多记录死者生平年月,所做贡献等。

封信谈的原因比较明朗:"哀苦之中,心神不定,实在不适合在此时写神道碑。况且用最合适的文字写出范公的道德与才能,实在太难了。辨别逸言与诽谤,辨别忠与邪,上不损害朝廷的事体,下不避开仇敌的侧目而视,太不容易了。但是,范公知修最深,神道碑的内容,要体现范公辉煌的一生。所以,再艰难也要使尽修的平生本领来写。当然,我们几个商议着来写,才能写得稳当。"

一代文学大家、史学家、政治家,为何为自己熟悉的挚友撰写神道碑,竟然被他视为如此头疼的事情呢?

一是欧阳修的母亲郑氏于三月十七日去世,欧阳修正处于丁忧之中。欧阳修四岁丧父,母亲郑氏对他督教甚严,家里贫穷,买不起纸和笔,就用芦苇秆在沙地上教他写字,开始了他的启蒙生涯,郑氏也因此成为中国古代四大贤母之一①。欧阳修功成名就之后,以大孝子著称,报答母亲的养育之恩。母亲去世,刚刚过去两个月,委实不在写作状态中②。

二是神道碑上的文字,不仅要给当时人看,还要传之后世。因此,所写的内容,既要对逝者负责,又要对逝者的亲属和朋友负责。而范仲淹又是声誉高非议也高的人物,且范仲淹和欧阳修都是朝廷的重臣,神道碑上的内容势必牵涉庆历新政等重大事件,这将会不可避免地牵涉对仁宗和其他大臣的评价问题,这是关系到国体的大问题,一旦书写不当,被政治仇敌作牵强附会的解释,不知道又会衍生出多少问题。因此,用最合适的文字,写出挚友范仲淹波澜壮阔的一生,非常不容易。

欧阳修每每想到此,就摇头叹气,只好把笔搁下,边散步边思考。回来后拿起笔,又开始这种周而复始的行为。欧阳修几乎为此患上强迫症,强迫自己拿笔写,又强迫自己放下笔,强迫自己出去散步,强迫自己思考。以至欧阳修在给范纯仁兄弟的信中写道:"敌兵(指改革派昔日的政敌)尚强,须字字与之对垒。"

欧阳修字斟句酌,花了两年的时间,才把这篇神道碑文给磨出来。从他致韩琦

---

① 其他三人是孟轲的母亲、陶渊明的母亲、岳飞的母亲。

② 古人不同于今人,在丁忧期间,像欧阳修这样的士大夫可以称为丁忧楷模。今人大多在亲人去世后,经历比较短暂的哀恸期。

的信中可以看出，为了写好神道碑文，他甚至就一些事件多次查阅朝廷的档案。而韩琦提出的修改意见，他在认真思考后，也予以吸收。韩琦对欧阳修所写的神道碑文，还是满意的。从欧阳修自己的评价看来，他也是比较满意的。碑文所用的语言，都是不带有倾向性的词语，不给昔日的政敌留下任何可以攻击的地方，字字有出处，句句有证据，随时可以迎击政敌的挑衅。

2. 欧阳修与富弼发生争执

由于富弼负责写范仲淹的墓志铭①，二人就此问题也有过交流，写好之后，互相提出修改意见。

欧阳修认为富弼所写的墓志铭表现出了疾恶如仇的风格。富弼明显对欧阳修写的神道碑文的风格有不同意见。他在致欧阳修的信中写道："写文章，必须表现出作者的好恶，使恶者看后，打消以后继续作恶的念头；使善者看后，明白为善没有顶点，继续为善。岂能像孔夫子整理的《春秋》一样，文字极为简略，寓褒贬于深奥的文字中，让后人去揣摩，以至有些文字，直到现在还没有搞明白。弼常常看到有些人写文章，出处模棱两可。人活在世上，为善很不容易，有些人做了善事，却遭到谗毁，有被贬官者，有一年到头过着穷困生活的，还有被处死甚至株连族人的。执笔写墓志类文字的人，只为自己考虑，不能尽情惩恶扬善，说难听点，就是罪人。弼所写的墓志铭，就是要把范公的善事说尽，把恶人的坏事也说尽，而且不管善事还是恶事，弼都言之有据，不是弼的杜撰之语。弼写的墓志铭传出之后，尽管吕夷简的几个儿子都身居要职，可弼不害怕。"

很明显，富弼对欧阳修撰写神道碑文的写作风格很不满意。欧阳修为此请人转告挚友富弼，如果一定要照富弼的风格修改，请另找他人。

3. 范、吕是否一笑泯恩仇？

平心而论，欧阳修所作的神道碑文，较之富弼所写的墓志铭，不仅考虑得全面，

---

① 是古代文体的一种，通常分为两部分：前一部分是序文，记叙死者世系、名字、爵位及生平事迹等，称为"志"；后一部分是"铭"，多用韵文，表示对死者的悼念和赞颂。 墓志铭要埋入墓中。

而且写得也较为全面。比如，欧阳修写到了范仲淹和吕夷简之间的矛盾："范公因为吕公而被贬官，朝中大臣，有支持范公的，也有支持吕公的。但是吕公再次做宰相后，范公也很快东山再起。面对西夏的进攻，二公欢然相约，勠力平贼。朝中大臣，对二公的行为，大多表示赞许。"欧阳修的这段话，实事求是地说，基本符合历史的原貌。

据司马光《涑水记闻》一书记载：范文正公因为景祐三年（1036年）揭吕相公之短，被贬官饶州，后又知越州。康定元年（1040年），西北战火燃起，朝廷又恢复范仲淹天章阁待制的职务，知永兴军，后又改为陕西都转运使。许公（指吕夷简）也自大名府重新入朝为宰相，入朝之后，许公即对仁宗说："范仲淹是大贤之才，朝廷既然又重用他，怎么能还让他担任旧职务呢？"仁宗听后，认为吕夷简言之在理，范文正公得以升为龙图阁直学士、陕西经略安抚副使。仁宗认为许公是一个宽厚的长者，天下人也都认为许公不念旧恶。范文正公于是当面向许公表示感谢，并且说道："以前因为公事冒犯相公，没想到相公却又推荐我、重用我。"许公笑了笑说道："夷简在国事面前，岂敢还想着以前的旧事？"显见二人已经和解。

在南宋史学家李焘编写的《续资治通鉴长编》一书中，该事作如下记载：范仲淹与吕夷简此前闹矛盾，战争爆发后，吕夷简建议仁宗越级提拔范仲淹，仁宗听后很高兴，认为吕夷简是宽厚的长者。范仲淹入朝，仁宗将此事的经过告诉范仲淹，并提醒他对吕夷简要尽释前嫌。范仲淹叩头说道："臣以前所论的事，都是国事，不是针对许公本人。"

该段记载表明，范、吕之争，都是为了国事，而且将二人和解的功劳，推到了仁宗头上。不管内心如何想，二人表面上都维持着仁宗"将相和"的指示，尤其在重大问题上。

仁宗派范仲淹去西北战场之前，范仲淹主动写信给吕夷简，对自己以前写《百官图》的行为表示歉意，希望以此打动吕夷简，使他能够尽力支持战争。如果宰相不能全力支持战争，后果可想而知。

而吕夷简也投桃报李，后又主动示好范仲淹。庆历四年（1044年），范仲淹以参知政事的身份宣抚河东和陕西,退朝路上遇见已经致仕的吕夷简。吕夷简问范仲淹为何离开朝廷,范仲淹说为了应对与西夏的事情。吕夷简听后说道:"若为了应对与西夏的事情,目今之时,还是在朝廷更方便。"范仲淹听后感到很愕然,心中一热,感觉到了吕夷简政治经验的老到。因此,二人的和解,既有仁宗的指示,也有二人的努力。

况且吕夷简为相二十多年,于公于私,得罪的人远不止范仲淹一人。吕夷简与范竦关系也不好,一直闹到不愿与范竦同朝为官的程度。但是,吕夷简庆历三年(1043年)四月致仕之前的一个月,还是同意仁宗任命范竦为枢密使。如果吕夷简坚决反对,仁宗也只能终止此任命。

吕夷简去世后,范仲淹写了《祭吕相公文》,高度评价了吕夷简为相时期的政绩,表达了对吕夷简去世的哀痛和怀念。

欧阳修的这种写法,基本上忠于事实。当然,也有非常复杂的现实因素的考虑。吕夷简虽然于庆历四年(1044年)去世,但是其政治集团的人物还较多,势力也较大。庆历新政失败后,欧阳修与吕夷简的私人关系也不错。欧阳修这样写,可以使范仲淹家族、吕夷简家族及其集团、欧阳修本人的利益,都能够达到最大化。

但是,欧阳修所写的神道碑,不被挚友富弼所接受,也不为范仲淹的亲属所接受。在把文字刻石时,他们居然把范、吕释好这段文字删改了。欧阳修气得把这件事告诉了几个朋友,甚至说出神道碑不是自己写的这样的气话。

欧阳修、富弼及范氏兄弟,在此问题上表现出如此大的差异,原因是他们的立场、认识与心结不同。在此问题上,那种刻骨铭心的经历和体会、伤害和屈辱,使范氏兄弟牢记吕夷简对其父亲的排挤、迫害和欺凌,永远不会原谅吕夷简的行为,而这是欧阳修体验不到的。

近年学者们整理出版的《欧阳修全集》和《范仲淹全集》[1],有此两个版本的神

---

[1] 李逸安校点:《欧阳修全集》第二册,中华书局,2001年版。 薛正兴校点:《范仲淹全集》下册,凤凰出版社,2014年版。

道碑。

其实,早在庆历七年(1047年),欧阳修、范仲淹、韩琦的共同好友尹洙去世,由欧阳修为尹洙写墓志铭。欧阳修写好后让范仲淹看,范仲淹指出几处应该修改的地方,但是欧阳修拒绝修改。范仲淹在给韩琦的信中写道:"永叔(欧阳修的字)宁愿写数千字,也不愿修改几个有歧义的字,呵呵。"

范仲淹的"呵呵"二字,表现出的是无奈、宽容、幽默,也可见他对欧阳修相知之深。

欧阳修在给范仲淹所写的神道碑中写道:"公少有大节,于富贵、贫贱、毁誉、欢戚,不一动其心,而慨然有志于天下。"

欧阳修不愧是范仲淹的人生知己,这个评价非常中肯。

第二节　心交韩琦

韩琦,字稚圭,相州安阳(今河南省安阳市)人,宋代杰出的政治家、军事家、文学家。

传至今日的范仲淹文集中,范仲淹与韩琦往来的书信达到三十一封;而韩琦的传世文集中,他与范仲淹往来的书信也有多封。二人往来的书信中牵涉的内容非常广泛,有公事也有私事,私事中既包括本人及家属的情况,也包括二人共同朋友的情况。这是因为二人在西北战场成为生死之交,并且在庆历新政期间均为改革派的中坚人物。

一、范、韩同为社稷之臣

范仲淹和韩琦均属于能决断大事的人。作为谏官的欧阳修曾经说过:"韩琦与范仲淹,才识不类常人,其所见所言,不同于用寻常的思维方式解决问题的人。"韩琦与范仲淹同时被朝廷任命为枢密副使,消息传出,士大夫们把酒相贺:"上用韩某、范某,非惟社稷之幸,更乃天下生民之幸。"

庆历二年十二月，仁宗欲让范仲淹知泾原路，与文彦博对调。范仲淹接到仁宗的御前札子后，马上上书仁宗，提出不同意见。他认为泾原路地当宋夏战场的要冲之地，恐怕自己不能独当一面，希望能够与韩琦共同经略泾原路，均驻扎在泾州。韩琦兼任秦凤，范仲淹兼任环庆。一旦泾原有战事，韩琦与范仲淹可以集中两路重兵，掎角并进。如果秦凤、环庆有战事，韩琦和范仲淹可以同时率领泾原之师，前去增援。仁宗认为范仲淹言之有理，接受了他的建议。

庆历年间，韩琦、范仲淹、富弼三人同在中书共事，有时候争论起国事来，争得面红耳赤；但是下朝之后，照样一团和气，好像没有发生过争执一样。当时有人把他们比作三人推车，心思都用在车子能否前行上，不计较个人的利益。

二、韩、范情寄阅古堂

为了激励自己以及沿边将士的斗志，提高将士们的军事素养，也为了提高四十多年来不识金革的边民的国防意识，韩琦知定州期间，修筑了宋代有名的阅古堂，使之成为当地以军事思想教育为主的一个展览馆。韩琦为此写了《定州阅古堂记》和《阅古堂诗》，并且把诗和记刻在阅古堂前的石碑上。阅古堂也成为韩琦闲暇时经常流连的地方。

阅古堂是在定州城一个破败的亭子的基础上修建而成。宋代以前六十个优秀军事将领能为后人学习的事迹，被付之于文字，绘之于图画，挂在墙上，供人参观、学习。这六十个将领的姓名，限于史料，我们无法一一考证，但无疑个个都是足以教育后人特别是边关将士的楷模。

通过对这六十名优秀将领事迹的了解，逐渐提高边关将士的军事素质和政治素质，使他们军事上足智多谋，政治上忠于大宋王朝，成为一支政治上和军事上都过得硬的军队，这样才能在和辽国军队的对抗中保持必胜的信心，才能打赢潜在的战争。对于韩琦个人而言,也才能对得起仁宗皇帝的赏识和范仲淹等友人的栽培、提携、鼓励、希望。

在仰文抑武的北宋,韩琦的这一做法,难能可贵。

从韩琦的《定州阅古堂记》和《阅古堂诗》等诗文,以及范仲淹、欧阳修、富弼等的唱和,可以看出,韩琦对阅古堂充满了感情,充满了希望。外来的宾客,本地的僚属,仿若不离几席,就可以阅读历史特别是军事史。人人知道为治之道首先是教化,用兵之道贵在权谋,但是,其本根植于忠义。功名一立,不独自己身享富贵,整个家族也为之自豪。死后,其余风遗烈,传于简策,万世流芳。后人看后,咸有爱慕之意,不以美酒伴酣歌为乐,而以学习这些将领的光辉事迹且在战场上效仿他们为乐。了解韩琦的人,知道阅古堂的建立是有益于千秋万代的事业,并非韩琦任上的形象工程。韩琦希望后任的定州官员,能够在自己的基础上,发扬光大。韩琦希望阅古堂能够永远作为教化的基地。

阅古堂修成后,韩琦马上书信告知了好友范仲淹等人,并附上自己写的《定州阅古堂记》和《阅古堂诗》,恳请范仲淹也能写诗文唱和,以扩大阅古堂的影响。

时年六十二岁的范仲淹,当时知杭州,尽管明显精力不济,可还是非常认真地写了很长的《阅古堂诗》,赞颂了阅古堂的教化作用,"既瞻古人像,必求古人心。彼或所存远,我将所得深。仁与智可尚,忠与义可钦"。他回顾了二人在西北的携手作战,"中原固为辱,天子动宸襟。乃命公与仆,联使御外侵"。最后,范仲淹感叹自己韶华已逝,希望韩琦能够像唐代的高适和岑参一样,建立不世功勋并留下边塞诗的名篇,"仆已白发翁,量力欲投簪。公方青春期,抱道当作霖。四夷气须夺,百代病可针。河湟议始行,汉唐功必寻。复令千载下,景仰如高岑"。

皇祐三年(1051 年),韩琦知定州期间,许久没有得到知青州的老友范仲淹的音信,心中甚为焦急,毕竟范仲淹比韩琦大十九岁,当年已经六十三岁。于是韩琦通过驿站往青州给范仲淹带去了一封问候的书信。一日,韩琦忽然收到范仲淹从青州寄来的书信,一看落款日期,太惊奇了,二人的书信竟然写于同一天,寄出也是同一天,真是心有灵犀一点通。韩琦高兴得马上赋诗一首,表达这种无比欣喜的心情：

> 闰首邮音得到无？使来还喜发双鱼。
> 却思塞上经时问，恰是吴中当日书。
> 人邈江山神自照，道存忠义信从疏。
> 昔年元白慈恩事，诗意虽同志未如。

韩琦得知范仲淹因为病重留徐州治疗的消息后，马上派人带上问候的书信及药品前去徐州。但是，手下人还未到徐州，就得到了范仲淹去世的噩耗。韩琦知道后，痛哭数日，饭也吃不下。

韩琦评价范仲淹："若范公能够保全自己，则国家可保，因为范公处事能够把握好分寸。若论成就大事，兼济天下，范公才具有这样的能力。"

仁宗嘉祐年间，范仲淹的次子范纯仁将范仲淹的奏议刊刻，邀请韩琦为之作序。韩琦愉快地答应并写了《文正范公奏议集序》。

韩琦在序言中回顾了范仲淹辉煌的一生，指出范仲淹是王佐之才，恰遇到仁宗这样的宽容之主，得以竭忠尽瘁。但是，由于各方面因素的制约，范仲淹的宏图大略未能全部施展。后人应该珍惜他留下的政治遗产。

第三节　亦师亦友的晏殊

晏殊,字同叔,抚州临川(今江西省抚州市)人。真宗景德年间,以神童中进士,后官至宰相。他还是范仲淹挚友富弼的岳父。

晏殊是宋代婉约词的重要代表人物,他的名句有"无可奈何花落去,似曾相识燕归来""昨夜西风凋碧树,独上高楼,望断天涯路"等。

晏殊是范仲淹人生道路上的第一个恩人。他知应天府期间,非常重视教育,宋代学校的大力兴起,始于晏殊。晏殊知道青年范仲淹品德高尚、志向远大、学识渊博后,认为他是书院最合适的教席人选,于是请范仲淹到应天书院任教,解决了正处于困顿中的范仲淹的生计问题。范仲淹没有辜负晏殊的期望,成为书院最优秀、最有学问的教席。

天圣六年(1028年)十二月,晏殊又根据宰相王曾的指示,荐举范仲淹应试学士院①。范仲淹守丧期满后,被召为密阁校理,成为一名朝官。该职务也成为他人生的重要转折点。

范仲淹比晏殊大两岁,但是在晏殊面前,范仲淹不管后来官位多高,于国于民

---

① 又称翰林学士院,掌管起草制、诰、诏、令。

的功劳多大,社会影响多大,一辈子都以学生的身份,尊敬晏殊①。但是,范仲淹与晏殊之间,围绕国事及人生观、价值观等问题发生矛盾时,范仲淹坚决秉持"吾爱吾师、吾更爱真理"的理念,更见其人格魅力之伟大。

范仲淹与晏殊,也常常互寄新作的诗文。范仲淹知苏州期间,在一首诗中写道"感知心似血,思报鬓成霜""迹甘荣路外,情寄圣门旁",真诚报答恩师的情怀。

范仲淹一次路过陈州(今河南省淮阳县),想起孔夫子当年与弟子们在陈国②的三年艰难时光,颠沛流离之中,一点吃的东西也没有了,有的弟子病了,孔子却不改其志,继续讲学的事,范仲淹不禁掉下了眼泪,马上想到老师晏殊的生日快要到了,于是赋诗一首,寄给老师。其中写道:"独愧铸颜恩未报,捧觞为寿献声诗。③"

天圣七年(1029年)冬至,仁宗率百官拜贺刘太后于会庆殿。范仲淹极力反对这样做。晏殊知道后,大惊失色,害怕范仲淹的这一大胆行为连累了自己,于是斥责范仲淹的行为不忠不直,纯粹为了沽名钓誉,如果这样下去,必将累及举主。范仲淹经过认真思考后,给老师晏殊写了一封长信,解释自己这样做的理由。范仲淹从以下几个方面进行解释:

第一,仲淹为晏公所知,晏公肯定盼望仲淹忠如金石般坚定,直如药石般苦口良心,被天下之人视为奇才,名则如泰山一样高,只有这样,才能对得起老师的举荐。

第二,如果仲淹入朝之后,默默无闻,朝中正直之士必将说相公举荐失职,仲淹还有什么脸面做相公的学生?

第三,仲淹不是自不量力。仲淹自幼读圣贤之书,学习他们上忠于君、下忠于民的行。古代的明君,为了治好天下,采取各种方法听取不同意见。古代的仁人志士,则以不能犯颜直谏为耻。

第四,如果说仲淹好奇好名,那么,姜太公钓鱼,蔺相如完璧归赵,诸葛亮让刘

---

① 2020年播放的电视剧《清平乐》,晏殊见到范仲淹,喊道:"范兄!"编剧真会大胆想象。
② 春秋时期的诸侯国,主要管辖今河南省中南部地区,国都宛丘,即今河南省淮阳县。
③ 颜指颜子,孔子著名的学生。 觞是古代饮酒的器具。

备三顾草庐,哪个不是用了好奇好名的手段,最终为帝王所知,辅佐帝王,使天下大治。

第五,仲淹如果不这样做,对不起朝廷给仲淹的俸禄。

范仲淹的这封信,写得酣畅淋漓、荡气回肠。晏殊看后,为范仲淹的志向和胆魄所打动,逐步消除了对范仲淹的误解。

明道二年(1033年)十二月,范仲淹因为反对仁宗废掉郭皇后一事,被贬官知睦州(今浙江省建德市,又称桐庐郡)。到了睦州之后,范仲淹给晏殊去了一封信。

在信中范仲淹首先谈到了自己在治理地方方面采取的措施。对于豪强之人,予以教化;对于弱势群体,则予以各种救济措施。又谈到自己在教育上的一些举措。

范仲淹知苏州期间,也给晏殊写了一封信,写到自己为了应对水灾所采取的措施。信中还透露,老师晏殊曾经将自己新作的《神御殿颂》《游涡赋》《青社州学记》寄给范仲淹。可见师生之间,感情还是很融洽。

庆历六年到庆历八年(1046—1048年),范仲淹知邓州(今河南省邓州市),位于城东南角的百花洲,是范仲淹费尽心血、刻意营造的一处与民同乐的休闲之处。范仲淹常去赏玩。为了使老师晏殊也能够了解百花洲的美景,范仲淹画了一幅百花洲的图并附上一首诗,寄给当时知陈州的晏殊:

穰下胜游少,此洲聊入诗。
百花争窈窕,一水自涟漪。
洁白怜翘鹭,优游羡戏龟。
阑干红屈曲,亭宇碧参差。
倒影澄波底,横烟落照时。
月明鱼竞跃,春静柳闲垂。
万竹排霜杖,千荷卷翠旗。
菊分潭上近,梅比汉南迟。

第七讲 唯德是依 因心而友

> 岸鹊依人喜，汀鸥不我疑。
> 彩丝穿石节，罗袜踏青期。
> 素发频来醉，沧浪减去思。
> 步随芳草远，歌逐画船移。
> 绘写求真赏，缄藏献已知。
> 相君那肯爱，家有凤凰池。

今存范仲淹在西北战场期间给晏殊的一封信，写于范仲淹刚到延州后。修筑金明寨期间，范仲淹亲自检查工程的修筑情况。范仲淹骑着马，领着随行人员一路走到宋夏边界的最前线，战争之后，一片萧条景象，这才知道金明寨往北的三十多个堡寨全部被西夏军队破坏，而当地官员却没有敢向朝廷汇报此方面的情况。真是不看不知道，一看吓一跳。此间的道路全部在曲曲折折的山谷中间，夏天暴雨之后，大石头从山上滚下来，堵住道路，只好迂回着走。秋冬时刻，隔一段路就见一段溪流，走一舍①的路程，竟然涉过了几十条溪流，路程十分艰难。深秋时节，淫雨霏霏，田里的庄稼无法收获，农民心如刀割。

晏殊读了范仲淹的这封信后，才真正了解了边关将士艰苦的生活。

晏殊成名很早，一生荣华富贵，耽于享受，逐渐不求进取，事事小心，成为他的人生常态。他步入中年之后就有一句口头禅："吃饭防噎，走路防跌。"当然，他也很孤独，只好在自己所写的精美的小令中孤芳自赏，以此打发时光。试举一首：

> 秋露坠。滴尽楚兰红泪。往事旧欢何限意。思量如梦寐。
> 人貌老于前岁。风月宛然无异。座有嘉宾尊有桂。莫辞终夕醉。

范仲淹等人的艰难成就之路，他即使耳闻目睹，也永远难以体会出那种唯有经

---

① 一舍等于今日三十里。

历过才会感受到的刻骨铭心的痛苦。因此,他们的人生观、价值观,永远不会相同。

庆历新政期间,晏殊身为宰相兼枢密使,曾经有过为人赞誉的举动,比如,由于他的女婿富弼是枢密副使,他为了解除朝臣的怀疑,主动向仁宗提出罢免自己职务的请求,只是仁宗没有接受。又比如提拔范仲淹的挚友欧阳修等任职谏官。但是,欧阳修等上任后,忠实于谏官的职责,屡屡犯颜直谏,甚至当面和晏殊发生争执。更有谏官指出晏殊广置财产,于是,他干脆让欧阳修出外为官。对于新政,他始终保持若即若离的心态,这也是老于世故的官员经常可见的一种投机心态。毕竟仁宗表面上是支持新政的,范仲淹是他的门生,富弼是他的女婿,所以他要表现出支持的态度,但又不是很积极。他也意识到改革的艰难、既得利益集团的强大,他更了解仁宗耳根子软的毛病,因此,对于改革的前途,恰如他一首词中所写:"劝君看取名利场,今古梦茫茫。"

他的宰相位置对于改革而言,太重要了,但是他竟然没有一策建言。以范仲淹为代表的改革派被打击的时刻,他虽然已经被罢免了宰相,但是,以元老重臣的身份,他完全可以仗义执言,做一番挽救,但是,他眼睁睁地看着范仲淹等被赶出朝廷。他的明哲保身之举,也是改革失败的一个原因。

范仲淹去世后,晏殊对范仲淹的评价是:"为学精勤,属文典雅,独守贫素,儒者之行。"从道德、学问、文章、事功四个方面,高度评价了范仲淹的一生。

第四节　忘年之交富弼

　　富弼(1004—1083年),字彦国,河南府(今河南省洛阳市)人,北宋杰出的政治家、外交家。范仲淹常把富弼比作东晋杰出的政治家、军事家、文学家谢安。

　　富弼出使辽国,前去交涉重要外交问题,已经到了边界,突然发现所携带的外交文书与仁宗及宰执吕夷简、晏殊等行前传达给自己的旨意不同,一旦到辽国后,辽国君臣发现此不同,后果非常严重。富弼于是骑马跑回东京,当面骂吕夷简。吕夷简以失误作答,并答应修改文书。可富弼还是揪住问题不放。晏殊说的确不是故意的,富弼听后大声说道:"晏殊奸邪!"晏殊可是富弼的岳丈呀!

　　仁宗时期,富弼这类官员,在国事面前,就这样公私分明,疾恶如仇。

　　天禧五年(1021年),范仲淹调任监泰州(今江苏省泰州市)西溪盐仓的盐官时,富弼的父亲担任海陵的盐监税官,时年三十二岁的范仲淹与富弼结识后,富弼很佩服范仲淹渊博的才识,而范仲淹也十分赏识富弼的才华,二人从此成为莫逆之交。

仁宗时期,又恢复了唐代科举考试一度盛行的制科①。范仲淹知道后,马上对富弼说:"以您的才干,应该赶快准备一下,报名参加此次制科的考试,一定能中。"富弼此次考试,以茂材异得中进士,从此开始了自己的官宦生涯。

富弼中进士后,连富弼的婚姻也由范仲淹做媒。范仲淹与晏殊结识后,双方也成为好友。一次,宰相晏殊向范仲淹谈及女儿的婚事,让他帮忙做参考。范仲淹说道:"相公爱女,若嫁官宦人家的公子,我没有见过合适的人。如果嫁个国士,没有比富弼更合适的。"晏殊答应先见一下富弼,见了之后,非常满意,一对美满的婚姻就此促成。而这桩美满的婚姻,对富弼在仕宦道路上的升迁也起了很重要的作用。

明道二年(1033年)十二月,范仲淹因为劝谏仁宗废郭皇后一事被贬官。富弼为其父守丧期满,刚刚回到东京,还未见到仁宗,了解情况后,随即递了《上仁宗论废嫡后逐谏臣》的奏折。富弼指出:

第一,仁宗的做法是不孝的行为。平民百姓之家,丈夫如果要休妻,尚且要经过父母同意。今皇太后刚刚去世,坟头的土还是新的,官家却好色轻孝,就要废掉皇后,委实不孝。治家尚且不以其道,何以以道治国?范仲淹作为谏官,做的是天经地义的事情,即使所言不当,官家也应该海涵才对。驱逐谏官,取笑四方。

第二,仁宗的做法是忘本的行为。真宗驾崩之后,刘太后垂帘听政,屡屡欲仿效武则天,之所以未能成功,就是因为有范仲淹这样的谏臣。况且官家也屡次告诫范仲淹等谏官,不管大事小事,不平则鸣。现在范仲淹等不鸣则已,一鸣惊人,官家不但不接受劝谏,反而要驱逐他们,显见是设置陷阱诱惑、陷害他们。从此之后,官家还有何信誉可谈?

第三,稀缺之才才能担任谏官。现在官家驱逐了范仲淹等人,以后再有大事,

---

① 又称大科、特科,临时设置的科举考试科目,目的在于选拔各种特殊人才。唐代制举堪称甚盛,至宋代,贡举大为发展,而制科则趋于衰微,但作为一种科举制度,仍不失为一代之制。制科非常选,必待皇帝下诏才举行。具体科目和举罢时间均不固定,屡有变动。应试人的资格,初无限制,现任官员和一般士人均可应考,并准自荐。后限制逐渐增多,自荐改为要公卿推荐,布衣要经过地方官审查。御试前又加"阁试"。

谁还会犯颜直谏,不若干脆把谏官这个位置废了。

第四,现在国家灾荒不断,盗贼如麻,人心惶惶,奸臣窃笑。官家应该广择善言,励精图治,以扭转乾坤。废后已经成为事实,那就把范仲淹等追回,变两错为一错。

富弼的上奏,语言尖锐,句句戳中仁宗的心尖。但是,仁宗在吕夷简等守旧派的支持下,却拒绝接受富弼的建议。

君子和而不同,范仲淹与富弼的交往,典型地体现了这一特征。

庆历三年(1043年)五月,禁军士兵王伦率领四五十名兵士叛乱,受到官兵的追击后,转而南下,到达高邮军(今江苏省高邮市)时,发展到二三百人,知军晁仲约手下只有数十名战斗力很弱的士兵和差役,根本无力抵抗,于是干脆打开城门,让盗匪进城,又让城内的富民出钱,以好酒好肉招待,临走又送以丰厚的礼品,以求得县城的平安。

朝廷知道此事后,仁宗和大多臣僚大怒。当年十一月,仁宗让朝臣们讨论此事如何处理。枢密副使富弼坚持杀晁仲约以谢天下。富弼义正词严地说道:"盗贼公行,作为守臣,既不能战,又不能守,十足无能。而又使出开门揖盗的怪招,则更无耻,按照大宋的法律,必须处死。否则,再遇到此类事情,哪个州县官还去英勇抵抗?而且,听说高邮的民众恨之入骨,只希望朝廷赶快将他食肉寝皮。"

范仲淹却主张宽宥晁仲约。他缓缓地说道:"州县拥有的兵械,如果足以战守,遇贼不战,而且用此种手段解决问题,依法当斩,没有丝毫疑问。但是,真实的情况是高邮少兵缺械。对晁仲约而言,义当勉力战守,但是,委实有可以宽恕的理由,杀死他,有违法律的本意。从人情而言,虽然出了一些财物,但是免了百姓被杀戮的命运。于理而言,百姓或许心里面同意长官的这种处理方式。至于传闻的食肉寝皮,恐怕是极少数人的过激之语。"

仁宗最后接受了范仲淹的意见,晁仲约免了一死。

但是,下朝之后,富弼还是不同意范仲淹的意见,气愤地对范仲淹说:"朝廷平素一直抱怨不能依法而治。现在有法律,应该依法而治的时候,又舍法从情,这样下去,何以服众?"范仲淹听后,悄悄对富弼说道:"太祖以来,未尝轻杀臣下,这是盛德之事,为何要去破坏这个规则。引导官家轻易诛戮臣下,有朝一日,这种事情摊到我们头上,悔之晚矣!"但是,富弼听后,还是不以为然。而范仲淹的处理标准,很明显体现了以人为本、实事求是的法治理念。

据此可知,范仲淹与富弼同在朝廷,遇到不同意见时,仍会有激烈的争论。就此事来评论,阅历丰富的范仲淹较之富弼,要站得高、看得远。

庆历四年(1044年)四月,辽国位于今山西省西北部的一部分羌戎部落叛逃西夏,五月,辽国出兵讨伐,且派遣使节告知北宋。辽、宋、夏三国交界地区,出现剑拔弩张的局面。

北宋的麟州、府州紧邻该区域,该地区的官员先是上报辽国已经集结兵马,很快又上报西夏也开始集结兵马。仁宗赶忙命范仲淹、韩琦主管陕西、河东方面事务,富弼主管河北方面事务,以应对复杂多变的局势。

由于当时西夏是辽国的属国,北宋与辽国和西夏虽然都签过和平协议,但是,毕竟还是敌国,此番"三国演义",会不会是辽夏两国合谋入侵的前奏,不能不让赵宋朝廷生疑。

范仲淹对辽国欲征西夏提出"大可疑者六"和"大可忧者三"。

一疑辽国与元昊之间,不至于为了几个羌戎部落发动战争。二疑元昊一向顺从辽国,不至于为了小事与辽国举兵相向。三疑辽国与大宋交往,一向没有信誉,此次,怎么可以轻易相信辽国使节的话。四疑辽国与元昊如果有信誉可讲,大宋何至于走到这一步。五疑河东路近年屡屡地震,根据占卜类书籍的记载,其应验主城池陷落,不可不防。六疑此前辽国派遣来大宋的使节,所经过的两个线路,正是大宋的防守要路,莫非是为了探路。

一忧辽国与元昊倘若突然发动进攻,河东路兵马不多,名将极少。二忧辽国军队善于攻城,与此前北方的少数民族军队大不相同,据情报得知,辽军此番携带的攻城器械不少,西夏在此区域又没有城池,携带此类装备为了什么?三忧此次若真守信,也是麻痹大宋,为以后的进攻做准备。

为此，范仲淹要求朝廷做好和与战两方面的准备，尤其是做好战争的准备，眼下即筹划河东御捍之策，包括抽调何路军马，用何人做将帅，运送多少粮草，据守何处要隘。因为河东一旦失守，河北必然保不住，河北保不住的话，京师即受到威胁，后果非常严重。枢密使杜衍认为辽国军队一定不会南下，兵不可妄出。二人当着仁宗的面，就吵起架来。一向温和的范仲淹，此时却着了急，不时对杜衍冒出不礼貌的话语。韩琦也不同意范仲淹的分析。

枢密副使富弼见状，连忙上疏，陈述自己的观点。富弼从九个方面否定辽国会从河东路对大宋发动进攻的计划：

第一，师出无名。

第二，动不动就称王师南下，却从来没有立即发动进攻。

第三，河北路所在地区一马平川，非常有利于拥有大量骑兵的辽军作战。而河东地区，山高谷深，易入难出。辽国不会舍易求难。

第四，河北路是大宋经济上富裕的地区，河东路则为贫瘠的地区。辽国发动战争的目的就是为了抢劫人口和财物，断不会去进攻贫瘠的地区，而让大宋放手去防御富裕的地区。

第五，大宋与西夏战争期间，为了对付西夏，在河东路做了严密的布置。相对而言，由于兵力的限制，大宋在河北路的防守则较为松懈。辽国如果发动进攻，也不会选择防守严密的河东路下手。

第六，如果辽国要发动战争，肯定会采用突然袭击的手段，断不会先派遣使节告知大宋要对西夏发动战争，从而让大宋有所防备。

第七，前几年辽国与元昊结盟，一起对付大宋。但是，庆历二年（1042年）三月，辽国却趁大宋之危，宣称派兵南下，无理要求大宋归还后周世宗时期收复的关南十县。大宋为了不致陷入两线作战的局面，派（富）弼出使辽国。最后在辽国未出一兵一卒的情况下，大宋屈辱地与辽国重新订立盟约，答应每年再给辽国绢十万匹、银十万两。

元昊对于辽国单独与大宋订立盟约的事件，非常不满意，屡出怨言。辽国担忧元昊在其西部地区发动战争以泄愤,于是修筑了威塞城做防备。但是,元昊唆使此区域的一些羌戎部落,屡屡暗杀守卫威塞城的守军。辽国决定发兵讨伐,从大宋边境地区官员收集的情报来看,此点非诈。辽、夏两国一定不会联合起来对大宋发动进攻。

第八,幽云十六州一带,是辽国最富裕的地区,如辽国的心脏。辽国若要在河东路对大宋发动进攻,一定会加强该地区的防守,以防止大宋实施围魏救赵之计。但是据收集到的情报,辽国在该区域的防守,一如从前。

第九,辽国自从得到幽云十六州之后,再也没有在河东路地区对大宋发动过攻击。

不愧是外交家,富弼的战略眼光还是很不错的,自然比范仲淹判断得更准确些。他认为赵宋此时如果有过当的举动,反而可能招致灾难。

当然,富弼也充分肯定了范仲淹忠心体国的初心。

范仲淹最后一任地方官的生涯是知青州(今山东省青州市),他的前任就是富弼。庆历新政失败后,天各一方的挚友,虽然也不断有书信往来,毕竟没有见过面。按照官场交接的惯例,他们应该有一个短暂的会面,交代一下相关事宜。况且,对于多病的范仲淹而言,这一见,也许就是生离死别。但是,两人传世的文字记录中,没有丝毫线索,给后人留下了无尽的遗憾。

富弼离任时,河朔地区大水灾,青州自然难免。范仲淹到任后,正是青黄不接的时刻,只能马上投入繁忙的赈灾、救灾事务中去。

皇祐三年(1051年)十一月,范仲淹用小楷抄写的韩愈的《伯夷颂》,富弼也在上边题跋,这应该是范仲淹在世时,两人最后的交往。

范仲淹去世时,富弼当时守蔡州(治今河南省汝南县)。接到挚友去世的消息后,尽管蔡州距离徐州不是太远,但是,富弼职责在身,无法亲自前去吊唁,于是特遣左教练使陈节到徐州,代表自己,先予致祭并带去自己含泪写下的《祭范文正公文》,又于当年非常认真地撰写了《范文正公仲淹墓志铭》。另外,富弼还为范仲淹长子范纯佑撰写了《范纯佑墓志铭》。后来范仲淹的次子范纯仁为富弼撰写了《祭韩国富公文》和《富郑公行状》。由此可见，两家可谓是世交。

富弼用"圣人"这一儒家最高的评价来评价范仲淹。什么是圣人？知其不可为而为之。笔者认为富弼的评价，应该基于这个标准。

第五节　诤友苏舜钦

苏舜钦(1008—1049年),字子美,北宋著名的诗人、书法家。绵州(今四川省绵阳市)人,祖父苏易简曾为太宗朝的参知政事。父苏耆,曾为工部郎中、直集贤院。苏舜钦少年时期就慷慨有大志,状貌怪伟。

景祐三年(1036年)五月,范仲淹因为上《百官图》,指斥宰相吕夷简滥用用人大权,为吕夷简报复,以越职言事、离间君臣、荐引朋党的罪名,贬官饶州。作为御史台的重要官员——侍御史,韩渎面对宰相吕夷简的专断行为,本应该上书仁宗,犯颜直谏,但他反而秉承吕夷简的意思,请求仁宗将范仲淹荐引朋党一事,张榜于朝堂,杀一儆百,以儆效尤;又让仁宗颁布禁止百官越职言事的诏令。朝廷之上,肃杀之气,让人有喘不过气来的感觉。

面对危局,时为光禄寺主簿的苏舜钦毫不畏惧,马上递了《上仁宗乞寝戒越职言事诏书》。他在上奏中指出:"治平之君,耳旁要经常听到忧患之声,才可以求得长治久安。宰执类高官,心中要常常记得历史上的江山倾覆之祸,百官才能勤于正事。现在忽然颁布禁止越职言事的诏令,臣感到非常惊讶,因为此前官家屡屡下诏让百官针对政事弊端,及时上奏,我怀疑有人蒙蔽圣上,这是让国家走向灭亡的征兆啊!范仲淹等谏官,不是不知道仰宰相鼻息、明哲保身的好处呀!他们觉得那样做,亏臣子之忠义之节。请求圣上赶快收回此诏令,使指鹿为马的丑剧别再上演。"

苏舜钦的上奏尽管没有达到目的,但是起到了为被贬官的范仲淹鸣冤叫屈的作用。

康定元年(1040年)三四月,范仲淹筹划自己到西北战场的幕府人选时,邀请诤友苏舜钦入幕,苏舜钦也婉言谢绝。但是,苏舜钦谢绝的理由不同于欧阳修。他在后来写给范仲淹的信中解释道:"相公幕府中人,有猥琐之人,自己无法与这些人共事。而一旦这些人的主张被相公接受,一定坏事。与其进去之后,自己的才能无法发挥,影响自己的声誉,也影响自己和相公之间的关系,弄不好还会影响战争的大局,思来想去,还是不进去为好。"

苏舜钦虽然没有进入范仲淹的战时幕府,但并非置身事外,而是密切关注战事的进展,特别是和范仲淹有直接关系的事情。听闻范仲淹知延州的消息后,苏舜钦一方面为范仲淹直接开赴战争第一线的壮举所感动,另一方面也提出反对的意见,认为范仲淹这样做,只能局限于延州一隅,不能影响整个西北战场的全局,不能伸缩自如。不在战争前线的苏舜钦,当然不理解范仲淹这样做的理由。

为了配合范仲淹主导的改革,苏舜钦在一首诗中对庆历新政前的社会现实和社会矛盾进行了透彻的描述,有利于统治阶级的上层进一步了解统治的危机,从而进行大刀阔斧的改革。其诗如下:

吴越龙蛇年,大旱千里赤。
寻常粳稌地,烂漫长荆棘。
蛟龙久遁藏,鱼鳖尽枯腊。
炎暑发厉气,死者道路积。
城市接田野,恸哭去如炽。
是时西羌贼,凶焰日炽剧。
军须出东南,暴敛不暂息。
复闻籍兵民,驱以教战力。
吴侬水为命,舟楫乃其职。

金革戈盾矛,生眼未尝识。

鞭笞血涂地,惶惑宇宙窄。

三丁二丁死,存者亦乏食。

庆历三年(1043年)冬天,苏舜钦丁忧期满,回到东京。范仲淹荐其为集贤校理,监进奏院。苏舜钦马上投入了范仲淹主导的改革。他督促范仲淹一定要有坚定的改革信心,一定要把改革进行到底,同时在《上范公参政书中》指出:"教育训练医务人员,更改官员磨勘的时间,恢复职田等,都不是最要紧的事情。"可以看出,苏舜钦是在实际上委婉地指出改革缺乏高屋建瓴的眼光和全盘的部署,这自然也是庆历新政失败的原因之一。

滕宗谅的"公使钱"案件爆发后,不明真相的宰相杜衍主张严惩滕宗谅。范仲淹认为只是铺张浪费了一点,富弼则左右为难。苏舜钦对此事件,则有清醒的认识。他在就此事给欧阳修的信中指出:"滕宗谅等在使用公使钱的过程中,也有将极少量钱物落入自己手中的行为,亏得范仲淹挺身而出,为他们遮风挡雨,最终几人得以从轻发落。范公如此处理,并不是因为和他们私人关系好的缘故,而是为了保存朝廷的大体。自太祖开始,我朝以仁义治天下,对于官员的轻微违法行为,常用宽典。如果都以严刑苛法治理天下,则官员们无法办事了,只会滋长怠政、懒政的思想,无所作为。"

苏舜钦站在维护朝廷大体的角度,才真正理解了范仲淹处理此问题的本意,也是对范仲淹为政思想核心要素的把握。

谁也没有料到,庆历四年(1044年)的"奏邸之狱",却成为苏舜钦人生的转折点。一直到庆历八年(1048年),愤愤不平的苏舜钦还上书新任宰相文彦博,希望能够平反冤案,还自己以清白。

"始者,御史府与杜少师(指杜衍)、范南阳(指范仲淹)有语言之隙,其势相轧,内不自平,遂煽造诡说,上惑天听。"苏舜钦的这段话,真正道出了"奏邸之狱"的真相,是王拱辰为代表的保守派为了打击杜衍和范仲淹,为了打击新政,维护既得利益集团的利益,利用细微小事,一手策划的一场"倒范运动"。

第六节　梅尧臣的反目为仇

梅尧臣,字圣俞,宣州宣城人,北宋著名诗人。

范仲淹与梅尧臣的结识大约在天圣九年(1031年),时年范仲淹四十三岁,梅尧臣二十九岁。范仲淹由通判河中府(治今山西省永济市)改为通判陈州(今河南省淮阳县),路经西京洛阳。梅尧臣时为河南府主簿,二人可能由梅尧臣的妻兄谢绛介绍相识。谢绛与范仲淹是同年进士。宋代士大夫大多非常重视和维护这种同年关系,漠视和破坏同年关系的行为将会受到谴责。

二人应该是相识于酒宴上。范仲淹去世后,梅尧臣有三首悼念范仲淹的诗,其中有一句"京洛同逃酒",估计就是上段中言及的一次洛阳酒会,二人不胜酒力,半途偷偷离席。

景祐元年(1034年),范仲淹因为劝谏仁宗废郭皇后一事被贬官睦州(治今浙江省建德市),正月到任。梅尧臣虽然于该年八月知睦州属下的建德市,但是同年六月,范仲淹已经改知苏州,二人应该没有见面的机会。尽管如此,梅尧臣还是写了《聚蚊》和《清池》等诗,寓含了对吕夷简集团的讽刺和对范仲淹的同情。

清池

泠泠清水池,藻荇何参差。

美人留采掇，玉鲔自扬鬐。
波澜日已浅，龟鳖日复滋。
虾蟆纵跳梁，得以绿其涯。
竞此长科斗，凌乱满澄漪。
空有文字质，非无简策施。
仙鲤勿苦羡，宁将卢蛤卑。
徒剖腹中书，悠悠谁尔知。
聊保性命理，远潜江海湄。
泚泚曷足道，任彼蛙黾为。

该年四月，范仲淹主持复建了严子陵祠堂并写了《桐庐郡严先生祠堂记》一文。梅尧臣读后，尤其为文中结尾的语句"云山苍苍，江水泱泱。先生之风，山高水长"所打动，写下了《读范桐庐述严先生祠堂碑》诗：

二蛇志不同，相得榛莽里。
一蛇化为龙，一蛇化为雉。
龙飞上高衢，雉飞入深水。
为蜃自得宜，潜游沧海涘。
变化虽各殊，有道固终始。
光武与严陵，其义亦云尔。
所遇在草昧，既贵不为起。
翻然归富春，曾不相助治。
至今存清芬，炟赫耀图史。
人传七里滩，昔日来钓此。
滩上水溅溅，滩下石齿齿。
其人不可见，其事清且美。

> 有客乘朱轮,徘徊想前轨。
> 著辞刻之碑,复使存厥祀。
> 欲以廉贪夫,又以立懦士。
> 千载名不忘,休哉古君子。

范仲淹知苏州后,梅尧臣又有《僧可真东归因谒范苏州》一诗,把范仲淹比作唐代著名诗人韦应物:

> 姑苏台畔去,云壑付清机。
> 野策过寒水,山童护衲衣。
> 松门正投宿,竹笠带余晖。
> 谁爱杼山句,使君应姓韦。

韦应物因为做过苏州刺史,所以又号韦苏州,可见梅尧臣对范仲淹的倾慕之情。

景祐三年(1036年),范仲淹因为向仁宗献《百官图》一事,被贬官饶州,知建德县的梅尧臣,获悉了事情的原委后,拿起正义之笔,写下了《寄饶州范待制》诗:"山水番君国,文章汉侍臣。古来中酒地,今来独醒人。坐啸安浮俗,谈诗接上宾。何由趋盛府,待尔望清尘。"认为范仲淹等人才是对朝政非常清醒的人。而在《灵乌赋》一文中,则把范仲淹比作能预卜吉凶且奋不顾身把安危告知人类的灵乌。范仲淹收到这首赋后,也以《灵乌赋》为题,作为回应。范仲淹在该赋的序中写道:"梅君圣俞(梅尧臣的字)写赋寄给我,一点也不怕我被贬官而受牵连,也作同名之赋作为应答,抒发殊途同归之感叹。"

范仲淹在该赋中写道:"宁鸣而死,不默而生。要像孔子、孟子那样,即使真话的力量很微弱,还是要说真话,还是要培养浩然之气。"

饶州西邻鄱阳湖,坐船一直向北,就可以到达江州(今江西省九江市)。江州境内的庐山是宋代以前文人墨客非常喜欢的胜景之地。范仲淹曾经有庐山之游,并邀请梅尧臣同去。梅尧臣因故未能前去,感到遗憾,他随后写了《范待制约游庐山以故不往因寄》一诗,"平昔爱山水,兹闻庐岳游。远期无逸兴,独往畏湍流。举手谢云壑,栖心惭鸟鸥。香炉碧峰下,应为一迟留"。

景祐四年(1037年),范仲淹发妻李氏去世于饶州,梅尧臣亲自前去吊唁,并留下两首吊唁诗,名为《范饶州夫人挽词二首》:

其一

听饮大夫日,止言京兆辰。
常忧伯宗直,曾识仲卿贫。
蒿里归魂远,芝山旅殡新。
江边有孤鹤,嚖唳独伤神。

其二

君子丧良偶,拊棺哀有余。
庄生惭击缶,潘岳感游鱼。
夕苑凋朱槿,秋江落晚蕖。
犹应思所历,入室泪涟如。

梅尧臣第五个儿子出生,按照宋代的习俗,婴儿满月,要举行沐浴仪式称"洗儿会",亲朋好友都来相贺,外公外婆要送金银钱果,以及彩缎、珠翠等洗儿用品。众宾客到齐后,煎香汤于银盆内,将洗儿果等放入盆中,用彩线环绕银盆一周。长辈用银钗搅水,把婴儿放进盆内,略微洗涤全身,剃掉胎发,遍谢亲朋,仪式结束。

范仲淹应该参加了这次仪式。他饱含真情地用诗写下了全部过程:

遥望瑞气萦彩霓,上天诞降麒麟儿。

麟儿瑞物等长离,不事苍鹰乳虎威。
圣俞次第五儿育,此儿良拟马白眉。
眉手秀整头角耸,容光一脉通天犀。
今朝抱洗兰盆中,英物试啼蚕占知。
世家学业有源委,圣俞才学家得之。
我朝文盛殊堪喜,才学杨梅动帝里。
此儿汝家千里驹,当复见奇于天子。

总之,从天圣九年(1031年)到景祐四年(1037年),范仲淹屡屡被贬官的岁月中,梅尧臣作为范仲淹的同道,双方的关系是非常亲密的。特别需要指出的是,梅尧臣的叔父梅询,正是吕夷简旗下的人物。梅尧臣却一点也没有考虑因为他和范仲淹的亲密关系,给自己甚至给梅询带来的不利的影响。

一对志同道合、亲密无间的朋友后来闹崩,其原因自然很复杂。

宝元元年(1038年),梅尧臣作《袷礼颂圣德诗》等三首诗歌献给仁宗。次年,面对西北战场的危局,又将自己多年思考后的著作《孙子注》十三篇奏上,但结局都是泥牛入海。在学而优则仕的时代,做官才是唯一的出路,更何况梅尧臣做官的目的首先是忠君报国,其次才是博取功名。

天真的诗人马上就要迈入四十而不惑的岁月。父亲梅让马上就是八十岁的老人了,梅尧臣只好拿需要孝敬老人来自我解嘲。

康定元年(1040年),西夏军大举南下,赵宋西北边防岌岌可危,好友尹洙也通过他人的推荐,投笔从戎,施展自己驰骋沙场的抱负去了。梅尧臣作《闻尹师鲁(尹洙的字)赴泾州幕》的诗为其壮行,诗中"青衫出二崤,白马如飞电""贾谊非俗儒,慎无轻寡变"的语句,显然透出梅尧臣渴望像尹洙一样在沙场建功立业的情怀,况且梅尧臣认为自己不乏军事才华。

当年,范仲淹通过韩琦的推荐,担任陕西经略安抚副使,后迅速将自己的许多好友召入幕府,为其出谋划策。欧阳修由于考虑到范仲淹给自己安排的位置不能施展自己的才华,婉言谢绝。但是,他向范仲淹推荐了梅尧臣,可范仲淹没有任何表示。这不能不让梅尧臣失望,甚至失望透顶。

当时,梅尧臣认为唯一能帮助自己"脱离苦海"的人就是范仲淹。梅尧臣此时的心态,自然是渴望至极后的失望至极,于是开始发泄心中的愤怒,含沙射影地指向范仲淹。在《桓妒妻》一诗中,写出了"嫉忌尚服美,伤哉今亦无"①。研究宋诗的知名学者朱东润先生认为该诗写于欧阳修给范仲淹写信推荐梅尧臣而被拒绝之后。康定二年(1041年)秋后,梅尧臣离京赴湖州(今浙江省湖州市)任监湖州盐税。行前,欧阳修邀请同为朋友的陆经(字子履)作陪为梅尧臣饯行,郁郁不乐的梅尧臣很快就喝醉了,当着欧阳修二人的面,梅尧臣再也掩饰不住对范仲淹的不满,尽情发泄自己的愁怨。欧阳修了解梅尧臣的郁结之情,索性让他发泄个够。梅尧臣后来作了《醉中留别永叔子履》一诗,"谈兵究弊又何益,万口不谓儒者知。酒酣耳热试发泄,二子尚乃惊我为。露才扬己古来恶,卷舌噤口南方驰",反映了他对范仲淹不用自己的原因猜测,"露才扬己"自然指言行高调,到底是不是这个原因,已经无法分析。可以肯定的是,范仲淹在西北战场时期,二人就断绝了交往。

我们可以推测一下其中的原因。尹洙、富弼也都是梅尧臣的好友,梅尧臣的才华,他们也都了解,为何他们不向范仲淹推荐梅尧臣,让梅尧臣摆脱清苦的、蹭蹬下僚的命运?也许富弼、范仲淹都认为梅尧臣是典型的天真的诗人,不适合从事复杂的军旅事务,甚至做军中幕僚也不合适。

但是需要指出的是,梅尧臣虽然未能奔赴西北战场,却创作了八十一首边塞诗。

即便在与范仲淹分道扬镳之后,梅尧臣在"奏邸之狱"爆发后的行为,仍然是站在了范仲淹为首的改革派一边,他在诗中斥责李中的卑鄙无耻行为:

---

① 桓宣武平蜀,以李势妹为妾,甚有宠,尝著斋后。主(温尚明帝女南康长公主)始不知,既闻,与数十婢拔白刃袭之。正值李梳头,发委籍地,肤色玉曜,不为动容,徐徐结发,敛手向主,神色闲正,辞甚凄婉,曰:"国破家亡,无心至此,今日若能见杀,乃是本怀!"主于是掷刀前抱之:"阿子,我见汝亦怜,何况老奴!"遂善之。

> 主人有十客,共食一鼎珍。
> 一客不得食,覆鼎伤众宾。
> 虽云九客沮,未足一客嗔。
> 古有弑君者,羊羹为不均。
> 莫以天下士,而比首阳人。

梅尧臣后又有《邺中行》一诗,表明了他与苏舜钦等"奏邸之狱"的受害者有很深的友情,他坚决地站在他们一边。他们离开东京时,梅尧臣均作诗送行:

> 武帝初起铜雀台,丕又建阁延七子。
> 日日台上群乌饥,峨峨七子宴且喜。
> 是时阁严人不通,虽有层梯谁可履。
> 公干才俊或欺事,平视美人曾不起。
> 五官褊急犹且容,意使忿怒如有鬼。
> 自兹不得为故人,输作左校濒於死。
> 其余数子安可存,纷然射去如流矢。
> 乌乌声乐台转高,各自毕逋夸虿尾。
> 而今抚卷迹已陈,唯有漳河旧流水。

梅尧臣在改革派与保守派的对立中,显然不是投机之徒,但是,对于庆历新政后已经被贬官的范仲淹,却依然余怒未消,对范仲淹的攻击反而升级。《谕乌》一诗,甚至将范仲淹生病的儿子范纯佑也写进诗中,一起谩骂:

> 养子颇似父,又贪噪豺狼。
> 为鸟乌不伏,兽肯为尔戕。

> 莫如且敛翮,休用苦不量。
> 吉凶岂自了,人事亦父相。

面对昔日好友不遗余力的恶毒攻击,一向宽厚的范仲淹一直到去世都保持沉默,也没有向任何人做过解释,显见范仲淹的高风亮节,也进一步证明范仲淹不是结党营私的政治领袖。

而梅尧臣为何一直到范仲淹去世后,在有些诗中仍然发泄对范仲淹的不满,宋人及后人都感到无法解释,甚至有人怀疑是他人的伪作。但是,绝大多数人认为应该是梅尧臣的作品,甚至认为梅尧臣有严重的性格缺陷。

如果我们仔细剖析宋人一书中记载的范仲淹说过的一句话,应该能为此问题的解释找到一条路径,范仲淹原话如下:"余幕府所聘请的幕僚,必须是某一方面能够让我学习的,这样余也才能恭敬地对待他。否则,即使是朋友也不行。"按照这个标准来衡量,梅尧臣显然不符合这个标准。

第七节　生死之交尹洙

尹洙,字师鲁,河南府(今河南省洛阳市)人。仁宗天圣二年(1024年)进士,比范仲淹小十三岁。

尹洙早年跟随古文运动的重要人物穆修学习,特别喜欢《春秋》。王曙为西京留守时,由于王曙的荐引,景祐元年(1034年),尹洙充馆阁校勘,迁太子中允。

景祐三年(1036年),范仲淹因上《百官图》而被贬官。尹洙知道后,毫不畏惧,主动上疏请求与范仲淹一同贬官。他在上疏中写道:"仲淹忠亮有素,洙与之义兼师友,则是仲淹之党也。今仲淹以朋党被罪,臣不可以苟免。"一副光明磊落、大义凛然、不避祸难的士大夫形象,俨然如东汉后期的党锢之祸中的范滂等人。由是被贬为崇信军节度掌书记,监郢州(治今湖北省钟祥市)酒税,后又改徙唐州(治今河南省唐河县)。北宋知名的书法家蔡襄为此事在其诗歌《四贤一不肖》中称赞尹洙:"章章义节尹师鲁,饬躬佩道为华荣。希文被罪激人怒,君独欣慕如平生。"

范仲淹在西北战场期间,尹洙也是其重要的助手之一。但是,在处理尹洙官阶升迁问题上,范仲淹却力排众议,反对尹洙越阶升迁。范仲淹在上奏中,一方面肯定尹洙的才干,另一方面指出,尹洙去年春天才升为太常丞,在路分都监许迁、张肇之下,去年秋天又升为司谏,在钤辖安俊之上,这才刚过半年,又准备迁两制,又到了部署狄青的上边,既不是因为有战功,又没有改变任官的地域,如此安排,只会导致一些官员产生强烈的不公平感,不利于内部的团结。朝廷如果确实想将尹洙提拔为两制,不如趁今年夏天西北战场没有战事的时机,诏尹洙进京,让他当面向官家汇报战场的事宜。如果陈述得井井有条、很有见地,即改任两制,然后再让他回来,也不为晚,其他官员知道此番情况后,也没有什么意见。

朝廷见范仲淹言之有理,接受了他的意见。这进一步说明范仲淹像对待梅尧臣一样,绝不党同伐异。

范仲淹在尹洙生命的最后时刻及去世后事宜的处理上,可谓无微不至、尽心尽力。以下文字为范仲淹在写给韩琦的信中就此事的详细记录,笔者只是将文言译为白话而已。

尹洙去世前,监均州(今湖北省丹江口市)酒税,范仲淹时知邓州(今河南省邓州市)。尹洙十三年间三次被贬官,再加上家中凶事不断,父亲和兄长尹源先后去世,和妻子张氏生育的四个儿子也先后去世,一个女儿婚配后也去世。底层杂官的俸禄又非常低,颠沛流离的艰苦生活,一切的一切叠加起来,即使尹洙这样铁打的男人,也经不起这样的打击了。

到均州之前,尹洙已经感觉到大病缠身,尤其是眼部的病变越来越严重,于是派手下人去向范仲淹寻医问药。范仲淹在给他开的药方中指出,眼病不可急治,需要慢慢治疗,否则只会加重。而进补身体的药,更不可热吃,热吃伤眼,需要不冷不热的时候吃。范仲淹让尹洙的手下人给尹洙带去他要的醋和药,并告诫尹洙醋是大热之物,吃多了对眼没有好处。但是,带去的药,吃了之后会马上见效。又告诫尹洙要慢慢适应吃少盐的饭,以减少身体内的毒性。可见范仲淹对老友无微不至的关怀。

到均州之后,尹洙有时候吃饭都难以下咽。一百多天后,尹洙感觉到再也撑不下去了,经过朝廷批准后,庆历七年(1047年)四月,尹洙拖着残躯,带着家小,去邓州找范仲淹,其用意非常明显——找挚友"托孤"。托孤在古代可是塌天的大事,没有血缘关系的朋友,若不是生死之交,不会有托孤之举。到了邓州后,对医术颇为精通的范仲淹,给尹洙的病体做了最后的挽救,用艾灸炙烤。治疗期间,尹洙对自己的身体还抱有幻想,丝毫没有给范仲淹言及后事。一直到病危时刻,范仲淹去驿馆看他。见到奄奄一息的尹洙后,范仲淹强忍着眼泪对尹洙说道:"足下生平事迹,老友们都很清楚。将来会有韩公(韩琦)和欧阳(欧阳修)公分别为相公写墓表①和墓志铭,让后人永远记住相公的事迹。"尹洙听后,强挣扎着身子,举起双手,向范仲淹拜了一拜,又叩了一个头,表示感谢。范仲淹见状,赶忙让人扶着让他慢慢躺下,含着泪水对他说道:"相公安心走吧,仲淹与韩公、欧阳公等人都要拿出俸禄,照顾好相公的家人。"尹洙听后,轻轻地举了举右手,表示感谢,然后默默地闭上双眼,不再言语。第二天,范仲淹和赵学士又去馆舍看他,尹洙睁开眼微笑着说道:"昨天已经告别了,怎么又来了?相公昨晚说的话,我都牢牢记住了。"又对旁边的家人平静地说道:"我就要走了,再也管不了你们了。"一点也没有悲伤的表情。停了两天,尹洙说要下床让人搀着走两步,刚走了两步,又让家人扶着坐到桌子前,说要漱口,家人拿来水扶着他的头让他喝水。刚喝完水,他头一低,便趴在了桌子上,停止了呼吸。

尹洙去世前,对陪在身边的几个人分别说了几句话。他对赵学士说道:"不痛苦。"对年轻的同僚韩氏说道:"年轻时期就要培养良好的品德。"又对状元贾氏说道:"黄泉路上,也没有鬼神,也没有烦恼。"旁边的同僚又问他还有无家事需要交代,尹洙说道:"谈到人间的事务,就太俗了。"

范仲淹为此感叹道:"庄子所说的生死如一,超越世俗,才能获得绝对的自然和自由,仲淹在师鲁临终时刻真正看到了。寻常见他儿女情长,没想到临终时刻,能这样说这样想。"

尹洙于四月初九四更天去世,十日晚上,范仲淹先把他安置在邓州城西边的一座庙宇里。送终礼举行的时候,邓州城的官员和士人都来参加,丧礼办得很完备。

尹洙的家小,只能暂时先在邓州住到秋凉,然后再回西京洛阳。他们此时的生活,只好全由范仲淹来照管。

---

① 又叫墓碑,竖于墓前或墓道内,表彰死者,死者生前有无官职皆可用。

尹洙的行状,范仲淹安排尹洙生前的好友孙甫来写,因为尹洙和孙甫年轻时就开始交往,相知最深。孙甫写好行状后,再将行状寄给韩琦和欧阳修,由韩琦作墓表,欧阳修作墓志铭。范仲淹自然也要详细看看行状、墓志铭和墓表。范仲淹负责整理尹洙生前的诗文并刊刻。

但是,范仲淹收到孙甫写的尹洙的行状后,感觉他写的行状中,遗漏的重要的东西不少。韩琦也发现了这个问题,于是让孙甫认真修改后,再寄给范仲淹三人看看,三人再写。可见范仲淹对待挚友尹洙,就像孔夫子在《论语》中所言:"生,事之以礼。死,葬之以礼,祭之以礼。"孔夫子说的是对待自己去世的先人必须这样做,而范仲淹对待自己的挚友尹洙,做到了。

尹洙去世后,范仲淹开始收集、整理尹洙生前的诗文,然后自己出钱刊刻。他在《河南集序》中称:"师鲁有心于时,而多难不寿,所为文章,亦未尝编次,惟先传于人者,索而类之,成二十七卷。"

落难时刻,方见真情。尹洙被贬官之后,范仲淹对尹洙的关照,感人至深。

第八节　同年进士滕宗谅

滕宗谅，字子京，河南府（今河南省洛阳市）人，比范仲淹小三岁。范仲淹的同榜进士有一百九十七人，史籍中记载的与他有交往的有三十人。但是，与范仲淹相知最深、关系最亲密的，则是滕宗谅。

天禧五年（1021年），范仲淹调任监泰州（今江苏省泰州市）西溪盐仓，滕宗谅任泰州军事推官，两人此前相识于金榜题名时，但相互之间的了解还谈不上。此时，为官一处，相互之间的了解逐渐加深。滕宗谅于职事之外，酷爱读书、写文章，和宾客交流。范仲淹和滕宗谅之间的共同语言自然较多，有时间就促膝谈心、吟诗作赋相唱和。范仲淹先后作了两首以《书海陵滕从事文会堂》为题的诗，其中一首内容如下：

东南沧海郡，幕府清风堂。
诗书对周孔，琴瑟亲羲黄。
君子不独乐，我朋来远方。
言兰一相接，岂特十步香？
德星一相聚，直有千载光。
道味清可挹，文思高若翔。

笙磬得同声,精色皆激扬。

栽培尽桃李,栖止皆鸾皇。

琢玉作镇圭,铸金为干将。

猗哉滕子京,此意久而芳。

仁宗天圣三年(1025年),范仲淹担任泰州属下的兴华(今江苏省兴化市)县令,主导修筑捍海堰,其得力助手就是滕宗谅。一天,大风忽起,晚潮突涌,卷起很高的波浪,修堰的民众和士兵中,有些人此前没有见过如此高的海浪,吓得马上就要跑。范仲淹怎么也劝止不住他们。紧急时刻,滕宗谅立马上前拦住他们,耐心地给他们讲话,讲解海潮的规律性起伏,让大家不要害怕,这才稳住了局面。经历了这件事情后,范仲淹进一步了解了滕宗谅的才华,很感激也很佩服他的果敢和聪明。

天圣六年(1028年),范仲淹上疏,力请刘太后还政于仁宗,却被贬官为河中府(今山西省永济市)通判。时为右司谏的滕宗谅,也积极支持范仲淹的建议,同样被贬官知信州(治今江西省上饶市)。二人虽然一南一北,天各一方,可书信的往来很是不少。

好学不倦的滕宗谅花费了多年时间,收集了唐代的制诰一千首,整理成三十卷。这部书应该取什么名字,他颇为犯难,思考了很长时间后,还是不能确定,于是征求同年进士范仲淹及欧静、周骙三人的意见。范仲淹不同意欧静命名为"唐典"的建议,认为此命名容易让读者把它与《尚书》中的"尧典""舜典"相混淆,而《尚书》又是儒家的经典读物,不能没有敬畏感。范仲淹认为可以考虑从"有唐统制""有唐册制"两个名字中选择一个。这部书最后命名为《大唐统制》(三十卷)。可惜,这部书没有传到现在。

景祐四年(1037年),范仲淹知润州(今江苏省镇江市),滕宗谅时为江宁府(今江苏省南京市)通判,两地距离较近,又同为长江边的城市,乘船往来非常方便。润州最知名的名胜古迹是甘露寺和北固楼。甘露寺因建于东吴甘露元年(265年)而得名。北固楼建于东晋,因建于北固山而得名,北临长江,形势险要,景象壮观。

滕宗谅与同为同年进士的魏介之一起造访范仲淹,三人相见,非常高兴。范仲淹领着他俩畅游润州的名胜古迹,喝酒聊天,并写下一首诗:

> 长江天下险,涉者利名驱。
> 二公访贫交,过之如坦途。
> 风波岂不恶,忠信天所扶。
> 相见乃大笑,命歌倒金壶。
> 同年三百人,太半空名呼。
> 没者草自绿,存者颜无朱。
> 功名若在天,何必心区区。
> 莫竞贵高路,休防谗嫉夫。
> 孔子作旅人,孟轲号迂儒。
> 吾辈不饮酒,笑杀高阳徒。

时年,滕宗谅的母亲刁氏去世,范仲淹应滕宗谅之邀,为其慈母写了墓志铭。

范仲淹到西北战场后,推荐滕宗谅知泾州,范仲淹迁任陕西四路经略安抚使后,又推荐滕宗谅任环庆路经略使兼知庆州(治今甘肃省庆阳市)。

庆历四年(1044年)八月,范仲淹宣抚河东到岢岚军(治今山西省岢岚县)时候,由于此地是宋、辽、夏三国交界之处,地势险要。秋凉时节,遥望西北,胡马满川,范仲淹突然想起了被贬官到岳州(今湖南省岳阳市)的滕宗谅,不知道好友的心情是否好一些。一贬再贬时的心态,范仲淹领略过,那是非常难熬的日子。范仲淹想到写一首诗,抚慰一下老友的创伤。全诗如下:

> 优游滕太守,郡枕洞庭边。
> 几处云藏寺,千家月在船。

疏鸿秋浦外,长笛晚楼前。

旋拨醅头酒,新炮缩项鳊。

宦情须淡薄,诗意定连绵。

迥是偷安地,仍当饱事年。

祇应天下乐,无出日高眠。

岂信忧边处,胡兵隔一川。

范仲淹在该诗的最后边,特别注明自己正宣抚到岢岚军。范仲淹想,滕宗谅收到诗后,遥想五十六岁的老友范仲淹还在骑马巡边,难受的心情自然要好一些。

果然,没有多久,范仲淹收到了滕宗谅以《临江仙》作为词牌名的一首词。范仲淹读后,哈哈大笑。滕宗谅全词如下:

湖水连天天连水,秋来分外澄清。

君山自是小蓬瀛。

气蒸云梦泽,波撼岳阳城。

帝子有灵能鼓瑟,凄然依旧伤情。

微闻兰芝动芳馨。

曲终人不见,江上数峰青。

范仲淹后又应滕宗谅之邀,写下了流传千古的名文《岳阳楼记》。

庆历七年(1047年),滕宗谅去世,范仲淹为他写了墓志铭。

第九节　高徒李觏

范仲淹与当时知名的学者多有交往,列入《宋史·儒林传》的胡瑗、孙复、石介、李觏,都是范仲淹的好友,前三人则有宋初"三先生"之称,而李觏与张载①则有范仲淹门下"双杰"之称。

李觏(1009—1059年),字泰伯,建昌军南城人,比范仲淹小二十岁。他一生命运坎坷,著作等身,颇有真知灼见,他的经济思想,对王安石及明清时期的思想家影响很大。但是,在科举的道路上,李觏却屡试不第,后通过范仲淹的推荐,得以成为太学的助教,但不到半年即去世,既是他个人的悲剧,也是时代的悲剧。

范仲淹和李觏二人现存的文集中留下了二人交往的书信各三封,范仲淹推荐李觏任官的奏札三首。

景祐四年,二十九岁的李觏又一次科举落第,心灰意冷的他奔赴鄱阳拜访仰慕已久的范仲淹。但是范仲淹因为和吕夷简的矛盾进一步尖锐化,又被远贬饶州,故未能见面。李觏回到家乡后,给范仲淹寄了一封信,附带寄了自己的著作。范仲淹不久又改知润州(今江苏省镇江市)后,邀请李觏去润州州学执教,润州距离南城太

---

①　张载(1020—1078年),北宋郿县(今陕西省眉县)横渠镇人,世称横渠先生,知名的理学家。其最知名的名言是"为天地立心,为生民立命,为往圣继绝学,为万世开太平",倡导儒家弟子要有心怀天下的远大志向,也可见范仲淹对他的影响。

远,李觏不便携带家眷前来。范仲淹知苏州期间,又建议他去苏州,携带家眷前往也比较方便,但李觏因为忙于著述,未能前去。在苏州州学执教的胡瑗对李觏写的《明堂定制图》很佩服,也很感兴趣,将该书介绍给范仲淹。范仲淹看后,大吃一惊,认为其水准委实很高。宝元二年(1039年)三月,范仲淹改知越州,仍然惦记着落魄中的才子李觏,邀请李觏去越州执教,李觏这次倒是欣然前往。但是,范仲淹不久离开越州前往西北战场,李觏只好又回到家乡,著书立说。

康定二年(1041年),李觏来到了东京,在其写给富弼等人的信中可以看出,他的志向是使自己在政治、经济、军事等方面的主张能够被当政者接受并付诸实践。

庆历三年八月,范仲淹拜参知政事,庆历新政很快拉开序幕。庆历四年六月,远在家乡的李觏将《庆历民言》三十篇寄给范仲淹和富弼,附带给范仲淹一封《上范待制书》,谈及国家面临的内忧外患以及自己对改革的看法和建议。李觏丝毫没有因为自己和范仲淹政治地位的悬殊而有献媚之语,而是以士大夫的气节相激励;且对当时的新政前途喜忧参半,可见他的清醒。

皇祐元年(1049年),范仲淹知杭州,该年十一月二十日,范仲淹向朝廷举荐李觏,在荐章中写道:"李觏经术文章,草泽中无人能比……伏乞朝廷优赐,就除一官。"为了证明李觏的能力,范仲淹呈上了李觏所作的《礼论》七篇、《明堂定制图序》一篇、《平土书》三篇、《易论》十三篇。第二年三月,朝廷决定于九月中大祭于明堂,借此机会,范仲淹在六月再次上书朝廷,指出李觏对明堂制度的研究很有成就。七月,李觏终于被授将仕郎,试太学助教。

李觏对范仲淹不遗余力的举荐充满了感激之情,作《谢范资政启》以答谢。十月,范仲淹加职户部侍郎,李觏也寄信相贺。范仲淹告知李觏他已改知青州,正准备上路。这是范仲淹与李觏间有文字可考的最后一次书信往来。

第八讲

义薄云天数范公
—— 范仲淹及其后人的慈善壮举

范仲淹是宋代伟大的慈善家，他所创立的范氏义庄，对当时官府及民间的慈善事业都产生了很大的示范效应。而苏州范氏家族，以其清白的家风，一直延续到"中华民国"时期。

第一节 范仲淹出钱建义庄

一、范仲淹慈善壮举的思想渊源

范仲淹为何会有如此博爱的胸怀和壮举,必须探讨其思想根源。范仲淹的思想典型地反映了宋代儒、道、释三家融合的思想。其中,儒、释二家的博爱思想,对范仲淹影响较大。

《论语》有"泛爱众"的主张。"老吾老以及人之老、幼吾幼以及人之幼",更是《孟子》一书中的名言。孔子和孟子两位伟大的思想家的主张,虽然不能完全等同于近代资产阶级提出的博爱思想,但是,已经远远超出了此前局限于血缘关系的狭隘的爱,将仁爱思想及行为推及到陌生人群体中,这是一个伟大的进步。范仲淹自少年时期就饱读儒家经典,青年和壮年时期又研究儒家思想、实践儒家的主张,所以这方面的思想对他影响很大。

当然,赵宋以前,遇到大的灾荒年月,名门望族出钱出粮救济宗族和乡里的典型事迹也不少。南朝刘宋时期的元嘉末年(约450—453年),青州(今山东省青州市)一带发生大饥荒,人相食,刘善明家有积粟,开仓放粮以救乡里,许多百姓得以活命,百姓呼其家田为"续命田"。隋朝时期的李士谦,曾经出粟数千石,贷给乡人,遇到灾荒年月,借家无法偿还。李士谦见状,对忧心忡忡的乡亲们说道:"我家平常积攒余粮,本意就是遇到灾荒时用于救济,根本不是为了牟利!"于是召集来所有的借家,当着他们的面,把所有的借贷凭据烧掉。第二年恰为丰收年,借家争着来偿还,李士谦坚决不要。

但是,此类善举,都是灾荒年月的特别善举,对于一个宗族而言,缺乏发展的可持续性。

从唐朝中期开始,中国封建社会进入重要的转折时期,经过安史之乱及唐末农民战争的打击,传统的贵族门阀政治遭到严重打击,"扶犁黑手翻持笏,食肉朱唇却吃齑"。与之伴随的是,宗族关系到五代和北宋初期,出现松弛的局面,宗族关系的松弛,必然带来儒家极力倡导的孝悌、忠义等伦理观念的弱化。这对封建统治而言,自然是莫大的危机。所以上至太祖、太宗,下至欧阳修、韩琦等高级臣僚,极力倡导重新强化宗族关系的纽带,修家谱、建祠堂。在这方面,欧阳修和苏洵所修的家谱,成为全国修家谱的模板。范仲淹的弟子张载,更是极力鼓吹宗族制度。他们的思想和行为,使范仲淹对宗族组织重要性的认识加深了。

范仲淹幼年丧父,青少年时期也曾经历过艰难的岁月。苏州的范氏宗族,尽管在范仲淹认祖归宗的时刻让他饱尝了人间的世态炎凉,但是,儒家"以德报怨"的思想,早已经在范仲淹心中扎下了根。他决心靠一己之力,振兴苏州范氏家族,让家族"幼有所养,壮有所用,老有所归",造就一个小范围的儒家大同社会。

范仲淹青年时期就曾在寺庙读书,后又结识了不少佛教界的朋友,也阅读了不少佛教的经典书籍,特别是把五千零四十八卷的《大藏经》抄录了一遍,并细细品味其中的含义。庆历四年,范仲淹宣抚河东,一日夜宿保德县的一个驿站,偶然于驿站老屋的房檐间发现一卷题名为《因果识见颂》的佛经,文字皆为古隶书写成。隶书盛行于汉代,两汉之交佛教方传入中国内地,因此,该佛经应该是东汉时期传入中国的早期佛教著作。据范仲淹文中所言,该经卷没有收入《大藏经》。范仲淹感到很惊奇,认真地细读几遍,"一句一叹,一颂一悟,以致卷终,胸意豁然",其中的因果报应、万法皆善的思想,深深打动了范仲淹。范仲淹将该经卷交给当地佛教界的朋友抄录了一份,将原书还给驿站。若干年后范仲淹为官邓州期间,来自江陵的僧人慧喆前来造访,范仲淹与他谈及《因果识见颂》,他说该佛经极为罕见,他手中也有一本。范仲淹便与他手中的那个版本对照着细看。可见范仲淹对佛经有浓厚的兴趣。

笔者冒昧地推测一下,范仲淹建立义庄的慈善壮举,也许是基于自己的善举能够使子孙们得到善报,福寿绵延的思想。当然,如果这种逻辑成立的话,范仲淹的次子范纯仁、四世孙范成大都官至宰执,也是最大的福报了。

明清时期的一本笔记记载了范仲淹后裔的两则福善相报的逸闻:

其一,范仲淹裔孙范希荣,经商为业,路遇暴客①,欲抢劫财物,见范希荣相貌俊美,于是问道:"你是秀才吗?"范希荣回答道:"是的,我是范文正的后代。"暴客听后说道:"大好人的后代呀!"范希荣得以人财两安。

其二,范仲淹的后裔范文从,明朝洪武年间官拜御史,因为违反皇帝的御旨,依法要被处死。太祖朱元璋看狱案,看到范文从的姓名和籍贯,于是派人把他从监狱里押来,见面后问道:"你莫非是范文正的后代?"范文从回答道:"臣是范文正的十二世孙。"朱元璋听后,命令手下人拿来五方布帛,当场在布帛上写了"先天下之忧而忧,后天下之乐而乐"两句话,赐给范文从,然后又下旨,给范文从五次免死的机会。

不论上两则逸闻是真是假,都和岳飞的后代遇到福报、秦桧的后代遇到恶报是一样的,反映了当时社会普遍存在的因果报应的观念。

---

① 古人将劫路之人称为暴客。

二、范仲淹出钱建义庄

真宗天禧元年(1017年),范仲淹调任代理集庆军(治今安徽省亳州市)节度推官,按照母亲谢氏的要求并报朝廷批准,认祖归宗,恢复范姓。

此时的范氏家族,总人口九十余人,从血缘关系来讲,与范仲淹的关系,大多已经比较疏远。而时年二十九岁的范仲淹,此前仅仅知道同父异母的长兄范仲温还在老家生活,这也是他在苏州唯一的最为牵挂的人。无论是政治上,还是经济上、文化上,苏州范氏家族的社会地位,都属于典型的小地主或自耕农阶层,所以,族人的眼界大都非常短浅。范仲淹作为节度推官,一个收入微薄且无大的家族背景的基层官员,自然也不被族人看好。范仲淹请求认祖归宗时,家族人首先以为他要来瓜分家族共有的财产,直到范仲淹一再保证仅仅要求认祖归宗,绝对没有其他考虑,族人这才同意让他认祖归宗。

范仲淹此次回苏州认祖归宗,严格按照《周礼》所规定的家族礼节行事,在距离家乡很远的地方,先让他人带着自己所写的认祖归宗的文字前去,得到允许的回复后,才正式进村。有人认为范仲淹的做法太过。范仲淹说道:"桑梓之地,父母之邦,唯恐礼数不够,岂敢无敬畏之心。"他把家中的积蓄全部拿出,换成三千匹绢,让陪同的吏人统计了一下宗族及亲戚故旧的名单,然后按照年龄大小,全部分给他们。范仲淹客气地说道:"宗族乡党,看着我长大、读书、做官,为我的成就而骄傲,我只能用微薄的礼品来报答他们。"显然,这不是范仲淹的肺腑之语,只是礼节性的话语。但是,范仲淹的善举得到了范氏家族的认同。

多年以后,范仲淹在写给家族子弟的一封信中,用"风俗太薄"四个很客气的字眼,来评价苏州范氏家族当时的家风。范仲淹后来没有将母亲葬在苏州祖坟,而是葬在洛阳附近,也有此方面因素的考虑。

宋代除了皇家,民间家族组织,也以一定数量的族产作为维系家族存在和发展的物质基础,作为家族祭祀及举行其他活动的支出。但是,在范仲淹举办苏州范氏义庄之前,族产规模不大,管理也不规范,影响也不大,更没有示范效应。

尽管范仲淹做官之后才回归苏州范氏家族,苏州族人对范仲淹的认祖归宗行为,又非常缺乏人情味,但是,饱经儒家文化浸染的范仲淹,深知家族组织存在的必要性和重要性,所以,他对苏州范氏家族的情谊非常浓厚。

宽厚的范仲淹,不但没有对家族一些人此前的行为耿耿于怀,反而拿出大量的钱财,创办范氏义庄且订立规矩。从此之后,苏州范氏家族在全国所有官僚家族中,影响最大,培养出来的人才也较多。

皇祐元年(1049年),六十一岁的范仲淹由知邓州改知杭州,赴任途中,路经苏州,在阔别多年的故乡小住一段。范仲淹见到了已经致仕三年的兄长范仲温,此前兄弟二人虽然书信往来不断,但也多年未见,六十五岁的范仲温也老弱多病,兄弟二人相见,抱头痛哭。范仲温又陪着范仲淹拜访家族的老人,范仲淹亲眼目睹了家族中一些饥寒交迫的成员的生活状况。低矮破旧的茅草屋在梅雨时节真是"屋漏偏逢连阴雨",吃的更是简单得不能再简单的饭食,穿着则形如乞丐。范仲淹和范仲温此前虽然也不断拿出自己的俸禄,救济一下贫穷的家族成员,但是,此次所见所闻,使年迈的范仲淹意识到必须寻找解决此问题的长策,于是和范仲温商议,决定由范仲淹拿出自己节余的钱财,在苏州的长洲、吴县购置良田十多顷,建立义庄,将义庄每年出租土地所得的租米,分给远祖以下各房[①]宗族,按照人口数量分给衣食,分发用于婚丧嫁娶的费用。由各房中挑选一名子弟掌管分配事宜。

此外,还建有义宅,供范氏家族聚族而居。建有义塾供家族子弟接受启蒙教育,像范仲淹父子一样,走学而优则仕的道路,光大家族的门楣。总之,突出一个"义"字。在先秦儒家的思想中,义即善,义也是道德规范的总称。义庄即所有范氏家族成员享受范仲淹及其继承人的善举成果,做善事、行善举的小团体。

[①] 一个家族中,兄弟分家后,每家可以称为一房。

三、范仲淹为义庄立规矩

义庄的土地来自购买和典买两种方式。所谓典买,就是卖主有了钱后可以赎回卖了的土地。皇祐二年(1050年),苏州一带发生大灾荒,义庄在发放粮米的过程中,又出现了一些问题。范仲淹知道后,意识到在复杂的人性面前,单凭儒家的道德说教不能解决问题,必须辅之以法家的学说,马上给义庄订立规矩,不能好心办成坏事,更不能在自己去世后,出现因人废事的现象。一番苦思冥想之后,范仲淹拿出了义庄规矩的草稿,然后征求家族众人的意见,定稿并刻在木板上,挂于祠堂的墙壁上,使人人都可以看到,且铭记在心。又让人专门告知家族各房,要求家族所有人等必须遵守。

范仲淹亲自制定的族规共十三条:

第一,逐房根据人口多少分米,每人每月一升白米。如果分的是糙米,按照白米的八折计算。

第二,无论男女,年满五岁,方享有分米的资格。

第三,女仆在家中服务达到十五年,年龄达到五十岁,也有分米的资格。

第四,冬衣每人分一匹布,十岁以下五岁以上的半匹。

第五,每房允许有一名奴婢享受分米的资格。但是,没有制作衣服所需要的布料的资格。

第六,婚丧嫁娶及生育等导致的家庭人口数目发生变化,要及时登记在分配簿录上。

第七,每房制作一个领米的登记簿,每月底到掌管人处申请领米,不得预先跨一月申请领米。掌管人也制作一个领米的登记簿,登记各房的人口数和领米的限额。掌管人不得私自用米或者将米借与他人,允许各房查验义仓的账簿,一旦发现掌管人有违犯规定的情况,掌管人必须照额赔偿。

第八,嫁女可以领取置办嫁妆的费用三十贯,再嫁则为二十贯。

第九,娶媳妇可以领取办喜事所需要的费用二十贯钱,再娶不予支取。

第十,家族中子弟外出做官,遇到待阙①、守选、丁忧时,或者在川、广、福建等处做官,但是家属留居家乡者,家属享受以上各项待遇。虽然不在上述地区做官,家属因故留居家乡者,也享受上述各项待遇。

第十一,逐房遇到丧事,如果死者是尊长,丧事开始时可以先支取钱十贯,安葬时再支取十五贯。次长则是五贯和十贯。十九岁到十六岁总共支取钱七贯,十五岁到十岁总共支取钱三贯,十岁到八岁总共支取钱两贯,七岁以下及奴仆不予支取。

第十二,乡党及亲戚,如果因为贫困遇到非常困难的问题或者遇到大的灾荒,无法度日,各房共同派人查明情况属实后,可以量力予以资助。

第十三,自皇祐三年(1051年)以后,每年粮食收获完毕,义仓必须储备用于分配粮食数额两倍的存粮。遇到灾荒年月,只分配粮食,其他一概不再分配。如果分配粮食之后尚有比较多的剩余,先分发办丧事的费用,然后分发办喜事的费用。如果还有剩余,才分发置办冬衣的费用。如果剩余不多,统计一下丧事和喜事的总数和总费用,平均分配。如果不够,先丧事后喜事。如果几房同时办丧事,则先尊后卑。如果尊卑同时,则以死亡或安葬的先后来分配。如果办完上述事项后还有剩余,不得将余粮卖掉,要作为第三年的储备粮。考虑到陈粮的损坏情况,下年秋收后,卖掉陈粮,换成新粮。

很明显,义庄的规矩,尽可能考虑到出现问题的各种可能性,强调公平原则的同时,也不忽视等级贵贱的小的或细微的差别。强调透明性,强调权力的制约。

第三条规矩体现了范仲淹所信奉的儒家的仁义思想。第八、第九条规矩,体现

---

① 宋代官员任职期满后新安排的官职还没有确定,或者虽然安排了新官职,但是需要在任的官员卸任后才能上任,这中间有一个时间差,短者半年、一年,长者则达到四五年,此段时间没有薪俸。

了范仲淹对女性再嫁的支持。母亲谢氏在父亲去世后再嫁,使范仲淹得以过着温饱有余的生活,且有了接受教育的机会并得以出将入相。因此,他内心对母亲充满了感激。儒家的"己所欲,施于人"的人生态度,使他对女性的再嫁态度很有人情味。

范仲淹创办的义庄及其规矩,在宋代具有首创的意义,对元、明、清时期基层社会的慈善事业,有着重要的指导作用。

第二节　北宋时范氏子孙续规矩

范氏义庄在运转的过程中,由于一些管理者带头破坏规矩,所以,刚刚五六年的时间,就面临被毁掉的危险。而州县官考虑到事情属于家族内部的事宜,朝廷又没有相关的法律条文作为处理的依据,只好眼睁睁地看着好事变成坏事。范纯仁知道后,于英宗治平元年(1064年)四月上奏朝廷,请求朝廷特别下指示给苏州官府,范氏家族成员一旦有破坏义庄规矩的行为,允许官府受理并做出处理。朝廷接受了范纯仁的请求,在经历了一番波折后,义庄得以继续存在并发展。

范氏义庄的规矩在范仲淹去世后,范氏后人根据不断变化的情况,废除或修改旧规,制定新规,最大限度地及时堵住漏洞,这也是范氏义庄能够一直延续到民国年间的重要原因。

北宋时期的修改共十次,分别于熙宁六年、元丰六年、绍圣二年、哲宗元符元年、哲宗元符二年、徽宗崇宁五年、徽宗大观元年、徽宗政和三年、徽宗政和五年、徽宗政和七年。

(一)熙宁六年(1073年)新规三条

第一条,范氏子弟参加三年一次的科举考试的省试,每人资助钱十贯,再次参加者资助费用减半。但是,受助人必须去参加考试,无故不参加考试者,必须退回接受资助的费用。

科举考试自宋代开始进入兴盛时期,高官大多是进士出身,范氏家族要想在范仲淹父子功成名就的基础上继续发展,必须后继有人。而科举考试的费用又比较高,对此方面费用的资助,可以看出范氏家族的前瞻性。

第二条,范氏子弟于祖坟附近砍伐竹木,一旦被发现,掌管人必须上报官府处理。因为祖坟附近的竹木,关系到祖坟的风水,必须予以保护。

第三条,范氏家族创办的义学,从范氏家族的子弟中选取品学兼优的人作为教师,学生总数达到十人,每月给每名教师(共两名)糙米五石。不到六人者,给糙米三石。达到八人者,给糙米四石。鼓励家族成员额外出资奖励教师。

科举成败的基础是教育。范氏家族非常重视家族子弟启蒙阶段的学习,按照学生人数的多少给教师不同的报酬,这样才能督促教师好好授课,以吸引更多的学生。

(二)元丰六年(1083年)新规四条

第一条,义庄管理者及家族其他成员弄虚作假,侵犯家族共有财产,一旦被发现,必须由官府来处理,并不得以应该领取的钱米来折抵罚款。

经过官府处理,可以避免家族内部处理可能碍于血缘关系所产生的庇护现象,使处理尽可能公正,处理结果也容易为家族人所接受,也使家族成员对共有财产有敬畏感,对侵犯共有财产的行为有羞耻感。

第二条,范氏家族的成员不得承租家族的义田,假冒他人名字承租者视同上述行为。

本族成员承租家族的义田,碍于人情,不免产生各种各样的舞弊行为,从源头上予以禁止为最合适的举措。

第三条,义庄管理者如果能够确保各房分够当年应该分够的米,奖励糙米二十石;能够分够半年以上且本人没有任何贪污受贿行为的,奖励十石。不管哪种情况,必须由各房做出证明后才能领取。如果不能做出证明,各房必须做出文字说明并报请文正房①备案。

第四条,负责催收义庄出租土地租米者,如果不能按时按量催收入库,将于本人应该领取月米的份额中,扣除同量的月米。等到全部催收上来后,再将扣除的部分给予本人。如有在此过程中弄虚作假者,报送官府处理。这样才能促使管理人按时按质催收租米。

(三)绍圣二年(1095年)新规六条

第一条,分配财物时,本人不在平江府(即苏州)的,不予分配。

第二条,兄弟同居,虽然人口多,但是享受分配月米资格的奴婢只能有五人。

此项规定自然是防止家族成员养成好逸恶劳的习惯。

第三条,未娶亲的家族成员,不享受奴婢分配月米的资格。虽然没有明媒正娶,但是家族子弟与奴婢生育的子女,在家生活满十五年,年龄达到五十岁的,也享受分配月米的资格。

第四条,义庄不得典买族人田土。

义庄如果购买本族人的田土,碍于人情,难免有各种各样的舞弊行为。卖地的大多因为生活所迫,家族成员卖地且买主又是本家族兴办的义庄,很容易惹外族人非议,有碍家族的声誉。另外,土地是农人的命根子,也迫使家族成员珍惜土地。

第五条,义庄运转费用即使遇到短缺的时候,也不允许放高利贷牟利来弥补经费的短缺。

正统儒家弟子对高利贷所得持反对意见,认为是乘人之危的不义之财。

第六条,义庄的事宜由管理者按照制订的规矩来管理。家族中的尊长,不得依仗辈分插手管理事宜,有违犯者,报官府处理。管理者徇私舞弊的,由各房共同核实后,到文正房申诉,商议后做出处理。

宗族社会讲究辈分,有些族人依仗辈分高,干预义庄事务,这种行为必须禁止。

---

① 文正房是苏州范氏家族的族长房,行使对全家族事务的管理权。

义庄的管理者徇私舞弊,这对家族声誉的伤害太大,在家族内部处理是一种最合适的处理办法。

(四)哲宗元符元年(1098年)十条

第一条,族人不得在义仓内举行聚集活动,聚集活动容易导致不安全因素。非出纳人员不得打开义仓。

第二条,已经担任升朝官①的家族子弟,不愿意再从义仓领取各种应该领取的物品的,允许此种义举。

第三条,各房新生婴儿,其嫡母或生母必须在两个月内将婴儿的姓氏、性别、小名、家族中排行报给义庄管理人员,义庄管理人员再在各房找若干证人,然后登记在义庄的簿册上。过期不报,即使以后长大了,也没有享受分配各种物品的资格。

此条规矩尤其看出义庄管理的严格和透明。

第四条,遇到义庄制订的规矩不能解决但又合理的问题,主管人与各房商议后将处理结果报文正房备案。没有经过文正房备案的,没有效力。

第五条,因为外出未能领取当月月米的,如果当月初五以前回来,由各房出面证明,方可领取。

第六条,义庄的房子出现漏雨的地方,由居住义庄的人自己修理好。不得拆移义庄的房屋,违者报官府处理。容许族人自己出钱在义庄内拓展房屋。家族成员居住的义庄的房子,出现漏雨无法继续居住,本人又无钱修理者,由各房出面证明,然后到文正房备案,从义庄内拿出适量钱财予以修理,但不得拓展房屋。

第七条,各房领取月米的证明,必须按照规定签字。丢失领米证明的,停止领米,勒令去寻找。期限满一年后,由各房出面做证,并报文正房备案,重新发证明。

第八条,不得将应该领取的月米攒成几个月一次领取。

第九条,各房不得于规定外额外支取钱米,即使文正房同意,也不得支取。

---

① 唐宋时期称在常朝日能朝见皇帝的高级官员为升朝官,或称朝官、常参官。

此条可见对文正房也有制约,也可见文正房起到的表率作用。

第十条,义庄共有的车船等器具,家族成员不得借用。

(五)哲宗元符二年(1099年)一条

各房上报给义庄的各项事情,即使尊长也必须在义庄的账簿上登记并签名,不得在其他的纸上登记、签名。

(六)徽宗崇宁五年(1106年)一条

遇到有人出钱赎回卖给义庄的土地,其归还的钱不得他用,必须在一个月内用此笔钱购买土地。如若挪作他用,管理人必须要回。

(七)徽宗大观元年(1107年)一条

各房收养外姓的孩子,冒充自己的孩子支取钱米的,不予支取。允许各房知情者举报给义庄的管理者;管理者不受理的,允许直接到文正房举报,并报官府处理。此条文颁布以前有此行为的,不再追诉。

(八)徽宗政和三年(1113年)一条

家族子弟生活不检点,在外非婚生子,冒领月米,义庄管理人及各房觉察后,不再分配月米。当事人不服者,义庄管理人及各房报文正房备案,移交平江府处理。

(九)徽宗政和五年(1115年)一条

各房不得私自用义庄的房屋典当钱物。

(十)徽宗政和七年(1117年)一条

义庄的各项规矩,若出现前后矛盾的地方,以后者为准。

第三节　南宋时范氏子孙续规矩

靖康国难,苏州一带饱经战火的摧残,范氏义庄受损严重,住宅烧毁殆尽,范氏族人只好屈身于寺庙或坟地旁的茅屋中生活,或者租赁他人的房屋居住,只有土地还在。失去了义庄的保护,范氏义庄的规矩可谓"皮之不存毛将焉附",义庄面临着解体的危险。

战火之后经过了七十年左右的时间,到南宋宁宗庆元年间(1195—1201年),经过范之柔等范氏家族子弟长期的、艰苦的努力,范氏义庄才得以恢复到全盛时期的规模。为了保护来之不易的成果,又于宁宗嘉定三年(1210年),续订规矩十二条。

第一条,范仲淹曾祖父、祖父、父亲的坟墓都在苏州附近的天平山,范氏族人中有些人缺乏对祖宗的敬畏意识,到坟上放羊,或者偷偷砍伐坟上的树木。虽然由义庄专门雇墓客看管,恐怕仍有人这样做,今后一旦发现此类行为,报文正房备案,罚当事人全房月米一年。义庄的管理者让墓客干其他活计者,一旦发现,罚管理者月米一季。

第二条,天平山功德寺,是文正公奏请皇帝批准建造的追福祖宗、祈求祖宗及佛祖保佑家族兴旺的地方,范氏家族子弟对于如此神圣的地方,理应自觉小心照管,使香火不断,福寿绵延。但是,竟然有一些血缘比较疏远的不肖子弟,将从义庄申请来作为功德的义米,偷偷送回家,换成生了虫的米,送到功德寺。还有欺骗功德寺住持,驱逐僧人的劣行。还有的使用功德寺的舟船,役使功德寺的仆人,走私贩运私造的酒牟利,偷偷砍伐林木作为柴薪,强占功德寺的田地种地或种菜,却不交租米,导致功德寺仓库空虚。住持几度换人,寺院一天天地衰败。今后再有偷偷将米以坏充好的,罚全房月俸两个月。欺诈住持或者强占功德寺田地者,罚全房月米一年。

第三条,义庄及功德寺经官府同意,免除一切差役和不合理摊派,官府胥吏为了搜刮财富,故意骚扰义庄和功德寺。今后,再遇到此种现象,管理人员要到州府报案并要求严肃处理。

中国古代,像范仲淹这样的官僚世家的利益,官府是必须保护的。南宋的胥吏竟然骚扰义庄和功德寺。这一时期,苏州一带吏治之坏,可见一斑。范氏家族必须维护自己的利益。

第四条,按照旧规,范氏家族所有成员不得租种义庄的土地,假托他人名义租种,也一概禁止。近来,竟然有族中子弟,恃强凌弱,公然强夺租户的土地后自己租种,还在义庄共有的水域种植菱角,不许租户的水车在此车水,危害甚大。今后再有此类行为,一旦发现,罚全房月米半年。

第五条,义庄的租户,也应该予以优恤,让他们能够安居乐业。近来,有无赖族人,将一些物品私下强迫租户高价购买,显然不合理,今后再有此类行为者,罚全房月米两个月,并报官府处理。

第六条,按照旧规,义庄所有事情,全由义庄管理者自行决断,即使尊长,也不得干预。但是,因为此前违犯此家规的人,没有得到及时处理,最近此类现象有增加的势头。有的尊长不顾义庄的利害,或为他人往义仓卖米说项,只管抬价,或让品行不良之徒来义庄做工或当墓客,甚至鼓动其他州府的范氏族人带着尊长前来,擅自打开仓库,以各种借口拉走钱粮。今后再有此类行为,经管理者指证后,到文正房备案,事实确切者,罚全房月米一年,还要交官府处理。此行为的随从者,若在此过程中得到非法利益,也根据有关条文处理。

第七条,按照旧规,义庄的管理者监守自盗,报官府处理,并勒令赔偿。最近义仓搬迁,选拔品行良好的人担任会计,此弊端得以纠正不少,但是恐怕岁月迁延,此弊端又得以滋长。因此通告各房,今后义庄的管理者若违犯家规,允许各房查验,报文正房备案,选若干做事公正的子弟当众清点,查出来的数目,从管理者所在房的月米中扣除,扣够后该房才可以重新领取月米。仍然报告官府,做出进一步的处理,作为教训。但是,不允许各房自行到官府控告。

不允许各房自行到官府告发义庄的管理者,自然是为了维护家族的声誉。一旦允许,此类告发行为将越来越多,官府也将烦不胜烦。

第八条,范氏家族不肖子弟,因为犯强奸、盗窃、赌博、斗殴、欺诈等私罪而被官府处理,罚本人月米一年。再犯,开除族籍,永不支米。开除族籍之后,如果继续作奸犯科,成为乡里之害,各房报文正房备案,申报官府,强迫其移往其他州府生活,作为对族中子弟关于辱没祖宗名誉进行教育的例子。

范仲淹作为宋代"天地间之完人",后代子孙不管事业如何,都应该竭尽全力维护家族良好的声誉,方能使苏州范氏家族,上对得起天地、对得起列祖列宗,下对得起官府、对得起万民。范氏义庄既然给家族所有人员提供了福利保障,家族所有人员不仅有权利,也要有义务。所以,义庄对范氏家族所有人员提出道德上的要求,也是应该的。

第九条,按照旧规,家族子弟让他姓子弟冒充范氏子弟领取月米的,不给。现有将自己子弟给予他人,由于不良行为,毁掉他人家业后,无法生存,又想归宗领取月米的,不给,并由管理者报文正房备案。

第十条,义宅地基由于战乱的影响,有些地方被他人占据,费了很多精力、财力、物力,才得以收回。依据文正公的本意,义宅是族人聚居之地,因此,不许族人在此地私造房屋。违者,罚全房月米一年,并恢复原样。

第十一条,按照旧规,各房子弟参加科举考试的省试环节的,义庄资助钱十千。

由于物价不断上涨,这个数额已经远远不能体现资助的作用,现改为义庄支付官会①一百千,这笔钱从各房领取的月米中按照时价平均扣除。补入太学的子弟,义庄支付官会五十千。

物价飞涨,迫使范氏家族只能从各房的月米中扣取一部分资助族中读书谋取功名的子弟,他们是范氏家族的未来和希望,也将为范氏家族光宗耀祖。

第十二条,岁寒堂遇三年一次的科举考试省试的年份,逐房子弟要于此温习功课,除学习外,其他时间不得在此宴饮、休息。违犯者,罚全房月米一个月。

岁寒堂为范氏义宅内供家族子弟读书的地方,因为院内有两棵松树,范仲淹为其取此名且作有《岁寒堂三题》(并序)的诗。

由此看来,义庄规矩包含的内容非常广泛,从宗族管理到个人行为规范,从经济生活到日常生活的每个角落,从教育到婚姻,无所不包,可谓家国同构。其中,以经济方面的内容最多,自然因为经济因素是维系家族存在和发展的最重要因素。

义庄初办时,岁收租米八百石,按照每个人每天给一升米的标准,每个人每年有三石六斗,除了婚丧嫁娶的费用外,可以供养二百人左右。范仲淹去世后四十多年,苏州范氏家族有一百余口人。范仲淹的后人又不断购买添加义庄的土地,到南宋嘉熙四年(1240年),规模达到三千一百六十八亩,在分配定额不变的情况下,可以供养六百人左右。元、明、清时期,范氏义庄虽然屡经波折,但是,凭着一代代范氏后人的坚持,还是顽强地存续下来,一直到民国年间,还完整保存。

范氏义庄的田地,按照范仲淹的交代,一定照章纳税,显见范仲淹的法制观念。

范氏义庄有时候也按照范仲淹的安排,照顾一些处于危难中的官员的亲戚。范仲淹给三哥的一封无法界定年月的信中写道,一位家住襄邑(今河南省睢县)、马姓官员的李姓表亲,因为家中发生火灾,饥寒交迫,流离失所,马姓官员向范仲淹求援,范仲淹安排李氏一家到范氏义庄暂时生活,每月给他们一贯钱、一石米。李氏的一个儿子可以教家族中的孩子读书,付给他的报酬也可以养活他家五六口人的

---

① 政府发行的纸币。

生活。在信中,范仲淹叮咛,如果李氏家人有不服从管教的,或者是因为在老家有犯罪行为逃来的,就赶快让他们离开,别让他们连累了范氏家族。在末尾范仲淹一再强调一定仔细照管。范仲淹对此类义举,也保持非常小心的心态。

第四节　范氏义庄的示范作用

日本著名历史学家谷川道雄在分析中国六朝时期名望家统治的构想学说中指出："豪族赈恤宗族、乡党中的穷困者，费尽心血扶助其生活，还要指导日常生活、调解纷争。面临外敌，则团结宗族、乡党以图自卫……豪族层的这种行为，经常是用'轻财重义''轻财好施'的词语来评价。"[①]范氏义庄同样具有这样的特点。

范氏义庄在社会稳定、经济发展方面发挥了积极的作用，在增强族人的凝聚力、号召力方面，更起到了凝固剂的作用。靖康国难之后，金军屡屡南犯，再加上盗匪猖獗，苏州一带饱受战争之苦，义庄的房屋都被烧毁，但是范氏族人并没有逃离故土。战火之后，族人两千多人很快聚集到范氏祖坟周围，靠着他们的努力，义庄又得以重新恢复并扩大规模。

创办义庄时，范仲淹并非经济上最有实力的官僚，当时比他实力强得多的官僚家族，要多得多。但是，只有范仲淹首先在慈善的道路上迈出了一大步。这自然还是其"先天下之忧而忧，后天下之乐而乐"的忧乐观在家族情怀上的体现。

[①] 谷川道雄著，马彪译：《中国中世社会与共同体》中华书局，2002年版。 六朝指三国时期的吴国、东晋、南朝（包括宋、齐、梁、陈），它们相继统治江淮以南地区近四百年。 豪族指势力强大的宗族，春秋时期五百家为党，一万二千五百家为乡，合称乡党。 乡党作为老乡的用意，至今还见于陕西人对老乡的称呼中。

范仲淹的义举，为宋代民间家族组织的发展树立了典范，指明了方向，很快产生了示范效应。从此之后，许多官员纷纷仿效，各自买田设立义庄，成为当时民间慈善活动的主要形式。

北宋后期，官员吴奎、何执中等买田或用自己已有的田地建立义庄。南宋时期，此类义庄的数量更多。

从仁宗朝开始，经过范仲淹等政治家的提倡和示范，以官僚地主为核心，以义庄为物质基础，以族谱所包含的血缘为维系，以祠堂为活动中心，以"家法""义约""规矩"为统治准则，民间组织在全国范围内逐步建立。

而在宋代官员的心目中，苏州范氏家族义庄的规矩，更为一些官员所叹服。如南宋中期的宰执楼钥，在详细研读了范氏家族的义庄规矩后，佩服不已。游九言在为福建建阳刘氏所写的《义庄记》中评价说"范文正家家法最完备"。刘氏后在范氏家族义庄规矩的基础上，制订了内容更广泛的义庄规矩。

范仲淹的义举，也为赵宋国家的慈善事业树立了典范，指明了方向。从此之后，官办的慈善机构安济坊、漏泽园等纷纷兴办。其中安济坊于徽宗时期开始设置，给患病的贫困民众免费提供药品。漏泽园也于此期开始设置，为因贫困而死或客死他乡无人安葬者免费提供墓地。

范仲淹不愧是中国古代伟大的慈善家和慈善事业的组织者。

第五节 范氏家族的家风

一、形成背景

鉴于晚唐五代基于多方面的原因所导致的先秦及秦汉儒家所倡导的忠君爱国理念的衰落,再加上宋代民族矛盾的尖锐,北宋建立后,统治阶级特别重视在意识形态领域树立忠君爱国思想,采用多种方式对臣民进行此方面的教育,爱国主义、民族主义思想逐渐深入人心,一直渗透到社会的底层。从整体来看,经过意识形态的长期浸染,取得了不错的社会效果。两宋之际及宋元之际的关键历史时期,忠君爱国的历史人物颇多,仅元人所修的《宋史》即为二百七十八名忠义人物立传,"宋末出现忠义死节之士之多,在历史上是非常突出的"[1]。

宋代,孝作为重要的伦理规范,相关的教育更是日益得到加强。就孝道传承的重要载体家谱而言,唐末五代,由于长期战争的影响,许多家族颠沛流离,躲避战

---

[1] 张金岭:《宋理宗研究》,人民出版社,2008年。

乱,导致魏晋、隋唐时期颇为称盛的家谱大多散亡。正如范仲淹谈及自己家族的家谱时提到的,由于中原离乱,子孙流亡,旧有家谱不幸遗失。北宋建立后,社会的政治、经济、文化等领域正在经历着从中唐即已开始的大变革,特别是"从两宋时期开始,由于家族组织形式的变化,组成家庭、家族的诸因素中的血缘关系由第一变成了唯一,对祖先的崇拜也超过了以往"[1]。所以从北宋中期开始,欧阳修等人鉴于家谱在社会发展中的重要性,开始重振谱牒之学。

笔者虽然不完全同意宋代为科举社会一说,但是从太宗朝开始,科举制度在宋代社会的众多领域确实扮演着重要的角色,宋代成为中国科举史上录取进士最多的一个朝代。而范氏家族家风塑造的关键时期,仁宗、英宗、神宗三朝(1023—1085年),得益于科举制度的有力推动,更成为人才辈出的时代。

就婚姻领域的变革而言,经历了晚唐和五代战乱的长期破坏,"历史的车轮已经迈过严格的门阀政治时期,进入了典型的官僚政治阶段"[2],婚姻领域出现不问门弟的局面,但是,宋代婚姻毕竟属于封建社会的婚姻制度范畴,名门望族型的家族,在其家族昌盛时期,还是非常注重门当户对的。

二、主要内容

苏州范氏家族家风的主要内容包括忠君报国、孝以养亲、造福乡梓、勤俭持家、乐于助人、读书传家、廉洁奉公七个方面。前三个方面的内容在前边的章节中已经多有分析,在此不再赘述。下边主要分析另外四个方面的内容。

---

[1] 邢铁:《中国家庭史》(宋、辽、金、元时期),广东人民出版社,2007年。
[2] 张邦炜:《宋代婚姻家族史论》,人民出版社,2003年。

(一)勤俭持家

范仲淹做低级官员时期薪俸很薄,基本上掰着指头过日子,每天晚上睡觉前,就算一下当天全家的开销与预算是否符合。如果符合,就能马上入睡;如果不能,就计算明天如何弥补今天的亏空。

范仲淹官职升至三品官员时,参加公务活动时,必须佩戴用黄金做的金鱼装饰的袋子,以示荣耀,也是官职高低区别的标志之一。但是,由于范仲淹经常接济他人,实在没有钱去做金鱼袋,只好拿金粉涂在银鱼袋上,冒充金鱼袋。

儿子们懂事之后,范仲淹总要拿自己贫困时的生活来谆谆告诫他们:"我贫时,与你们的母亲一起照顾你祖母。你母亲虽然出身官宦家庭,却能够亲自做饭。你祖母由于家庭的贫困,生前从没有吃过什么好东西。现在我俸禄优厚,却子欲养而亲不在,你母亲也早早去世。我现在最害怕的就是你们像一些官宦人家的后代一样,坐享富贵。"

范纯仁的媳妇从娘家回来,范仲淹听说她要从娘家带绸缎回来做帷幔,很不高兴地说道:"帷幔岂能用绸缎这么贵重的东西做?我家节俭,不能破坏家风,敢带回来,我就命人用火烧掉!"儿媳妇王氏是范仲淹的老友王质的长女,儿媳妇后来按照范仲淹的意见,用普通的布料做了帷幔。

范纯仁自布衣到宰相,廉俭如一,所得奉赐,都用于义庄的发展。

范纯仁做宰相后,一次家中宴客,客人是当时著名的晁氏家族的一位名士。该名士回去后笑着对朋友们说道:"范相公廉俭的家风变了,前几日在他家吃饭,那道炒豆豉的菜上竟然有两小撮肉!"此笑话虽然有点夸张,但客观上反映了范氏家族一以贯之的廉俭的家风。

(二)乐于助人

范仲淹知越州(今浙江省绍兴市)时,户曹参军①孙居中去世,子幼家贫,无法

---

① 掌管该州户口、赋税、仓库收纳的官员。

送回老家安葬。范仲淹于是拿出自己的部分俸禄，租船并由办事老练的老衙役护送他一家老小和尸体回家，考虑到路上可能会遇到一些关卡的刁难，于是作绝句一首，告诉衙役，一旦有关卡刁难，就将有范仲淹签名的这首绝句让他们看。绝句内容如下：

十口相将泛巨川，来时暖热去凄然。
关津若要知名姓，定是孤儿寡妇船。

范仲淹守邠州时期，一日闲暇，与僚属登上城楼，置酒聚会。聚会还未开始，他突然发现有穿丧服的人，抬着尸体出城。怎么不见棺木？范仲淹觉得奇怪，赶忙派人下去询问。原来是寄居邠州的一个士大夫去世了，家人无钱买棺木安葬，准备草草掩埋了事。范仲淹听后，马上命令聚会取消，将聚会用的钱用于买棺木。逝者家人及在场的人都感动得流下了眼泪。

范仲淹派年少的范纯仁去苏州押运五百斛麦子。回来时候，船到丹阳，遇到了穷困潦倒的诗人石曼卿，方知石曼卿已经在丹阳待了两个月了，苦于三位亲人去世，却无钱把他们拉回老家应天府安葬。范纯仁于是把麦子连同船都送给了石曼卿，自己骑着一匹马回家。回去后见到父亲范仲淹，行礼后却一直站着不离开。范仲淹见状，忙问他还有什么事。他将石曼卿的事情对父亲说了，范仲淹马上说为什么不将麦子给他。范纯仁说出已经将麦子给石曼卿的事情后，父子俩都露出了会心的微笑。

好友吴遵路，时有循吏①之称。由于为官清廉，家中人口又多，所以去世之后，室无长物，范仲淹拿出自己的俸禄接济他的家眷。

范仲淹知杭州时期，与范仲淹仅有一次书信之交的青年才俊曾巩，携带老师欧

---

① 循吏之名最早见于《史记》的《循吏列传》，后为《汉书》《后汉书》，直至《清史稿》所承袭，成为正史中记述那些重农宣教、清正廉洁、所居民富、所去见思的州县级地方官的固定体例。

阳修的书信前去面见范仲淹。欧阳修此信请求范仲淹资助正处于困顿之中的曾巩。范仲淹看完书信,二话没说,就安排手下人去准备钱物。他鼓励曾巩发奋努力。范仲淹奖掖后学的行为,让曾巩十分感动。

范仲淹也是当时知名的书法家,文笔又优美,社会影响又很大,所以找他写墓志铭的人很多。宋代像欧阳修、苏轼等书法、文学大家,为他人写墓志铭所得的润笔费,是一笔很丰厚的合法合理又合情的收入。但是,范仲淹为人写墓志铭,从来不收润笔费。庆历六年(1046年)重臣范雍去世,其家人请求范仲淹为范雍作墓志铭,范仲淹花了好长时间,写了很长的墓志铭。范雍的儿子拿黄金和丝帛来感谢范仲淹,范仲淹婉言谢绝。其儿子感觉过意不去,又拿范雍生前收藏的书法和名画来感谢。范仲淹一概不收。其子坚决要求范仲淹挑一样,否则不走。范仲淹无奈,留下了一幅他人所写的《道德经》,对其儿子说道:"这些书画,都是你父亲的珍藏,也是世间的珍宝,我替你们感到可惜,千万不要再送人了。"

范纯仁仕宦生涯开始,就喜欢与文人雅士交往,做了高官之后,门下食客更多。为官陈州(今河南省淮阳县)时,他用自己的俸禄做了几十套被服,以招待寒士。当时人说道:"孟尝君有三千珠履客,范公有三千布被客。"

(三)读书传家

范仲淹青少年时期发奋苦读的经历,前边已经讲述,此处不再赘述。

即使对侄儿们,范仲淹也要求他们勤奋学习,真正具备做官处事的能力,才会让他们享受恩荫的机会,得到官职。现存范仲淹家书中,有一封是给他兄长范仲温的,内容是对其侄儿的教育:"二郎、三郎并勤修学,日立功课,彼中儿男,切须令苦学,勿使因循。须候有事业成人,方与恩泽文字。""苦学"二字,既是范仲淹的切身体会,也是对侄儿的殷切教诲。

宋代中高级官员的子弟,有荫补的机会。而科举的十年寒窗道路,需要读大量的书,还要练习考试所需要的各种试题、范文,没有持之以恒的苦学经历,通过竞争激烈的独木桥是不可能的。所以有些官僚子弟不求上进,只盼望着走荫补入仕的道路。

范仲淹在这封信中,直言不讳地告诫兄长,虽然他有资格向朝廷申请授予两个侄儿官职,但前提必须是学业有成,否则他不会奏请荫补。同时,他在给两个侄儿的信中写道:"汝等但小心,有乡曲之誉,可以理民,可以守廉者,方敢奏荐。"意思是不但要好好学习,还要有良好的品德,声名远播,而且有治理政事的才能,有廉洁奉公的操守,才会向朝廷申请授予官职。

范纯仁青少年时期继承了父亲范仲淹断齑画粥的精神,晚上经常在床帐里躺着看书,床帐的顶部都被烛火熏黑了。范纯仁的妻子将这顶帐子保存下来,常常对儿子们说:"这就是你父亲昔日读书用功的见证。"用一些传世的物证教育家中子弟,很有说服力。

范纯仁的儿子范正平,少年时期学习非常刻苦,穿着却像一个贫穷的儒生。上学的地方觉林寺距离他居住的城市二十里地,他每天徒步上下学,遇到太阳暴晒的天气,就拿一把破扇子遮挡一下强烈的阳光。没有人知道他是当朝宰执范纯仁的儿子、范仲淹的孙子。

(四)廉洁奉公

庆历三年(1043年),范仲淹任枢密副使。八月,又任参知政事,进入宰执的行列,进入事业的高峰期。他在写给家族中三哥的信中一再强调,要告诫家族中的晚辈,千万不要因为自己成为宰执,就倚仗权势,让苏州的官员解决各类问题。一旦发生诉讼行为,一定要先让自己知道,不可造次。

范仲淹两位侄儿没有辜负范仲淹的期望。范仲淹也在合适的时机,奏荐二人出仕。侄儿三郎(姓名不详)做官后,他又写信谆谆告诫:"守官处小心,不得欺事。与同官和睦多礼,有事只与同官议,莫与公人商量。莫纵乡亲来部下兴贩,自家且一向清心做官,莫营私利。汝看老叔自来如何,还曾营私否?自家好家门,各为好事,以光祖宗。"

公人就是成语"贪官污吏"中的"吏",文化程度大多很低,由于待遇不高,又可以随意被辞用,所以总是想法设法捞钱。冯梦龙《警世通言》中有一句话:"随你官清似水,难逃吏滑如油。"戏剧《七品芝麻官》中有唱词:"两个老婆来告状,我一人罚她俩鸡蛋。两个铁匠来告状,我一人罚他两张镰。俩鸡蛋、两张镰,回家都可换油盐。"这应该是对吏人形象的最贴切描写。所以范仲淹要求三郎做官遇到事情必须与同官商议,不可与吏商议。

在这封信里,范仲淹还特别强调,不得纵容乡亲到自己所管辖的地区做生意。古代宗族社会,这种现象非常普遍。官员一旦不给乡亲帮忙,得罪乡亲,乡亲们回去之后,一定会在老家散布官员六亲不认的罪过,家乡人也大多不会去仔细分析其中的缘由,弄得该官员在老家的亲人也跟着挨骂。

范仲淹无论在何地做官,都不会利用官职额外谋取私利,也为儿子和侄儿树立了严于律己的楷模。

这封信的原件至少到南宋时还存于世,在士大夫中流传且产生了很大的影响。南宋中期,朱熹的好友、时任福建侯官县令的陈明仲得到了该信的真迹后,雇工摹刻,置于案头,每日自省,而将原件寄赠朱熹。朱熹反复诵读,大为感慨,在此书信左边的空白处写下了这样一段话:"右范文正公与其兄子之书也,其言近而易知。凡今之仕者,得其说而谨守之,亦足以检身而及物矣。然所谓自未尝营私者,必若公之'先天下之忧而忧,后天下之乐而乐',事上遇人,一以自信,不择利害为趋舍,然后足以充其名。"

范仲淹去世后,照顾长兄范纯佑的任务就由范纯仁全部承担。他待长兄如父,亲自煎药喂药。范纯佑因病去世后,准备葬于洛阳。父亲的老友韩琦、富弼知道后,给河南府的官员写信,让他们协助办理丧事,但是,范纯仁却没有找河南府的任何官员,悄悄地把丧事办了。河南府的官员知道后问起此事,范纯仁说道:"这是私事,况且自己也有能力办理,怎么能去打搅官府?"

在给养父后代朱氏兄弟的信中,范仲淹也一再强调廉洁奉公的重要性,下边为两段短札的原文翻译:

"见到有利益的地方,立马就要想到可能伴随什么祸患。老夫我一生屡经官场风波,而每每能够度过危机,最要紧的经验就是能够忍穷受苦。

"虽然清贫一生,但是一家老小平安就是最大的幸福。真正的士大夫,应该坦然面对真实的生活,如果家庭经济紧张,许多活计由家中人自己干就可以了。"

范仲淹任职邓州期间,张氏夫人就常常领着家人一起亲自干稻谷脱壳的俗事,以节省费用。

优良的家风不仅需要较好的社会环境,而且需要有意识的持之以恒的培养。在塑造优良家风的过程中,不仅有范仲淹及李氏夫人呕心沥血的努力,张氏夫人也继承他们的传统,继续努力。范纯粹刚开始启蒙阶段的学习,夫人就将范仲淹临终前的遗言告诉他;刚到十五虚岁束发的年纪,夫人就告诉他范仲淹的修身齐家之法;刚开始仕宦生涯,就告诉他范仲淹的事君之道。她的谆谆告诫,使范纯粹人生的每一步都有正确的标杆,都有父亲范仲淹的影子。

第九讲

琴棋书画　无师自通
——范仲淹的兴趣和爱好

作为政治家、军事家、文学家、教育家，范仲淹并没有被繁忙的事务所拘，他对医术、书法、琴艺和棋艺都有浓厚的兴趣。

第一节 医 术

范仲淹在早年即立定了不为名臣即为名医的人生理想,再加上范仲淹早年由于生活艰苦等因素导致疾病过早缠身,妻子李氏及长子纯佑也多年疾病缠身,使他对医术给予了足够的重视。"久病成良医",其一生中,不但给自己治病,也给他人开一些药方。

一、熏灸疗法

范仲淹在知邓州时期,针对自己久治不愈的肺部疾病,采用熏灸气海穴的疗法,连续熏灸了五百次,疗效很不错。他在给朱氏家族一位兄弟的信中也让他连续熏灸三百次,治愈了他的疾病。

(按:气海穴位于下腹部,肚脐眼正中下一点五寸处,主治人体虚脱、形体羸瘦、脏气衰惫、乏力等气虚病证。)

庆历七年(1047年)四月,尹洙去邓州找范仲淹。范仲淹尽管知道尹洙的病情已经到了无法医治的程度,可还是给尹洙的病体做了最后的挽救,给他施以艾灸缓解病痛。

尹洙生病期间,范仲淹又托人给他带去花蛇散,交代他每天空腹喝一次。他害怕尹洙对此药不放心,连同药方一起带去。

(按:花蛇散,今名花蛇全蝎散,包括全蝎二钱半、细辛五钱、藁本五钱、羌活五钱、川芎五钱、防风五钱、白花蛇二钱(炙),治疗一切眼病,也是中国传统中医名方之一。)

二、预防水灾之后很容易发生的瘟疫

江南地区水灾频繁,水灾之后,饮用水污染严重,加上天气炎热、蚊虫叮咬等因素,更容易引发瘟疫。范仲淹多年在江淮、江南地区为官,经历的水灾又较多,为此他为灾民开具的药方是把有燥湿健脾和避秽作用的苍术放入竹篮中,再将竹篮吊入水井或水瓮中,吃饭、喝水都用这种消过毒的水,自然有利于身体的健康和疾病的预防和治疗。

三、运气疗法

范仲淹很早就钻研医书,尤其对《素问》[①]颇有研究,对气功保健类知识颇为精通且亲自体会,也颇有心得。从范仲淹给亲友的一封信中可以看出,他很早就坚持

---

① 《黄帝内经》包括《素问》和《灵枢》两部分,是我国最早的中医理论著作,相传为黄帝创作,实际上非成于一人之手,经历了漫长的不断修改、增减的过程,大约成书于西汉至东汉早期。该书突出阐发了古代的哲学思想,强调了人体内外统一的整体观念,从而成为中医基本理论的渊源。

每天运气,排除体内的毒素。

韩琦中年期间,患有肝病,自然服药不少,甚至请求仁宗皇帝派御医亲自到其为官之地并州(今山西省太原市)为他治病。为了根治疾病,韩琦又请求到家乡相州(今河南省安阳市)为官。在此期间,韩琦还不断就自己的病情与范仲淹交换治疗意见。范仲淹在信中告诫他,要少吃药,贵在养气,气要平,不平就要生病。他提醒韩琦拿出十天时间,仔细把《素问》看一遍,每日练习补气咽津,大有益处。韩琦疾病治好后,又奔赴宋夏战场,出将入相,发挥了更大的作用。为此韩琦非常感谢老友的医治之功。但是,范仲淹坚决反对道教宣传的神仙方术类祛病长生的炼丹之术。

范仲淹练气功也曾经留下沉痛的教训。据其文集记载,贬官饶州时期,因为刚开始自学行气,出现差错,一次当着客人的面,突然头昏目眩,倒地之后,不省人事。众人赶紧找来医家治理,方得好转。但是,从此之后留下了病根,坐的时间长了就头晕,事一多就心烦意乱。在其知延州时期,多次发作,发作起来,真有生不如死的感觉。但是,那时是他刚到宋夏战场的时期,战事正紧,只好强迫自己忍着。后来知耀州,时值炎夏,跋山涉水于边界地区,旧病复发,头昏目沉,饭也吃不了几口,浑身无力,但也只能硬撑着。后被迫到永兴军(治今陕西省西安市)找名医治疗,州中事务只好由通判暂时代理。

传统养生功法强调"三调":调身、调心、调息。三者与形体、心神和呼吸相应。如何调摄心神和呼吸,对于初学者而言较有难度。中医功法认为,人体拥有三个重要的精气汇聚之所,上、中、下丹田。上丹田位于两眉间的印堂穴,中丹田位于两乳头连线中点的膻中穴,下丹田位于肚脐下三寸的关元穴。不论何种功法,均强调气息调匀。功法上有个术语:小周天。其本义指地球自转一周,即昼夜循环一周。后经引申,被内丹术功法借喻气在体内沿任、督二脉循环一周,即内气从下丹田出发,经会阴,过肛门,沿脊椎督脉,到头顶泥丸,再由两耳颊分道而下,汇至舌尖。与任脉接,沿胸腹正中下还丹田。对于经脉气血循行不熟悉的练习者,初练时不能把握气的运行方向,致气上冲,或居高而不下,或逆乱而行,鼓动头部血脉,而致眩晕。

四、治疗牙疼

韩琦有一次患牙疼。常言道"牙疼不是病,疼起来要了命",韩琦疼痛难忍,为此向范仲淹求救。范仲淹在信中写了个很有效的药方:用好硫黄研成末,抹于牙床上。韩琦照做后,疼痛马上大大减轻。

(按:中医认为牙痛为胃火上攻,硫黄性酸,取其酸敛收涩之功,从而化解火毒。)

五、重视心理疏通的疗法

苏州范氏家族三哥因为女婿的事而生气,进而借酒浇愁,伤着了脾胃。病情加重之后,又担忧家事及儿女的杂事,更加生气。范仲淹知道后,就写信开导他:"千古圣贤,都不能免于一死,对于生死,要看淡一些。也不能管了死后的事情,人生下来时一无所有,死的时候也带不走一点东西,和他人的关系,谁亲谁疏,谁也主宰不了。既然如此,就要逍遥自在地生活。这样才能心气安顺,五脏调和,吃药才能见效,吃饭才有滋味。"

六、饮食疗法

针对苏州范氏家族三哥的病症,范仲淹又给他开了调节饮食的药方,建议他不要吃面条或面条汤一类食物,因为此类食品含湿气多,脾脏最怕湿气,所以应该吃油炸的饼、蒸饼(又叫炊饼)①、比较软的米饭。

贬官到均州的尹洙,浑身出毛病。针对他眼部的病变,范仲淹在给他开的药方中指出:眼病不可急治,需要慢慢治疗,否则病情只会加重。而进补身体的药,更不可热吃,热吃伤眼,需要不冷不热的时候吃。范仲淹让尹洙的手下人给尹洙带去尹洙爱吃的醋,但告诫尹洙醋是大热之物,吃多了对眼也没有好处。又告诫尹洙要慢慢适应吃少盐的饭,以减少身体内的毒性。

医术关乎人的性命,尤其是给小孩子看病,更需慎之又慎。所以,遇到一些疑难病症,范仲淹也主动向其他医生请教。范仲淹的孩子生病时,他就请教一儿科医术颇好的戚姓官员,询问此前开的药为何已经连服两日,但未见一点效果,能否继续服用,服到什么时间。范仲淹害怕小孩子长期服此药,身体会愈加瘦弱。

范仲淹不仅喜欢医术,作为官至宰执的朝廷大员,他还意识到培养医学人才的重要。庆历新政期间,他在《奏乞在京并诸道医学教授生徒》的札子中写道:"《周礼》记载周代有医师掌管行医方面的政令,年终考核行医者的表现以确定他们俸禄的高低。因此,在周代,医事的重要性,就著于典册。我朝自太祖开始,就设立了医学博士,但是没有让他们教授生徒。现在东京人口上百万,医生也有上千人,但多数医生没有经过正规的老师培养,庸医不少,误伤人命的事天天都有。恳请朝廷下达指令,由宣徽院负责,选拔三五个能讲说医书者为医师,于武成王庙讲解《素问》《难经》等医书,让京师学习医学的生徒都来听讲;此外还要讲授如何号脉、配药、针灸,三年后考试,优秀者进入翰林院。今后没有经过此阶段学习的,不得进入翰林院。民间如果有医术高明者,经过三个高级官员举荐,也可以参加在武成王庙举行的考试,合格者再由宣徽院复试,考试通过者也可以进入翰林院。各路、州、府有医学博士的,也要让他们教授生徒,并有专门官员管理,各路转运使、提点刑狱、转运判官,按期考核其生徒的学习情况,精熟两部医书者,免除其家的一切差役。行医过程中,医术高明者,上报朝廷,授予助教官职。"

---

① 宋仁宗名赵祯,祯、蒸两字读音接近,为了避讳宫内把蒸饼改叫炊饼,民间也随之改了叫法。

第二节　书　法

北宋的书法艺术在前代的基础上,又有了全面的发展。翰林御书院即是专门的书法研究、传播、管理的机构。仁宗在位时期,范仲淹的诸多好友中,欧阳修、蔡襄、苏舜钦、苏舜元等都是知名的书法家。

一、范仲淹情寄《伯夷颂》

在书法创作方面,范仲淹与苏舜元的交往最多。范仲淹酷爱王羲之的书法,知越州期间,曾多次到兰亭凭吊。庆历八年(1048年)十二月二十六日,范仲淹在苏舜元家见到了唐代知名的书法家褚遂良临摹的王羲之的《兰亭集序》,非常高兴,认为是一生中难得的佳遇,应苏舜元之邀,欣然在上边题字。

范仲淹留传于今的书法作品有《伯夷颂》和《道服赞》。

《伯夷颂》写于皇祐三年(1051年),时年六十三岁的范仲淹知青州(治今山东省青州市)。已过耳顺之年的范仲淹,疾病缠身,眼睁睁地看着赵宋在积贫积弱的道路上继续下滑,虽然感到无能为力,却烈士暮年,壮心不已。他觉得很有必要在去世前留下一些足以感召士大夫气节的东西,于是想到了宋代文人士大夫非常喜欢的书法,可写什么内容合适呢?考虑了好多天,他想到了韩愈的《伯夷颂》。他认为没有比《伯夷颂》更合适的内容了。

韩愈之所以写《伯夷颂》,和韩愈所处的时代背景有很大关系。当时藩镇割据愈烈,忠君爱国的理念受到严重破坏,韩愈则坚决反对拥兵自重的军阀。韩愈又大力倡导古文运动,提倡写作要言之有物,要文以载道,自然受到了来自各方面的抨击。韩愈又反对佛教,为此被贬官潮州。但韩愈并没有畏惧、退缩,而是充满了自信,充满了豪情,借《伯夷颂》歌颂特立独行、卓尔不群的精神。

范仲淹于此时抄写韩愈的《伯夷颂》,是因为他感受到虽然自己与韩愈生活的时代相隔几百年,但是人生的经历却惊人地相似,同样是幼年丧父,同样中进士后为官,同样忠君爱国,同样仕途坎坷,可谓神交古人。二人精神的源泉,又都可看到伯夷、叔齐的影子。

天寒地冻的十一月,范仲淹拿起毛笔,工工整整地用小楷抄下韩愈的《伯夷颂》,寄给当时担任京西路①转运使的好友、书法家苏舜元。

韩愈的《伯夷颂》,全文如下:

> 士之特立独行,适于义而已,不顾人之是非,皆豪杰之士,信道笃而自知明者也。
>
> 一家非之,力行而不惑者寡矣。至于一国一州非之,力行而不惑者,盖天下一人而已矣。若至于举世非之,力行而不惑者,则千百年乃一人而已耳。若伯夷者,穷天地、亘万世而不顾者也。昭乎日月不足为明,崒乎泰山不足为高,巍乎天地不足为容也。
>
> 当殷之亡,周之兴,微子贤也,抱祭器而去之。武王、周公,圣也,从天下之贤士,与天下之诸侯而往攻之,未尝闻有非之者也。彼伯夷、叔齐者,乃独以为

---

① 主要管辖今河南省中部和东部地区。

不可。殷既灭矣，天下宗周，彼二子乃独耻食其粟，饿死而不顾。由是而言，夫岂有求而为哉？信道笃而自知明也。

今世之所谓士者，一凡人誉之，则自以为有余。一凡人沮之，则自以为不足。彼独非圣人而自是如此。夫圣人，乃万世之标准也。余故曰：若伯夷者，特立独行、穷天地、亘万世而不顾者也。虽然，微二子，乱臣贼子接迹于后世矣。

伯夷是商代传说的孤竹国国君的长子，叔齐为幼子。国君生前有意立叔齐为嗣子，继承他的事业。国君死后，按当时社会的礼制，长子应该即位，但清廉自守的伯夷却说："应该尊重父亲生前的遗愿让位与叔齐。"于是放弃继承王位的权利，逃到孤竹国外。大家又推举叔齐做国君，叔齐说："我若继承王位，既破坏了礼制，又于兄长不恭。"也逃到孤竹国外，国人于是立中子继承王位。

两人听说周文王善养老人，于是前去投奔。不久文王去世，武王继位。两人走到孟津，正赶上武王伐纣。兄弟二人不畏强暴，上前拉住武王的马缰说："父亲死了不在家守孝，还大动干戈，能称得上孝吗？作为商的臣民，准备弑杀自己的君主，能算得上仁义吗？"周武王身边的随从听后马上要杀掉他们，太公吕尚说道："这是有节义的人啊。"于是搀扶着他们离去。武王伐纣成功后，伯夷、叔齐隐居求志，谢绝周武王的封赏和高官厚禄，不食周粟，直至饿死首阳山。

伯夷、叔齐的故事千古流传。二人爱国守志、清正廉明、仁义礼让、遵守规则的高尚品行，是中华民族宝贵的精神财富。

二、书法精品美名传

苏舜元收到范仲淹书写的《伯夷颂》后，认为是难得的书法珍品，便在上边题跋,又相继寄给先后担任宰相的文彦博、杜衍和晏殊,他们也分别在上边题跋。昔日的改革派人物,尽管都已经到了暮年,但是他们相信,庆历新政的历史遗产,肯定会有人继承。

晏殊的题跋是:

首阳垂范远,吏部属辞深。染翰著嘉尚,系言光德音。褒崇亘千祀,精妙极双金。题咏益珍秘,用昭贤彦心。

黄庭坚是宋代书法大家,他如此评价范仲淹的这幅书法作品:落笔痛快沉着,非常接近东晋和刘宋时期书法家的风格。苏才翁(苏舜元,字才翁)书法妙于天下,不可一世,在历代书法家的小楷作品中,他只称道文正公的《伯夷颂》和王羲之的《乐毅论》①。庭坚年轻时很不同意苏才翁对文正公此书法的评价。以苏才翁睥睨万物的心态,对他人的书法,连正眼看的时候都没有,怎么会如此高地评价文正公的书法呢?文正公对苏才翁又非常欣赏,爱其才则忘其短。因此,苏才翁评价文正公的书法,也有此方面的考虑。庭坚晚年又看文正公此作品,才看出用笔实处才是其最公正的地方。大概文正公一生妙于世故,故钩指回腕,都融入了东晋和刘宋时期书法家的法度。现在的士大夫喜欢书法的很多,不仅应该学习他人的笔法,还应该看他们的文章,看他们在文章中如何教育故旧亲戚,实皆天下长者忠厚之言。深爱他们的书法,才会深深体会文中的含义。以之行世,不能成为吉人志士,不可能也!先学做人,再学书法,或者边学做人边学书法,才能成为一个好的书法家。

当然,黄庭坚也指出范仲淹此作品的缺陷:"骨太劲,缺少丰润感。"

黄庭坚非常喜欢范仲淹的书法,每每于他人处见到文正公的尺牍寸纸,尽管字数不多,也爱不释手。

---

① 《乐毅论》,共四十四行,小楷。是王羲之的楷书书法作品,真迹早已不存,现存世刻本有多种,以《秘阁本》和《越州石氏本》最佳。

不过，最理解范仲淹老迈之年书写韩愈《伯夷颂》本意的是贾昌朝和蔡襄，贾昌朝欣赏完这幅书法的题词是："范希文好谈古贤人节义，老而弥笃，书此颂时，年六十有三矣。"蔡襄的题词是："此书皆谤毁艰难者读之，益以自信，故退之（韩愈字退之）、希文皆殷勤耳。"

倡导士大夫应该有的气节，是范仲淹一生的坚守。直到生命的最后时刻，他仍然没有放弃自己的追求，而且愈加自信。

乾隆皇帝曾经在大臣高义园收藏的这幅书法真迹上题名且写诗感叹。看到上边也有秦桧和贾似道①的题名时，他在诗中写了这么一句话"秦贾当知岂不羞"。估计乾隆看到此二人的名字时，大有在御膳中发现一只死了的红头大苍蝇的感觉。其实，元代士大夫赏此书法精品看到秦桧和贾似道的题名时，也都唾骂不已。

---

① 贾似道，字师宪，台州人，南宋理宗和度宗朝宰执，权倾一时，作恶多端。元人所修《宋史》将其和秦桧一起编入奸臣传。

第三节 琴艺和棋艺

一、琴 艺

范仲淹对音乐颇为喜欢,他写过一篇关于音乐教化功能的赋——《今乐犹古乐赋》,认为音乐的社会功能在于感化人心、协和民情,强调音乐的审美功能和移风易俗的社会价值。

北宋时期,琴艺作为一种高雅的艺术,可以陶冶情操,故在士大夫群体中,颇为流行。范仲淹精通乐理,喜操琴,善欣赏,且知音不少。

崔遵度是仁宗做太子时的老师,也是宋代知名的音乐家。他的音乐才能和艺术修养均很高,又不喜名利,不言他人是非,与世无争,属于典型的纯粹型的艺术家,极为仁宗所推崇,撰有《琴笺》一书,可惜未能传下来。

范仲淹可谓崔遵度的知音,他评价崔遵度的琴艺为"雅远清净,当代无比",只有唐异处士和日观大师的琴艺可以和他相比。

唐异,字子正,宋代知名的音乐家、画家和诗人。崔遵度去世后,由于唐异居于东京,范仲淹与唐异交往颇多,且将传续崔遵度琴艺的希望寄托在唐异肩上。范仲淹曾经跟随唐异学习琴艺,还为唐异的诗集作序。

日观大师,钱塘(今浙江省杭州市)人,姓仲氏,名善升,十岁出家,十五岁就能通诵《法华经》①,十七岁落发受戒。客居京师三十年,在士大夫中,朋友不少,好为唐律诗,且熟悉佛学。真宗天禧年间(1017—1021年),下诏招募僧人注释御制《法音集》,他得以被选中,真宗后赐予他日观大师的名号。

范仲淹在京师时,多次欣赏他的琴艺,成为他的知音。范仲淹评价他的琴艺:"神端气平,安坐如石,手指不会有纤毫失误,迟速重轻,一一得当。其音清而不哀,和而不淫。"康定年间(1040—1041年),日观大师入天竺山,居日观庵,为其美景所打动,说道:"吾将于此打发余生!"此后十余年没下山,诵《法华经》一万遍。皇祐元年(1049年),范仲淹知杭州期间,前往天竺山拜见他,见他身体强健,神清气爽,说话的语气还与几十年前一样。一日,他派侍者持信来见范仲淹,信中写道:"吾愿足矣,将去人世,必藏于浮图之下,愿公为我作记。"第二天,侍者来告诉范仲淹,日观大师已经坐化。其门人葬日观大师的骨灰于塔内。范仲淹按照日观大师的遗愿,写了《天竺山日观大师塔记》②一文,记述了日观大师的经历、琴艺以及二人之间的交往,作为对日观大师的纪念。

范仲淹写有几篇关于琴艺的诗,如《鸣琴》:

思古理鸣琴,声声动金玉。
何以报昔人,传此尧舜曲。

而《听真上人琴歌》一诗,则宛如白居易的《琵琶行》:

---

① 全称《妙法莲华经》,相传为释迦牟尼佛晚年在王舍城灵鹫山所说,为大乘佛教初期经典之一。学术界一般认为《法华经》出现于公元前1世纪,明示不分贫富贵贱,人人皆可成佛。

② 范仲淹著,范能濬编集,薛正兴校点:《范文正公文集》卷八,凤凰出版社,2004年版。

银潢耿耿霜棱棱,西轩月色寒如冰。
上人一叩朱丝绳,万籁不起秋光凝。
伏羲归天忽千古,我闻遗音泪如雨。
嗟嗟不及郑卫儿,北里南邻竞歌舞。
竞歌舞,何时休,师襄堂上心悠悠。
击浮金,戛鸣玉,
老龙秋啼沧海底,幼猿暮啸寒山曲。
陇头瑟瑟咽流泉,洞庭萧萧落寒木。
此声感物何太灵,十二衔珠下仙鹄。
为予再奏南风诗,神人和畅舞无为。
为余试弹广陵散,鬼物悲哀晋方乱。
乃知圣人情虑深,将治四海先治琴。
兴亡哀乐不我遁,坐中可见天下心。
感公遗我正始音,何以报之千黄金。

这首长诗形象地刻画了一位琴艺高超的艺人,展现了他听琴时的内心感受。

范仲淹一度很爱喝酒,他常常一边喝酒,一边欣赏琴艺。醉酒赋诗,不啻是人生莫大的享受。

二、棋 艺

宋代士大夫较少参与蹴鞠一类比较激烈的运动,下围棋则是他们非常喜欢的可以调节精神且又非常文雅的娱乐方式。宋代围棋盘与现在一样,也是纵横各十九道,三百六十一个棋子。不同的是,执白先下。

范仲淹也非常喜欢下围棋。不过对于范仲淹而言，下棋更多地锻炼了他作为政治家所需要的全局意识、作为军事家所需要的谋略意识。

范仲淹有一首诗题名为《赠棋者》，全诗如下：

> 何处逢神仙，传此棋上旨。
> 静持生杀权，密照安危理。
> 接胜如云舒，御敌如山止。
> 突围秦师震，诸侯皆披靡。
> 入险汉将危，奇兵翻背水。
> 势应不可隳，关河常表里。
> 南轩春日长，国手相得喜。
> 泰山不碍目，疾雷不经耳。
> 一子贵千金，一路重千里。
> 精思入于神，变化胡能拟？
> 成败系之人，吾当著棋史。

棋盘上的激烈搏杀，如何抢占先机，必须有大局意识，不能计较一子或数子的得失，也不能计较一路或数路的得失，要的是出奇制胜。这些棋盘上得来的博弈智慧，也可以用于战场上的谋略。

范仲淹后来在宋夏战场的积极防御战略，很明显在北宋先机已失的情况下，所制订的有计划、有谋略地逐步反攻，最后取得胜利的作战计划。

第十讲

近乎完人的历史地位
—— 立功、立德、立言

范仲淹在世时,虽然政敌多于朋友,但是,当时他就赢得了立功、立德、立言三不朽的美名。他去世之后,一直到现在,成为评价近乎完美的伟人。他留给后世的最珍贵的遗产就是浓厚的忧患意识。

第一节　宋人的评价

先秦及秦汉儒家所倡导的忠君爱国理念在晚唐、五代由于多方面因素,导致变革和衰落,其直接的后果就是士大夫的无耻,其中以冯道最为典型。

冯道,字可道,号长乐老,瀛州景城(今河北省沧州市西北)人,五代时期著名宰相,历经五代十国十代君王,世称"十朝元老"。

冯道早年曾效力于燕王刘守光,后历仕后唐、后晋、后汉、后周四朝,先后效力于后唐庄宗、明宗、闵帝、末帝,后晋高祖、出帝,后汉高祖、隐帝,后周太祖、世宗十位皇帝,其间还向辽太宗称臣。

当然,冯道在事亲济民、提携贤良等方面,也有值得称道的方面。而他的这种忠节观念,也是当时流行的政治观念。所以,冯道在当时社会上层人的心目中,不仅不是反面人物,反而是值得称道的正面人物。

但是,赵宋王朝建立后,如果继续听任这种观念流行,赵宋将可能成为第六个短命的王朝,这样不仅不利于赵宋家天下的长久,放在历史的长河来看,朝代的频繁更迭,也不利于整个中华民族历史的发展。

有鉴于此,北宋建立后,统治阶级特别重视在意识形态领域重新树立忠君爱国思想,采用多种方式对臣民进行此方面的教育。爱国主义思想逐渐深入人心,并一直渗透到社会的底层。

所以欧阳修等史学家站在忠君观念的角度,对冯道做出了完全不同于以前的评价。欧阳修在《新五代史》卷五十四的前言部分写道:"予读冯道《长乐老叙》,见其自述以为荣,其可谓无廉耻者矣,则天下国家可从而知也。"司马光更斥其为"奸臣之尤"。

整体上看,经过此方面意识形态的长期浸染,取得了不错的社会效果。两宋之际及宋元之际的关键历史时期,忠君爱国的标志性人物颇多。仅元人所修的《宋史》即为二百七十八名忠义人物立传,这在二十四史中是非常突出的。岳飞、文天祥则成为其中的杰出代表。

而在这种忠义之风的塑造过程中,范仲淹的贡献最大。"本朝忠义之风,却是范文正作成起来。"这是南宋杰出的哲学家、教育家朱熹对范仲淹历史地位最重要的评价。此处的"忠"二字,指的是为了忠君报国,所有的磨难都不放在心上,都不能改变其志向;也绝非愚忠,而是把皇帝作为国家、民族、民众利益的总代表,一旦国君的思想、决策偏离了这个轨道,臣子必须鲜明地提出反对意见,不管是谏官还是执政官,这就牵涉一个"气节"问题。范仲淹倡导儒家弟子应该坚守气节,举起了亚圣孟子曾经极力倡导的"富贵不淫、贫贱不移、威武不屈"的三不大旗。所以,在范仲淹的引领下,一改宋初以来犬儒盛行的劣风,欧阳修、韩琦、富弼、司马光等人逐渐形成一个比较庞大的队伍,涤荡恶劣的士风,使仁宗时期成为北宋思想文化的黄金时代。

而"义"字,主要指的是范仲淹创立的范氏义庄。义庄的创立,在两宋慈善史上是一个伟大的开创。

朱熹感叹范仲淹一辈子实实在在地履行"先天下之忧而忧,后天下之乐而乐"的做人准则。范仲淹一生做事,从不考虑如何做对自己有利、如何做对自己有害,这样才真正扬美名于天下。

南宋罗大经评价范仲淹:"国朝(指赵宋)人物,范仲淹为第一。"

南宋孝宗淳熙十一年(1184年)的状元卫泾(后官至参知政事)被范仲淹先忧后乐的精神所感染,干脆将其书屋命名为"后乐堂",其文集命名为《后乐集》。

第十讲 近乎完人的历史地位

南宋初期吴中人龚明之撰写的《中吴纪闻》一书中,有如下记载:龚明之的祖父去世后,过完五七祭祀日,其祖母突然梦见祖父匆匆忙忙回家,回家后就打开衣柜找他生前的新衣服。祖母问他为何如此匆忙,他说改日要见范文正公,所以必须早点穿上整齐的服装。祖母又问他范文正公在哪里,他说文正公本来就是天上神仙转世,现在阴间主管生死大权。祖母醒了之后,突然想到佛教宣传死人过了五七之后,才能见到阎罗王,由阎罗王决定是否转世。范文正生前聪明正直,原来其身世就不同凡人呀!

这则记载说明范仲淹家乡苏州一带的人,已经开始把范仲淹的形象神化。

第二节　金、元人的评价

金、元二朝虽然都是少数民族建立的王朝,但是上至朝廷,下至民间,都把范仲淹看作是备受推崇的楷模人物。

金章宗在位时期,有关部门向他汇报说太学花费太大。金章宗说道:"只要能培养出一个范文正公这样的人,我还觉得花得太少。"

元代是中国戏剧发展的黄金时代,范仲淹也进入了元代剧作家的作品中,据王季思的《全元戏曲》所录,现存的涉及范仲淹的元杂剧共有五部,分别是《半夜雷轰荐福碑》《包待制陈州粜米》《十探子大闹延安府》《狄青复夺衣袄车》《阀阅舞射柳蕤丸记》。这些剧作中,范仲淹虽然不是以正末的角色身份出现,但对剧情的发展起着至关重要的作用。而且,重要的是,剧作家无一例外地都将范仲淹塑造成胸怀天下、勤于政事且深受皇帝信任的朝廷重臣,或赈灾济民,或御敌卫国,或整饬吏治。

元好问是金元之际的文坛领袖,他如此评价范仲淹:"文正范公,在布衣时为名士,在州县为能吏,在边境为名将,他集才能、肚量和忠君爱民之心于一身。在朝廷,是孔子所希望见到的大臣,求之千百年间,也不过一两个人,不仅仅是一代臣僚的表率。为将,其才能不次于管仲、乐毅。为相,其才能比同时期的韩琦、富弼都要强。他的忠心,可以支撑如大厦将倾之危国,他的肚量可以冠盖四方,古人所谓不动声色措天下如泰山一样安稳的大臣。"

元末史家所修《宋史》,在范仲淹父、子、孙三代的列传之后,有一段总评:"自古一代帝王之兴,必有一代名世之臣。宋代范仲淹诸贤,无愧于此。范仲淹在丁忧之时,在上宰相书中,极论天下大事,他日为政,尽行其言。诸葛孔明草庐始见昭烈(指刘备)数语,生平事业备见于是。豪杰自知之审,类如是乎!考其在朝廷担任执政,时间虽然不长,然先忧后乐之志,海内固已信其有弘毅之器,足任斯责,使究其所欲为,岂让古人哉!纯仁官位超过其父,而几有父风。元祐建议攻熙、丰太急,纯仁救蔡确一事,所谓谋国甚远,当世若从其言,元祐党锢之祸,不至若是烈也。范仲淹诸子,范纯仁得其忠,范纯礼得其静,范纯粹得其谋略。知子莫如父呀!"

第三节　明、清人的评价

明清时期，尽管中国社会已经进入历史的下行轨道，但是对范仲淹的评价，仍然继承了宋元以来的评价。

明朝陈白沙感叹道："有一范仲淹，人将重名节。"高启认为："有宋名臣谁第一，公为国家真辅翼。"况钟称："仰止范文正，宋朝第一人。"徐源赞曰："相业垂宇宙，天地一男儿。"张盛认为："宋朝人物素称多，将相如公有几何？"

清代乾隆时期由纪昀①主编的《四库全书总目》在介绍范仲淹的文集时，对范仲淹做如下评价：

"（范）仲淹人品事业，卓绝一时。本不借文章以传，而贯通经术，明达政体。凡所论著，一一皆有本之言，固非虚饰辞藻者所能，亦非高谈心性者所及。苏轼称其天圣，中所上执政万言书，天下传诵，考其平生所为，无出此者。盖行求无愧于圣贤，学求有济于天下，古之所谓大儒者，有体有用，不过如此。初不必说太极衍先天，而后谓之能闻圣道，亦不必讲封建、议井田，而后谓之不愧王佐也。观仲淹之人与仲淹之文，可以知空言、实效之分矣。"

---

① 纪昀（1724年—1805年），字晓岚，别字春帆，号石云，道号观弈道人、孤石老人，清朝直隶献县（今河北省献县）人。 乾隆十九年（1754年），考中进士，官至礼部尚书、协办大学士，太子少保。 曾任《四库全书》总纂官。

纪昀对范仲淹的评价,可以代表整个清代官方及士大夫对范仲淹的一致评价,放在明末以来士大夫空谈心性的背景中,更可看出范仲淹做学问学以致用、干事业脚踏实地的风格。

范仲淹年表

1 岁　太宗端拱二年(989 年)

是年农历八月二十九日,诞生于河北西路成德军(真定府,治今河北省正定市)节度掌书记官舍。

22 岁　真宗大中祥符三年(1010 年)

入睢阳书院就读,五年左右。

26 岁　大中祥符七年(1014 年)

在睢阳书院修业期满,作《睢阳学舍书怀诗》,表达了自己远大的志向。

27 岁　大中祥符八年(1015 年)

进士及第,该科蔡齐(状元)榜进士及第者共 197 人。

28 岁　大中祥符九年(1016 年)

在广德军司理参军任,职司治狱。迎母侍养。

29 岁　天禧元年(1017 年)

擢任文林郎、权集庆军节度推官。上《奏请归宗复姓表》,始复姓范。

30 岁　天禧二年(1018 年)

有河北游历之行。

31 岁　天禧三年(1019 年)

加秘书省校书郎试秩,仍任职集庆军。

32 岁　天禧四年(1020 年)

仍在集庆军任幕职。

33 岁　天禧五年(1021 年)

调任监泰州西溪盐仓。

34 岁　乾兴元年(1022 年)

在西溪监盐仓任。有《上张侍郎(知白)启》,为其改革思想的最早表达。

35 岁　仁宗天圣元年(1023 年)

仍在西溪监盐仓任所。

36 岁　天圣二年(1024 年)

迁官大理寺丞,仍在西溪监盐仓任所。长子纯佑(1024—1063)生。

37 岁　天圣三年(1025 年)

秋,通过发运使张纶荐举,知兴化县事。与滕宗谅一起,开始修筑捍海堰,首创之功不可没。

38 岁　天圣四年(1026 年)

在知兴化县任。是年春有两浙之行,到过杭州、诸暨等地,后调官监楚州粮料院。八月,开始丁母谢氏夫人忧。

39 岁　天圣五年(1027 年)

守母丧于南京应天府。正月,晏殊出守南京,辟仲淹掌应天书院教席,仲淹向宰执上万言书,显示其改革思想的成熟和初步的改革顶层设计蓝图,也是庆历三年十事疏的原初设想,深受时相王曾赏识。六月,次子纯仁(1027—1101)生。执教之余还从事有关《易经》方面的学术研究。

40 岁　天圣六年(1028 年)

仍丁忧于南京应天府。

十二月,丁忧期满的范仲淹被召为秘阁校理,跻身馆职行列。

41 岁　天圣七年(1029 年)

仍供职秘阁。十一月冬至,上书谏仁宗率百官行拜贺刘太后寿仪,后又上疏请太后卷帘撤班,还政于仁宗,疏入不报,遂自请补外,出为河中府通判。

42 岁　天圣八年(1030 年)

在通判河中府任。三月,上书请罢修寺观,减买木材数量,省无益之费。四月,转官殿中丞。

43 岁　天圣九年(1031 年)

三月,迁太常博士,移通判陈州。三子纯礼(1031—1106)生。

44 岁　明道元年(1032 年)

仍在通判陈州任所。

45 岁　明道二年(1033 年)

三月,垂帘听政的刘太后去世,仁宗亲政。四月,范仲淹被召回任右司谏。上疏谏不应立杨太妃为太后,又建议保全刘太后,劝帝恪尽子道。受命与台谏官会同审刑院、大理寺详定天下配隶刑名。七月,被命体量安抚江淮灾伤。十二月,与御史台台长孔道辅率台谏官伏阁请对,力谏废郭后为非,被贬外放,出守睦州。

46 岁　景祐元年(1034 年)

四月中旬,至睦州任所。治政尚宽简,凭吊严子陵钓台和方干旧居,重修严光祠堂,透露出隐逸思想。秋,移守故乡苏州,救灾有方,诏移知明州,转运使言范仲淹治水救灾有方,遂复知苏州。

47 岁　景祐二年(1035 年)

仍在知苏州任所。奏请苏州立学,择南园地建苏州州学。请胡瑗等为州学教授,三月,擢礼部员外郎、除天章阁待制。八月,召还东京,判国子监。十二月,除权知开封府,充分显示了精明果干的行政能力。郭皇后暴卒后,舆论怀疑此前和郭皇后有矛盾且权倾一时的内侍阎文应下毒,范仲淹奏劾之,阎文应被窜责。

48 岁　景祐三年(1036 年)

仍在权知开封府任所。正月,上太宗尹东京时所判案牍,诏令词臣类编成书,可惜这部710卷的狱事汇编已佚。五月,上疏论营建西都洛阳事,又上《百官图》,指斥宰相吕夷简用人失当。吕夷简反诉范仲淹"越职言事,荐引朋党,离间君臣",此罪名为赵宋大忌,仁宗也怀疑范仲淹确有此言论与行动,范仲淹为此贬官知饶州,八月至饶州任所。

49 岁　景祐四年(1037 年)

在饶州知州任所。发妻李夫人因病去世。十二月,河东路并、代、忻州地震,叶清臣上疏亟论朝政阙失,言路阻塞,诏移范仲淹知润州。

50 岁　宝元元年(1038 年)

正月,从饶州出发赴知润州任。道经江西彭泽,拜谒狄仁杰祠堂,重撰狄碑,表彰其气节、才识。在州筹划建润学。十一月,朝廷诏令范仲淹移知越州。是年元昊起兵反宋,建国号为大夏,宋夏战争序幕拉开。

51 岁　宝元二年(1039 年)

三月,启程赴知越州任。七月,至越州任所。

52 岁　康定元年(1040 年)

元月,仍在越州官舍。三月,复官天章阁待制知永兴军。四月,改命擢刑部员外郎、兼侍御史知杂、陕西都转运使。五月,又迁龙图阁直学士,与韩琦同被任命为陕西经略安抚副使、同管勾都部署司事。八月,迁户部郎中、代张存兼知延州。十二月,朝廷采纳韩琦、尹洙等的主攻之策,诏令明年正月上旬泾原、鄜延两路同时出兵大举伐夏,但范仲淹等皆以为条件不成熟,主张积极防御,战机成熟后,再大规模反击。后来的战场形势演变证明,范仲淹等的策略是正确的。

53 岁　庆历元年(1041 年)

正月,元昊遣被俘的塞门寨主高延德到延州与范仲淹沟通,范仲淹答书晓之以理,动之以情,劝其休战议和。二月,尹洙赴延州,劝说范仲淹出兵攻夏,范仲淹坚持己见,不为所动,尹洙逗留两旬,无功而返。四月,范仲淹因私与元昊通书等相关罪名,触犯"人臣无外交"的天条而被降官户部员外郎、贬官知耀州。五月,范仲淹徙知耀州、兼管勾环庆路部署司事。在庆州招抚羌人,与之立约,始为宋用。九月,范仲淹复官户部郎中。十月,朝廷罢免了陕西统帅夏竦、陈执中的职务,始分陕西为秦凤、泾原、环庆、鄜延四路,由韩琦、王沿、范仲淹、庞籍分任四路帅守。

54 岁　庆历二年(1042 年)

仁宗命范仲淹加职进官,与韩琦并除枢密直学士、右谏议大大。幼女(1042—1118)生。

55 岁　庆历三年(1043 年)

六月,除参知政事,八月,就任参知政事,九月,开天章阁,诏命条对时政,范仲淹上十事疏,标志着庆历新政开始。是年十月至次年,各项新政举措陆续推出,由于既得利益集团的强烈反对,其后有些新政措施陆续被废止,但仍有一些新政措施并未废止,或一度废止后又推出。十事中,唯修武备一项未行。范仲淹为滕宗谅、张亢"公使钱"案鸣冤。

56 岁　庆历四年(1044 年)

二月,诏州县皆立学,这是新政中最具绩效、影响深远的措施之一。八月,范仲淹见新政大势已去,启程宣抚河东、陕西。

57 岁　庆历五年(1045 年)

正月,罢参知政事,以资政殿学士出知邠州,兼陕西四路缘边安抚使。十一月,卸四路帅任,以给事中、改知邓州。

58 岁　庆历六年(1046 年)

七月,四子纯粹(1046—1117)生,乃继室张氏夫人所生。

59 岁　庆历七年(1047 年)

仍知邓州。四月,知均州尹洙去世,为老友之丧事出力甚巨。七月,先建百花洲,又修览秀亭。

60 岁　庆历八年(1048 年)

正月,诏范仲淹移知荆南府,因为邓州民众极力挽留,范仲淹也上表自请愿留。二月,复知邓州。

61 岁　皇祐元年（1049 年）

自春至夏,由邓州去杭州途中,三月,次子纯仁进士及第。七月,除礼部侍郎,短住苏州期间,与兄长范仲温议定,在苏州创办义庄,以赈宗族。十月,义庄初步建成。

62 岁　皇祐二年（1050 年）

在知杭州任所,是岁,吴中大饥,独创以工代赈的救灾方式。十月,为苏州义庄订立规约。因明堂礼成,进户部侍郎。十一月,诏命移知青州。

63 岁　皇祐三年（1051 年）

三月初三,至青州任所,青州大饥,流民遍地,到任即忙于赈济救灾。因病重难支,乞颖、毫间一郡就养。十一月,以黄素小楷书韩愈《伯夷颂》寄苏舜元,苏舜元分寄晏殊等元老重臣题跋,成为罕见的书法精品。

64 岁　皇祐四年（1052 年）

正月,带病移知颖州。行至徐州,于五月二十日去世。死前上《遗表》,一言未及家事,也未向朝廷提出任何请求,体现了一代名臣鞠躬尽瘁死而后已的风范。去世后朝廷赠吏部尚书,谥文正,后葬于西京洛阳。仁宗亲篆"褒贤之碑"四个大字于碑额,富弼撰墓志,欧阳修撰神道碑,名公显宦以祭文等方式表示哀悼、崇敬之情。徽宗宣和五年（1123 年）,应宇文虚中之请,赐庆州文正祠庙额为"忠烈"。范仲淹为官或生活之地立祠庙祭祀者共十八处。靖康元年（1126 年）,钦宗为激励抗金士气,追封范仲淹为魏国公。

主要参考书目

李国钧主编:《中国书院史》,湖南教育出版社,1994年版。

朱瑞熙:《中国政治制度通史》(宋代卷),人民出版社,1996年版。

李锡厚、白滨:《中国政治制度通史》(辽金西夏卷),人民出版社,1996年版。

黄进德:《欧阳修评传》,南京大学出版社,1998年版。

方健:《范仲淹评传》,南京大学出版社,2001年版。

张晶:《心灵的歌吟——宋代词人的情感世界》,河北大学出版社,2001年版。

李昌宪:《司马光评传》,南京大学出版社,2002年版。

陈振:《宋史》,上海人民出版社,2003年版。

刘海峰、李兵:《中国科举史》,中国出版集团,2004年版。

吴天墀:《西夏史稿》,广西师范大学出版社,2006年版。

程龙:《北宋西北战区粮食补给地理》,社会科学文献出版社,2006年版。

李蔚:《西夏史》,人民出版社,2009年版。

张希清、范国强主编:《范仲淹研究文集》(五),北京大学出版社,2009年版。

范敬中主编:《中国范仲淹研究文集》,群言出版社,2009年版。

李锡厚、白滨:《辽金西夏史》,上海人民出版社,2010年版。

李华瑞:《宋夏关系史》,中国人民大学出版社,2010年版。

诸葛忆兵:《范仲淹研究》,中国人民大学出版社,2010年版。

王曾瑜:《宋朝军制初探》,中华书局,2011年版。

赵敏俐主编:《中国诗歌史通论》,人民文学出版社,2013年版。

王瑞来:《天地间气——范仲淹研究》,山西教育出版社,2015年版。

龚延明:《宋代官制辞典》,中华书局,2017年版。

[德]克劳塞维茨著、中国人民解放军军事科学院译:《战争论》,解放军出版社,2017年版。

王善军:《宋代宗族和宗族制度研究》,人民出版社,2018年版。

李存山:《家风十日谈》,广西人民出版社,2018年版。

后　记

2020年我与王曾瑜先生合著的《岳飞十讲》出版后，虽然处于疫情期，但还是被列入了几个重要的书单排行榜且排名很靠前，这对我自然是一种鼓励。

之所以创作《范仲淹十讲》，是因为我认为中国当今的公务员群体和知识分子群体中，太需要学习范仲淹的"先忧后乐"思想。古人讲立功、立德、立言，做到一个方面即可以名垂青史了，三个方面都做到且做得很好的，又有几人？范仲淹一生虽然活得很累，但是换来的却是士大夫群体对气节的高度重视，换来的是黎民百姓的安居乐业。

第一次接触范仲淹，还是20世纪70年代末在林县（今河南省林州市）四中学《岳阳楼记》，教语文的徐虎年老师讲得很不错，以至我今天都可以把《岳阳楼记》熟练地背下来。1987年大学二年级的春天，全班十几个同窗结伴去岳阳楼玩，但是没有留下深刻的印象。总之，范仲淹和滕子京之间存在什么关系，当时为什么写《岳阳楼记》，一概不知。但"先天下之忧而忧，后天下之乐而乐"这两句话，倒是朗朗上口，可惜当时对这句话的理解，也只是限于朗朗上口。

在河北大学宋史研究中心读博士研究生期间，范仲淹作为宋史研究中的重量级人物，自然是必须熟悉的人物。由于我博士学位论文的题目和范仲淹毫不沾边，所以还谈不上研究他。

到安阳师范学院谋生后,由于安阳是北宋另一个重量级名臣韩琦的故乡,因此,我一度写作《韩琦评传》。后来需要将大部分精力投入国家社科基金项目的研究,所以这部书稿写了一大半之后,只能忍痛割爱,束之高阁。

2020年2月10日开始动笔,疫情期间,虽然写作的时间非常充足,但是写到将近十二万字的时候,开始进入"卡壳"状态。因为,范仲淹活动的时间要长得多,牵涉的范围也要广得多,而如何处理好纵与横的关系,如一团乱麻纠缠在一起,让我难以厘清头绪。好在经历了一段时间的艰难思考后,终于走出了"卡壳"状态。

范仲淹在学术思想上的贡献,对于普通读者而言读起来太费解,考虑到本书的普及性,所以着墨极少。

写《岳飞十讲》一书的最后一部分内容时,我和岳飞一直有心灵相通的感觉。而写本书时,在"忧"的方面,我和范仲淹也一直有某种程度上心灵相通的感觉。范仲淹是集政治家、军事家、文学家、教育家于一身的伟人,所以在"乐"的方面,很难产生心灵相通的感觉。而范仲淹生活的社会环境,与今日的社会环境相比,又有很大的不同。尽管我长于心态史学研究方法的使用,但是范仲淹升迁时的心态与一再被贬官时期的心态,却只能做设身处地的推测。好在我三十多年的工作、学习经历,也一直在跌宕起伏中度过,所以有时候的"测己知人",应该说得过去。

北京大学的张希清教授、河南大学的程民生教授、日本学习院大学的王瑞来教授、北京师范大学的游彪教授在认真阅读了书稿后,写了中肯的推介语。张希清教授为本书作序,在此一并表示真诚的感谢。

在本书写作的过程中,日本学习院大学的王瑞来教授、河北经贸大学的高楠教授、河南大学的全相卿副教授不断给我提供帮助。在书稿第一遍的审阅过程中,安阳师范学院文学院的张秋娥教授以及谢向辉、张霞、孙军凯等同学为我审阅了部分书稿。

河南文艺出版社的编辑王淑贵女士,在审阅《岳飞十讲》和《范仲淹十讲》两本书的过程中,态度严谨认真,让我体会到了一个称职的出版人的辛苦。而两本书的策划和立项,都是刘宏老师辛勤努力的结果。一并对他们表示真诚的感谢。

书总算写完了,附上我永远使用的电子邮件地址:Fuhaichao196618@126.com。希望读者们看了本书后,仍然像《岳飞十讲》出版后一样,能与我探讨一些问题,提出书中的不妥之处。